丛书主编◎曾国安

政府管制与公共经济研究丛书

ZHENGFU GUANZHI YU GONGGONG JINGJI YANJIU CONGSHU

第 2 辑

周启鹏◎著

中国电力产业政府管制研究

ZHONGGUO DIANLI CHANYE ZHENGFU GUANZHI YANJIU

经济科学出版社

图书在版编目（CIP）数据

中国电力产业政府管制研究/周启鹏著．—北京：
经济科学出版社，2012.8
（政府管制与公共经济研究丛书．第2辑）
ISBN 978 - 7 - 5141 - 2294 - 7

Ⅰ．①中…　Ⅱ．①周…　Ⅲ．①电力工业 – 政府管制 –
研究 – 中国　Ⅳ．①F426.61

中国版本图书馆 CIP 数据核字（2012）第 192090 号

责任编辑：柳　敏　李晓杰
责任校对：郑淑艳
版式设计：代小卫
责任印制：邱　天

中国电力产业政府管制研究
周启鹏　著
经济科学出版社出版、发行　新华书店经销
社址：北京市海淀区阜成路甲 28 号　邮编：100142
总编部电话：88191217　发行部电话：88191537
网址：www. esp. com. cn
电子邮件：esp@ esp. com. cn
北京汉德鼎印刷厂印刷
三河市华玉装订厂装订
710×1000　16 开　17.5 印张　310000 字
2012 年 8 月第 1 版　2012 年 8 月第 1 次印刷
ISBN 978 - 7 - 5141 - 2294 - 7　定价：28.00 元
（图书出现印装问题，本社负责调换。电话：88191502）
（版权所有　翻印必究）

　　感谢教育部新世纪优秀人才支持计划研究项目《经济管制理论与制度研究》、教育部人文社科规划基金项目《经济全球化背景下政府的经济职能研究》和武汉大学"985 工程"第三期学科建设项目《经济全球化条件下中国经济管制制度改革与建设研究》的支持

政府管制与公共经济研究系列丛书（第二辑）
序　　言

五年前，《政府管制与公共经济研究丛书》（第一辑）在经济科学出版社正式出版，它是我们从事政府管制与公共经济研究的第一批阶段性成果。其后，我们在教育部新世纪优秀人才支持计划研究项目《经济管制理论与制度研究》（NCET－04－0683）、教育部人文社科规划基金项目《经济全球化背景下政府的经济职能研究》（02JAZ79008）和武汉大学"985 工程"第三期学科建设项目《经济全球化条件下中国经济管制制度改革与建设研究》的支持下，在前期研究的基础上，就政府管制与公共经济的多个领域继续展开研究，形成了一批新的研究成果。《政府管制与公共经济研究丛书》（第二辑）既是项目研究的阶段性成果，也是武汉大学政府管制与公共经济研究学术团队在长期研究过程中形成的阶段性研究成果。

《政府管制与公共经济研究丛书》（第二辑）包括《经济全球化条件下的反国际垄断问题研究》、《市场经济条件下的价格管制研究》、《中国电力产业政府管制研究》、《高新技术产品出口管制研究》、《中国投资银行业务管制研究》。《经济全球化条件下的反国际垄断问题研究》对经济全球化条件下的反国际垄断问题，特别是对发展中国家如何应对经济全球化条件下的国际垄断，进行了系统的研究，并提出了中国推行反国际垄断政策的必要性及政策选择原则和思路。《市场经济条件下的价格管制研究》探讨了市场经济条件下价格管制的必要性、范围、垄断性产业和竞争性产业价格管制、生产要素价格管制的原因和思路，阐述了中国价格管制体制的改革历程、存在的问题以及深化改革的思路。《中国电力产业政府管制研究》探讨了电力产业管制的一般原因，阐述了中国电力产业管制体制形成的原因、改革的历程、管制效应等，论述了经济发达国家电力产业放松管制的原因及启示，提出了中国电力产业管制体制改革的目标和对策。《高新技术产品出口管制研究》探讨了高新技术产品出口管制的类型和影响，阐述了国际上的高新技术产品出口管制体制和特征，说明了中国高新技术产品出口管制体制的演变和特征，提出了中国应对国际高新技术产品出口管制的体制与政策建议，并提出了重构中国高新技术产品出口管制体制与政策的建议。《中国投资银行业务管制研究》探讨了投资银行业务的本质与发展历程，说明了对投资银行业务进行管制的必要性，阐述了证券类投资银行业务、创新型投资银行业务和引申型投资银行业务管制的目标、主体、对象、主要内容以及改革建议。

　　本辑成果是武汉大学政府管制与公共经济研究所成立后出版的第二批著作。期望丛书的出版能够继续得到学术界的指正。

　　丛书的出版得到了经济科学出版社的鼎力支持，深表感谢。

武汉大学经济与管理学院教授、博士生导师

武汉大学政府管制与公共经济研究所所长

武汉大学社会保障研究中心研究员

曾国安

2012 年 5 月 30 日

2

第二辑

政府管制与公共经济研究丛书（第二辑）

目　　录

第二辑

政府管制与公共经济研究丛书（第二辑）

第二辑

政府管制与公共经济研究丛书（第二辑）

引　言

　　管制是"管制者基于公共利益或者其他目的依据既有规则对被管制者的活动进行的限制"①。从内容来看，管制主要包括进入管制、退出管制、价格管制、产量管制、质量管制和技术标准管制等。依其性质来看，管制通常可以分为经济管制、社会管制、政治管制和文化管制。经济管制主要涉及在物质资料的生产、流通、交换、分配和消费等过程中，政府或者其他实际履行管理职能的组织按照授权，对企业、行业和产业的进入、退出、价格、产量、质量、投资、融资、技术和财务等经济活动施加的限制。社会管制主要涉及着眼于保障劳动者的安全、健康和卫生，维护消费者利益，保护生态环境等目标，政府或者其他实际履行管理职能的组织按照授权，为矫正经济活动在社会领域引发的负的外部性及其他影响社会发展的问题，对有关主体施加的限制。政治管制主要涉及上层建筑范畴之内不同的利益主体在维护自身利益、调整与其他利益主体之间的关系时，一个或者多个主体对其他主体施加的限制。文化管制主要涉及管制者对被管制者在历史、地理、风土人情、传统习俗、生活方式、文学艺术、行为规范、思维方式、价值观念等文化内涵施加的限制。按照管制的主体判断，管制还可以分为政府管制和非政府管制。

　　现代社会的经济管制可以追溯到 19 世纪的美国。1887 年，美国州际商务委员会（Inter-state Commerce Commission，简称 ICC）成立，通常标志着经济管制的开始②。对电力企业、行业和产业实行的管制较早出现于 20 世纪初的美国，当

---

　　① 曾国安：《管制、政府管制与经济管制》，载《经济评论》，2004 年第 1 期，第 93 页。
　　② ［美］丹尼尔·F·史普博著，余晖等译：《管制与市场》，中文版，上海三联书店、上海人民出版社 1999 年版，第 86 页。

时垂直一体化程度越来越强的私有公共电力公司占据统治地位。这些企业全面控制发电、输电、配电和供电市场，在独占的特许区之内形成垄断。随着这些电力公司服务区域的扩大，为了防止垄断势力侵占消费者利益，一些州开始进行反垄断立法，并设立管制机构，对辖区之内的公共电力企业实行管制。这些管制机构通过发放许可证，实行进入管制，同时对电价、融资、服务和财务实行管制。美国的电力产业管制经历加强管制—放松管制—改进管制的历程。英国是世界电力工业的发源地，在发展初期面临的问题主要是电力市场的高度垄断与市场分割并存。随着技术进步和市场演变，英国对管制模式多次进行调整。

在 20 世纪 70 年代之前，管制的重心在经济领域，特别是进入管制和价格管制。1970 年，美国成立环境质量委员会（Council on Environmental Quality，简称 CEQ）；同年，成立环境保护局（Environmental Protection Agency，简称 EPA），管制的重心开始逐步转向社会领域。独立研究机构对社会管制在理论上进行了大量的基础研究，政府、企业和中介组织进行诸多的实践，但无论是基础研究还是具体实践，仍处于继续发展完善的过程。总的来看，政府管制的理论、实践成果比较丰富的还是集中于经济领域。1962 年，施蒂格勒、弗瑞兰德（George J. Stigler，Claire Friedland）对 1912～1937 年期间电价管制的效果研究表明，管制仅有微小的导致价格下降的效应，并非如公共利益理论宣称的市场管制对价格具有较大的下降作用①。1970 年，卡恩（Alfred E. Kahn）出版论著《管制经济学原理与制度》，通常标志着管制经济学的形成②。1971 年，施蒂格勒（George J. Stigler）在论文《经济管制理论》中，比较系统地阐述经济管制理论③。

管制理论的基础研究在我国尚未受到足够的重视，仍处于起步阶段。总的来看，多数的理论成果限于对经济发达国家既有研究的翻译和介绍。1989 年，潘振民翻译了施蒂格勒（George J. Stigler）的论著《产业组织和政府管制》④，这是我国较早出现的涉及管制理论的论著。1992 年，朱绍文等翻译了日本学者植草益的论著《微观规制经济学》⑤，这是我国出现的第一本管制理论专题论著。

---

① George J. Stigler, Claire Friedland, 1962. *What Can Regulators Regulate? The Case of Electricity*, Journal of Law and Economics, 5.

② Alfred E. Kahn, 1970. *The Economics of Regulation: Principles and Institutions*, 2, New York, Wiley.

③ George J. Stigler, 1971. *The Theory of Economic Regulation*, Bell Journal of Economics and Management Science, 2.

④ ［美］乔治·J·施蒂格勒著，潘振民译：《产业组织和政府管制》，中文版，上海三联书店 1989 年版。

⑤ ［日］植草益著，朱绍文等译：《微观规制经济学》，中文版，中国发展出版社 1992 年版。

1999 年，余晖等翻译了史普博（Daniel F. Spulber）的论著《管制与市场》①。2000 年，于立等翻译了卡布尔（John Cable）主编的论著《产业经济学前沿问题》②。国内学者的研究成果比较集中。1997 年，福建人民出版社出版余晖所著的《政府与企业：从宏观管理到微观管制》。1998 年，上海三联书店出版王俊豪所著的《英国政府管制体制改革研究》。1999 年，经济科学出版社出版王俊豪所著的《中国政府管制体制改革研究》。2000 年，经济管理出版社出版于立所著的《产业经济学理论和实践问题研究》；社会科学文献出版社出版张昕竹主编的《中国规制与竞争理论和政策》以及张昕竹、让·拉丰（Jean-Jacques Laffont）、安·易斯塔什（Antonio Estache）所著的《网络产业：规制与竞争理论》；浙江大学出版社出版王俊豪所著的《自然垄断产业的政府管制理论》。2001 年，商务印书馆出版王俊豪所著的《政府管制经济学导论》；上海三联书店出版陈富良所著的《放松规制与强化规制》。2002 年，上海财经大学出版社出版夏大慰所著的《产业组织竞争与规制》。2003 年，经济科学出版社出版夏大慰、史东辉所著的《政府规制理论经验与中国的改革》；东北财经大学出版社出版肖兴志所著的《自然垄断产业规制改革模式研究》。曾国安等学者也对政府管制理论进行大量的基础研究。

　　较之经济发达国家，我国电力产业尚处于发展阶段，政府管制模式也处于完善之中，大量的理论问题和实践问题需要作出解答。从研究成果来看，国外的研究主要侧重于电力产业的自然垄断性，国内的研究多偏重于电力市场，系统研究尚显不足。从国内外的实践来看，20 世纪 70 年代以来，经济发达国家掀起放松管制的浪潮，对电力产业的组织结构与管制模式进行全面的改革、改进，取得一定的成效，也暴露出一些问题。我国推行的电力体制改革，既要打破计划经济体制遗留的垄断经营模式和政府管制模式，又要建立适应社会主义市场经济体制要求的电力市场和管制模式，还要面对世界贸易组织（World Trade Organization，简称 WTO）规则约束之下的国际竞争与合作，面临诸多的风险与挑战，需要理论、实践作出解答。

　　本书试图从理论与实践的结合对电力产业的政府管制模式进行阐述，力求对电力体制改革有所裨益。主要包括七个部分，第一部分阐述政府管制的一般原因，包括管制的定义与分类，经济管制理论述评，管制原因的一般分析，政府对

---

　　① ［美］丹尼尔·F·史普博著，余晖等译：《管制与市场》，中文版，上海三联书店、上海人民出版社 1999 年版。
　　② ［英］J. 卡布尔主编，于立等译：《产业经济学前沿问题》，中文版，中国税务出版社 2000 年版。

电力产业实行管制的必要性、手段及管制模式。第二部分对电力产业政府管制的福利效果进行一般分析，包括良好政府管制的原则、政府管制效果的一般分析、政府管制效率的一般分析。第三部分阐述中国电力产业管制体制的沿革，包括管制体制的变革、进入管制的变革、价格管制的变革、管制法规的变迁、管制机构的变革。第四部分探求中国电力产业管制体制形成的原因，包括计划经济体制时期管制体制形成的原因、经济体制转轨时期管制体制形成的原因、社会主义市场经济体制下政府管制电力产业的原因。第五部分对中国电力产业管制体制进行福利评价，包括政府管制对电力市场的影响、电价管制体制的缺陷及其影响、社会管制的影响、政府管制的效果和效率分析。第六部分探求经济发达国家电力产业放松管制的原因，包括经济发达国家放松管制的实践、放松管制的原因、经济发达国家放松管制的启示。第七部分阐述中国电力产业管制体制改革的目标与对策，包括电力市场建设的目标与对策、电价管制体制改革的目标与对策、管制法规建设的目标与对策、管制机构建设的目标与对策。本书在写作过程中参阅较多的文献，对电力产业政府管制进行初步的研究，也存在一些缺陷，如理论创新有所不足，对社会管制的分析深度不够等，需要在以后的研究中予以改进。

第一章

电力产业实行政府管制的原因

依据不同的标准，管制可以分为不同的类别，分别发挥各自的作用。对于管制产生并存在的原因，西方经济学家和独立研究机构作出不同的解释。电力产业实行政府管制，既有与其他管制相同的一般原因，也表现出其特殊性。

------------------------------ 第一节 ------------------------------

管制的定义与分类

管制也称为规制，译自于英文 regulation 或者 regulatory constraint。"规制"的译法最早见于朱绍文等翻译的日本学者植草益的论著《微观规制经济学》，据称日本学者把 regulation 译为"规制"，认为"规制"最符合英文原意①。本书采用"管制"，主要是认为汉语中既有的"管制"一词已经能够准确地表达出 regulation 的原意，没有必要再去生造新词。

一、管制的定义

经济发达国家对管制理论的基础研究起步较早，取得比较丰富的理论成果和实践成果。我国对管制的定义，也主要基于西方经济学家和独立研究机构传统的

---

① ［日］植草益著，朱绍文等译：《微观规制经济学》，中文版，中国发展出版社 1992 年版，第304 页。

论述。

（一）管制的定义

西方经济学家和独立研究机构分别从各自的视角对管制作出不同的定义。

美国学者卡恩（Alfred E. Kahn）在论著《管制经济学原理与制度》中，把管制定义为对产业结构及其经济绩效的主要方面直接的政府规定……如进入控制、价格决定、服务条件及质量的规定，以及在合理条件下服务所有客户时应尽义务的规定……①

美国学者施蒂格勒（George J. Stigler）在论著《产业组织和政府管制》中，把管制定义为作为一种规则，管制是产业所要求，并且主要为产业的利益而设计和运行②。

美国学者史普博（Daniel F. Spulber）在论著《管制与市场》中，把管制定义为由行政机构制定并执行的直接干预市场配置机制或者间接改变企业和消费者的供需决策的一般规则或者特殊行为③。

植草益在论著《微观规制经济学》中，把管制定义为以政府为主的社会公共机构依据一定的规则对构成特定社会的个人和构成经济的经济主体的活动进行限制的行为④。

经济合作与发展组织（Organization for Economic Co-operation and Development，简称 OECD）把管制定义为政府对企业、公民以及政府自身的一种限制手段⑤。

这些定义实际上分别从产业管制、政府管制的角度作出。基于一般意义，本书采用的管制定义为"管制者基于公共利益或者其他目的依据既有规则对被管制者的活动进行的限制"⑥。

① Alfred E. Kahn, 1970. *The Economics of Regulation: Principles and Institutions*, 2, New York, Wiley. 参见［美］丹尼尔·耶金、［美］约瑟夫·斯坦尼斯罗著，段宏等译：《制高点——重建现代世界的政府与市场之争》（中文版），外文出版社 2000 年版，第 493 页。
② ［美］乔治·J·施蒂格勒著，潘振民译：《产业组织和政府管制》（中文版），上海三联书店 1989 年版，第 2 页。
③ ［美］丹尼尔·F·史普博著，余晖等译：《管制与市场》（中文版），上海三联书店、上海人民出版社 1999 年版，第 44～48 页。
④ ［日］植草益著，朱绍文等译：《微观规制经济学》（中文版），中国发展出版社 1992 年版，第 19～22 页。
⑤ OECD, 1997. *Report on Regulatory Reform*, Organization for Economic Co-operation and Development, http://www.oecd.org/.
⑥ 曾国安：《管制、政府管制与经济管制》，载《经济评论》，2004 年第 1 期，第 93 页。

（二）对管制定义的解读

从管制的定义可以看出，管制的构成要素包括管制的主体、管制的目的、管制的依据、管制的对象和管制的性质。

（1）管制的主体，即管制者。从性质来看，管制的主体可以分为行政性主体和非行政性主体，分别对应政府管制和非政府管制。行政性管制的主体包括履行工商行政管理、质量技术监督、环境保护和安全生产监督等职能的政府组成部门，以及证券监督管理委员会、保险监督管理委员会和银行业监督管理委员会等政府设置的专业化管制机构。非行政性管制的主体包括行业协会、同业公会和商会等面向市场的中介组织，以及会计师事务所、税务师事务所和资产评估事务所等实际履行部分的政府职能的中介组织。

（2）管制的目的。管制都是基于某种目的而施行，有的为了保障公共利益，有的为了保护企业、行业和产业的集团利益，有的出于经济的、社会的、政治的、文化的不同目的，等等①。

（3）管制的依据。管制的产生、执行、调整和取消，需要以既有的规则作为依据。这种规则可以是国家的法律、法规、规章和地方性法规、地方性规章以及其他具有强制性的政府文件，也可以是各类组织的章程，甚至是特定利益集团的某种意志。

（4）管制的对象，即管制的客体、被管制者。管制的对象可以是政府、企业、中介组织和私人等具体的客体，也可以是经济主体、社会主体、政治主体、文化主体等某种具体的行为。

（5）管制的性质。管制在实质上是管制者对被管制者的限制②。

由此可见，一个完整的管制行为可以被描述为基于某个或者某些目的，管制者依据既有的规则，对被管制者施加某种限制。

二、管制的分类

日本学者植草益把管制分为直接管制和间接管制两类。直接管制是指行政机关、立法机关直接实施的干预行为，间接管制是指司法机关通过法律对不公平竞

_____

①② 曾国安：《管制、政府管制与经济管制》，载《经济评论》，2004 年第 1 期，第 93 页。

争行为进行的间接约束。其中，直接管制又分为经济性管制和社会性管制两类①。

美国学者哈恩（Robert W. Hahn）、霍普金斯（Thomas D. Hopkins）把直接管制分为社会性管制、经济性管制和程序性管制三类。其中，程序性管制是指政府对企业的公文要求②。

经济合作与发展组织（OECD）把管制分为经济管制、社会管制和行政管制三类。其中，经济管制直接干预企业行为和市场运行，社会管制维护健康、安全和环境保护等社会价值，行政管制关注政府内部的规程和运行机制③。

基于不同的研究视角，管制可以分为不同的类别。从管制的过程来看，管制可以分为事前管制、事中管制和事后管制。其中，事前管制重在引导、预防，事中管制重在监督、矫正，事后管制重在补救、惩罚。从管制的作用机制来看，管制可以分为激励性管制和惩罚性管制。其中，激励性管制重在通过利益导向激励被管制者服从管制，惩罚性管制重在通过惩罚手段强制被管制者服从管制。从管制的效果来看，管制可以分为有效的管制和无效的管制④。从管制的作用形式来看，管制可以分为联合管制和单独管制。其中，联合管制强调不同的管制者之间的协调、配合，单独管制强调特定的管制者对被管制者专一的管制。此外，管制还可以分为外部管制、内部管制，显性管制、隐性管制，短期管制、长期管制，好的管制、不好的管制，等等。

本书从管制发挥作用的领域出发，把管制分为经济管制、社会管制、政治管制和文化管制四类。由于电力产业管制基本不涉及政治领域、文化领域，实际涉及的政府管制包括经济管制和社会管制两个方面。

第二节
经济管制理论述评

在发展历程中，经济发达国家产生以公共利益理论、管制俘虏理论、利益集团理论为主的经济管制理论。从实践的效果来看，这些理论的产生、存在、发展

---

① ［日］植草益著，朱绍文等译：《微观规制经济学》，中文版，中国发展出版社1992年版，第21～22页。
② 宋世明：《美国行政改革研究》，国家行政学院出版社1999年版，第58页。
③ OECD, 1997. *Report on Regulatory Reform*, Organization for Economic Co-operation and Development, http：//www.oecd.org/。
④ 曾国安：《管制、政府管制与经济管制》，载《经济评论》，2004年第1期，第98页。

有其必然的合理性，同时也有其自身难以克服的缺陷，在学习借鉴时需要加以具体的分析判断。

一、公共利益理论

一般认为，公共利益理论由英国学者庇古（A. C. Pigou）于 1932 年提出[①]，是较早对管制行为作出解释的理论。直到 20 世纪 70 年代，公共利益理论一直居于主流统治地位。

（一）公共利益理论的主要内容

公共利益理论认为，作为公共利益的代表，管制是政府对公正和效率等公共需求无代价的、有效的、仁慈的反应[②]。管制的目标是公共利益，而非特定的既得利益。管制者代表社会的利益、公共的利益，而非其自身利益。管制规则的制定基于公共利益，政府针对私人行为制定并执行公共行政政策[③]。由于市场存在无效率、不公正等问题，公众要求政府通过管制作出矫正。政府需要对经济活动进行干预，对商会等市场主体实行保护，对公用事业和运输业进行管制，制定并执行公共电力和土地开垦计划，对农场给予补贴，发放从业许可证，制定并执行最低工资制度，确定关税，等等。在资源配置既定的情况下，经由政府理性的分析计算，管制可以实现帕累托最优状态。由于政府管制体现在市场失灵的情况下对市场的替代，因此，市场失灵的领域即是政府管制的领域。由此可见，政府管制几乎可以无所不在。

（二）公共利益理论的假设

美国学者波斯纳（Richard A. Posner）把公共利益理论的基本假设归结为两个，一个是孤立的自由市场特别脆弱、易于无效率或者不公正地运行，而政府是中立的仲裁者；另一个是政府管制不花费成本[④]。

---

① A. C. Pigou, 1932. *The Economics of Welfare*. London: Macmillan and Co.

② ［美］罗杰·弗朗茨：《X 效率：理论、证据和应用》（中文版），上海译文出版社 1993 年版，第 26 页。

③ Mitnick B. M. , 1980. *The Political Economy of Regulation*: *Creating*, *Designing and Removing Regulatory Forms*, Columbia University Press, New York.

④ Posner R. A. , 1974. *Theories of Economic Regulation*, Bell Journal of Economics and Management Science, 5 (2), Autumn, pp. 335 –358.

第二辑

政府管制与公共经济研究丛书（第二辑）

(三) 对公共利益理论的评论

公共利益理论作为规范的经济管制理论，有其历史的、逻辑的合理性，特别是其规范分析为政府管制指明理想的终极目标—公共利益，但其存在的缺陷不容忽视。对其理论架构，维斯库兹、维纳、哈瑞顿（Viscusi W. Kip，John M. Vernon，Joseph E. Harrington）认为，公共利益理论阐述了在市场失灵时管制产生并发挥作用，但这只能被视为一种假定，并非可以在实践中进行检验的预测①。波斯纳（Richard A. Posner）认为，公共利益理论未能说明公共利益如何转化为立法行动并实现经济福利最大化②。在管制规则的制定等政治决策过程中，不同的主体拥有各自的目标，但同时受到其他主体的牵制和约束。在这种情况下，这些主体之间如何相互作用从而实现经济福利最大化，公共利益理论未能予以阐明。从具体实践来看，施蒂格勒、弗瑞兰德（George J. Stigler，Claire Friedland）对 1912～1937 年期间美国电价管制的效果研究表明，市场管制仅有微小的导致价格下降的效应，并非如公共利益理论宣称的市场管制对价格具有较大的下降作用③。

总的来看，公共利益理论的缺陷在于理论分析与具体实践不能相互印证，主要表现在几个方面。其一，由于政府的有限理性、有限能力、不完全信息、不完备合约，以及利益集团施加影响等各种因素共同发挥作用，管制的结果通常偏离帕累托最优状态。经济效率、社会公正等目标更多地只能被视为管制的终极理想。其二，市场失灵并非必然要求政府实行管制。以中介组织为主体的第三种力量、私人协议等同样可以弥补市场缺陷。政府管制只是替代市场失灵的一种选择，而非唯一的、必要的选择。其三，大量的被管制产业并非公共利益理论宣称的自然垄断产业④。在许多情况下，有些非自然垄断产业主动要求政府实行市场准入、区域市场保护、价格管制等对其有利的管制。可以说，自然垄断产业需要进行管制，但被管制的并非必然是自然垄断产业。其四，公共利益理论关于政府管制不花费成本的假设严重脱离实际，管制所发生的交易成本和行政成本难以忽

---

① Viscusi W. Kip, John M. Vernon, Joseph E. Harrington. , 1995. *Economics of Regulation and Antitrust*, MIT Press.
② Posner R. A., 1974. *Theories of Economic Regulation*, Bell Journal of Economics and Management Science, 5 (2), Autumn, pp. 335－358.
③ George J. Stigler, Claire Friedland, 1962. *What Can Regulators Regulate? The Case of Electricity*, Journal of Law and Economics, 5.
④ 波斯纳认为，15 年的理论和实证研究表明，管制与外部经济、不经济以及垄断的市场结构之间并没有正的相关性。Posner R. A., 1974. *Theories of Economic Regulation*, Bell Journal of Economics and Management Science, 5 (2), Autumn, pp. 335－358.

略不计。从实际情况来看，政府管制不但花费成本，而且这些成本通常持续增长。由于这些原因，公共利益理论的应用受到制约，但其宣扬的公共利益可以成为政府管制的终极目标。

二、管制俘虏理论

公共选择理论认为，管制不完全基于公共利益的目的，其实质是在不同的利益群体中重新分配财富的一种手段。这种分配财富的手段对寻租行为形成激励，对资源配置形成扭曲，造成公共利益和社会福利损失。1971 年，施蒂格勒（George J. Stigler）提出管制俘虏理论。其后，佩兹曼（Peltzman Sam）予以发展，共同对公共利益理论实行直接地、有力地抨击。

（一）管制俘虏理论的主要内容

管制俘虏理论通过供给—需求分析认为，管制源自于需求，是供给与需求相互作用的结果。管制者具有通过供给管制从而寻求自身利益的倾向，被管制企业等具有特殊影响力的利益集团需要通过管制谋取超额的利润。双方通过管制的供给与需求联系起来，即管制者被利益集团所"俘虏"。在利益的诱导下，无论制定管制规则的立法者，还是执行这些规则的管制者，最终被企业、行业和产业等利益集团所"俘虏"，从而使得供给管制的立法机关、执法机关和管制机构成为特殊利益集团谋取更多利润的工具[1]。政府管制的目的并非公共利益和社会福利，而仅仅是特定利益集团需求的结果。在具体实践中，管制也许给公众带来利益，但这并非政府管制的初衷，只不过是管制的意外结果[2]。无论管制规则的设计如何完美、执行如何严格，实质上还是服从和服务于利益集团的私利。作为一种制度安排，政府管制是为企业、行业和产业所需要，并为企业、行业和产业的利益服务。

施蒂格勒（George J. Stigler）认为，经济管制的中心任务是解释谁是管制的受益者或者受害者、政府管制采取什么形式和政府管制对资源分配的影响[3]。管

---

① ［美］乔治·J·施蒂格勒著，潘振民译：《产业组织和政府管制》，中文版，上海三联书店 1989 年版，第 210～241 页。

② ［美］理查德·A·波斯纳著，蒋兆康译：《法律的经济分析》，中文版，中国大百科全书出版社 1997 年版，第 475～476 页。

③ George J. Stigler, 1971. *The Theory of Economic Regulation*, Bell Journal of Economics and Management Science, 2, pp. 3 –21.

制俘虏理论从政治系统分析入手，对管制的需求与供给共同作用产生政府管制的机理予以阐述。政治系统由三个子系统组成。其一，企业化系统。产业集团对管制的需求，通过各种形式向立法者购买；立法者对管制的供给，通过多方交易、价高者得这种企业化的形式产生。由于管制具有普适性，难免产生"搭便车"行为。对此，政府可以通过征税等强制力，减少乃至克服"搭便车"行为，从而实际提高管制立法的最高购买价格。其二，强制力系统。政府管制以强制力为后盾，产业集团总是试图直接谋求或者间接借助这种强制力，以便从中获利。政府可以对某个或者某些产业实行税收优惠或者直接给予货币补贴，增加这些产业集团的利益。通过设置门槛等控制后来者进入市场，对产品的替代品、互补品的生产销售予以控制，围绕产业利益确定定价方式，从而保障这些产业集团的利益。管制采取的补贴、许可、关税、配额、定价等手段，为利益集团带来直接或者间接的利益。在利益的驱动下，产业集团等被管制者往往诱导、胁迫政府实行最符合产业利益的管制。其三，民主化系统。立法者由选举产生，选民的选票至关重要。同时，在竞选活动中，候选人需要花费成本谋求当选。候选人的竞选纲领、政治理念、价值取向与公众、产业或者其他利益集团未来的利益密切相关。候选人既要确保争取足够的选票当选，又要确保付出的成本得以补偿、未来的利益得以保障。与企业化系统不同的是，民主化系统对"搭便车"行为无能为力，从而降低产业或者其他利益集团对候选人竞选活动的主动参与和鼎力支持。

佩兹曼（Peltzman Sam）认为，垄断利润与垄断相伴而生。如果没有管制，垄断利润被垄断企业获得。政府对垄断企业施加管制，实质上是垄断利润处置权的转移，即财富的转移。基于对全部或者部分垄断利润的追求，既得利益者通过金钱和选票两种形式予以支付。只要这些支付的成本不超过能够获取的垄断利润，这种行为就有效率。从选票的角度来看，不同的利益集团在立法机构拥有各自的利益代言人。对生产者而言，财富表现为利润，其代言人相应地维护生产者利润；对消费者而言，财富表现为价格，其代言人相应地维护商品或者服务的价格。在管制制度的引导下，价格高、利润高导致消费者的政治支持降低，流向其代言人的选票减少；生产者的政治支持提高，流向其代言人的选票增加。价格低、利润低导致消费者的政治支持提高，流向其代言人的选票增加；生产者的政治支持降低，流向其代言人的选票减少。由此可见，生产者、消费者及其代言人组成一架杠杆，其支点即是管制。生产者、消费者分别寻求在支点使用杠杆，试图以最小的成本付出获取最大的财富收益。同样，立法者、执法者和其他管制者也可以利用管制的杠杆作用，实现各自利益的最大化。总之，管制的效果只是财富在不同利益集团之间的分配①。在具体实践中，如果两个以上的被管制企业面对同一个管制者，那么这些企业通常以合谋的形式共同与管制者交易，由于成本分摊，可以相对降低每个企业对管制的购买价格。其缺点在于由于企业之间的协调耗时费力，导致效率下降，垄断利润依据各个企业的力量在企业之间分配。如果一个被管制企业面对多个管制者，则往往出现"集体悖论"，即名义上大家都管、实际上大家都不管，被管制企业以较低的成本获得垄断利润。

(二) 管制俘虏理论的假设

其一，管制者、被管制者和消费者都是经济人，各自追求利益最大化。其中，立法者寻求选票等政治支持的最大化，并以此实现收益最大化。其二，管制者、被管制者和消费者作为不同的利益集团，都有利己的动机，对未来的收益有合理的预期。这些利益集团各自利用可能获得的信息，通过谈判、合谋等手段达成交易，分别从垄断利润中取得合理的收益。其三，管制成本对效率的影响可以忽略不计。如果政府管制没有成本或者成本小得可以忽略，虽然垄断利润在各个利益集团之间的分配关系不同，但总体不会对经济效率产生较大的影响。

(三) 对管制俘虏理论的评论

管制的供给与需求两者的结合，为管制俘虏理论建起理论基础；管制的成本与收益分析，为理论提供现实基础，说明管制俘虏理论不但其理论具有可能性，而且在实践中可行、有效率。从具体实践来看，管制俘虏理论建立于实证分析的基础上，与管制历史较高程度的吻合使其比公共利益理论更具有说服力。其缺陷主要在于基本假设与现实并不完全符合。其一，现实中的某些政府管制确实属于管制者与被管制者达成的交易，但不能以偏概全，认为所有的管制者都追求收益最大化。实际上，在官僚体系中，尽管层级有高有低、职能有强有弱、权限有大有小，但毋庸置疑仍有相当多的管制者在传统道德、政治品德、执政理念、价值取向的指引下，追求政治理想的实现或者政治利益最大化，而非简单的收益最大化。其二，由于信息传输、获取、处理和存储存在局限性，无论哪个利益集团都难以掌握完全的信息。因此，建立于完全的信息基础上的利益集团合理的预期并不可能。其三，在管制的产生、执行、调整和取消的过程中，产生大量的管制成本，从而降低经济效率。此外，管制俘虏理论在社会、政治、文化领域的应用受

---

① Peltzman Sam, 1976. *Toward a More General Theory of Regulation*, Journal of Law and Economics, 19, pp. 211–240.

第二辑

政府管制与公共经济研究丛书（第二辑）

到限制，不能解释体现公益性、非盈利性的社会管制如何产生、执行、调整和取消。

三、利益集团理论

对利益集团理论的分析，西方经济学家和独立研究机构建立了不同的模型。其中，美国学者贝克尔（Gary Becker）提出的政治均衡模型与管制俘虏理论有所传承。施蒂格勒（George J. Stigler）、佩兹曼（Peltzman Sam）的管制俘虏理论侧重于政治支持的均衡分析，而贝克尔（Gary Becker）的政治均衡模型则侧重于不同利益集团之间的竞争均衡分析。两者既有联系，又有区别。

（一）利益集团理论的主要内容

参与共同利益分享的组织、个人构成利益集团。基于对各自利益的追求，不同的利益集团都对政府管制施加压力。贝克尔（Gary Becker）分析，假设存在接受补贴集团 s 和纳税集团 t，则集团 s 取得的福利转移既取决于其自身对管制者施加的压力，又取决于集团 t 同时对管制者施加的压力。两个利益集团为获得有利于己的管制而相互展开竞争，其结果是最终形成政治均衡。从效果来看，福利的转移取决于在竞争过程中各个利益集团影响力的比较关系。每个利益集团在假定其他利益集团的压力水平基础之上，理性地选择能够实现集团福利最大化的压力水平。由于压力水平与资源消耗呈正的相关性，施加的压力越大，耗费的资源越多。因此，每个利益集团都不愿施加过多的压力。同时，从相互关系来看，如果一个利益集团施加的压力较小，那么与其形成竞争关系的另一个利益集团其影响相对较大。综合考虑施加压力的成本与收益，每个利益集团都存在一个最佳反应函数。当每个利益集团都没有进一步的愿望改变既有的压力水平时，各方形成政治均衡[①]。在政治均衡的形成过程中，有四个因素发挥主导作用。其一，每个利益集团对管制机构施加压力的效率。效率越高，福利转移越多；效率越低，福利转移越少。其二，边际压力对政治均衡变迁的效果。在政治均衡的既定状态下，如果利益集团对管制施加额外的边际压力，既有的政治均衡如何变迁。其三，各个利益集团的成员数量多少，成员并非越多越好。在初始阶段，随着成员数量的增加，集团的影响力上升。但达到适度的规模数量后，"搭便车"行为的

第二辑
政府管制与公共经济研究丛书（第二辑）

---

① Gary Becker, 1983. *A Theory of Competition among Pressure Groups for Political Influence*, Quarterly Journal of Economics, 98（August）, pp. 371 –400.

影响无法忽视，集团的影响力不再上升甚至由于内耗而下降。利益集团的最大成员数量与集团成员的共同意志呈正的相关性。其四，税收与补贴的成本。这种成本实际构成对福利的侵占，成本越高，福利转移越少；成本越低，福利转移越多。

（二）利益集团理论的假设

其一，政府的基本资源是权力，权力能够主导资源的分配与福利的转移，各种利益集团围绕权力展开竞争。其二，管制者、被管制者都是理性的经济人，能够适应对方的行动而选择效用最大化的对策。其三，政府管制可以为各种利益集团服务。

（三）对利益集团理论的评论

利益集团理论建立于实证分析的基础上，强调竞争机制对政府管制的重要性，对现实中的管制行为能够给予较好的解释。其缺陷主要在于这些假设难以在实践中完全得到验证。实际上，管制行为并非都是利益集团施加压力的结果，非利益群体的作用同样不容忽视。特别是从历史实践来看，一些原本微不足道的"小概率事件"往往出人意料地引发重大事件。利益集团施加压力，可能引发管制的产生、执行、调整和取消，但管制的产生、执行、调整和取消并不必然是利益集团施加压力的结果。从经济人假设来看，无论管制者还是被管制者，经济人只是其诸多角色中的一个侧面，此外还有社会人、政治人、文化人等其他侧面。效用最大化只是诸多选择的其中之一，而且受到道德、文化、价值观和理想信念的影响。从形成机制来看，某些管制特别是社会管制并非利益集团相互竞争的结果，人类还有超越经济利益的公共利益与共同理想等最高追求。

--------- 第三节 ---------

管制原因的一般分析

管制的逻辑起点是市场失灵[①]。在现代市场经济条件下，由于市场机制的内

---

① 由此可见，管制与计划经济体制的计划指令有所区别。管制的逻辑背景是市场经济，市场经济存在市场失灵，市场失灵需要管制加以适度弥补。而计划指令则是计划经济体制配置资源的主要工具，在计划经济体制下尽管同样存在一个或者一些主体对其他主体的限制，这些限制名义上也可以称为管制，但其本质有所区别。

第二辑

政府管制与公共经济研究丛书（第二辑）

在缺陷导致种种"市场失灵"。作为资源配置的基本方式，市场经济的实质在于通过价值规律的作用，对经济活动予以自发的调节。这种调节具有自发性、滞后性、盲目性等特征，难以保证产业之间的均衡发展、战略新兴产业的适度超前发展、支柱产业的重点发展，难以避免经济总量增长的周期性波动，难以对经济运行的偏离及时地、自动地作出调整。经济运行产生外部性问题，市场机制无法予以解决。市场调节可以实现供给与需求、成本与收益、投入与产出、生产与销售等微观平衡，但对物价总水平、就业总水平、产业结构等宏观指标难以实现平衡。市场机制可以通过价值规律优胜劣汰提高经济效率，但同时带来收入分配失衡；市场调节无法实现收入分配平衡，效率与公平难以兼得。对于具有非排他性、非竞争性、非盈利性的公共产品与公益事业，市场机制无法满足需求。此外，对不公平竞争、不公平交易的行为，市场主体的非理性行为，非市场产品和有害产品的生产销售，信息不对称带来的低效率与交易成本上升，有效率的产权保护，国家经济安全与国家利益等，市场机制无能为力或者收效甚微①。由此可见，市场机制并非万能，而是存在种种"不能"。从其假设来看，完全竞争只是理想状态，现实中基本还是不完全竞争甚至垄断，而市场机制无法解决垄断问题。

管制作为替代市场的一种资源配置方式，主要基于自然垄断、信息不完全、外部性和内部性四种典型的市场失灵而产生。

一、自然垄断的存在要求实行管制

西方经济学家和独立研究机构对自然垄断的认识经历一个不断发展的过程。在早期，自然垄断是指由于资源条件的集中分布而无法开展竞争或者不适于开展竞争的状态。对管制的研究，较早源自于自然垄断。

（一）自然垄断的基本经济特征

自然垄断表现出规模经济、成本弱增、范围经济、网络经济、成本沉淀和公用性等经济特征。

1. 自然垄断的规模经济性

规模经济是指随着生产规模的扩大，每一单位产品的平均成本出现下降的特

---

① 曾国安：《论市场经济中政府实行经济管制的必要性及范围》，载《中国流通经济》，2003 年第 12 期，第 24～27 页。

点。克拉克森、米勒（Kenneth W. Clarkson, R. L. Miller）从规模经济的角度说明自然垄断的经济特征[1]，自然垄断的传统定义也由此而来，是指由于生产技术具有规模经济的特征，当单一的企业组织生产时，平均成本与边际成本随着产量的增加而递减，企业从而可以实现成本最小化和收益最大化。自然垄断的基本特征是在适度的产出范围之内，生产函数呈规模报酬递增，生产规模越大，单位产品的生产成本越低。

17

技术设备与经营管理同样存在规模经济效益。其中，技术设备带来的规模经济效益表现在几个方面。其一，随着生产规模的扩大，大型的高效设备使用成为可能。在技术水平不变的条件下，大型的高效设备所对应的单位产品的成本比小型设备低得多，既可以降低单位产品的消耗，又可以减少成本支出。其二，随着生产规模的扩大，专业化生产成为可能。专业化生产通过采用自动化生产线等专用设备，对生产工艺与流程进行集成或者精简，从而实现生产的标准化、高效化和简单化，达到提高产量、降低人力成本的目的。其三，随着生产规模的扩大，先进工艺与技术的使用成为可能。先进的生产工艺与技术，只有生产规模达到一定程度时才能被经济地采用，从而有利于产品质量与产量的提高。其四，随着生产规模的扩大，既有设备和人员的充分使用成为可能。由于生产规模较小，一些设备和人员只能闲置或者不完全使用。生产规模的扩大，使得这些设备和人员的配备使用更加灵活，有利于充分使用。经营管理带来的规模经济效益，主要表现在生产规模的扩大，相应地增加对生产资料、配套服务、后勤保障、集约经营和综合管理的需求。大规模集中采购可以降低单位产品的采购费用，大规模服务外包可以降低单位产品的成本费用，大规模生产可以降低单位产品所分摊的技术改造与研发费用，大规模经营可以通过经营销售单元的整合集成而降低经营费用，大规模管理可以推动专业化管理而提高管理效率，最终实现资源的优化配置与综合利用，提高经济效率。

2. 自然垄断的成本弱增性

成本弱增性的提出，把对自然垄断的认识推向新的水平。鲍莫尔、沙基（William J. Baumol, William W. Sharkey）认为，自然垄断最显著的特征在于成本

---

[1]　Kenneth W. Clarkson, R. L. Miller, 1982. *Industrial Organization: Theory, Evidence, and Public Policy*, MacGraw-Hill Book Company, P. 119.

函数的弱增性[①]，表现为在一定的产出范围之内，由一家企业组织生产比两家企业同时生产具有更高的效率[②]。

成本弱增性对自然垄断的规模经济性予以修正，把独家集中生产经营的总成本小于多家分散生产经营的成本之和作为自然垄断的判断标准。但无论规模经济性还是成本弱增性，都表明在适当的产出范围之内，由一家或者少数几家企业生产经营能够实现最小的平均成本，达到最高的生产效率，即对给定的产量水平，自然垄断企业单独生产经营的总成本较小。

3. 自然垄断的范围经济性

范围经济是指联合生产比各自单独生产能够降低成本。自然垄断产业在初期基本采取垂直一体化的组织结构，对生产经营的上、下游经济活动进行整合，由单一的企业垄断产业的全部或者部分环节，形成完整的产业链。垂直一体化的实质在于由单一的企业在内部统一处理各项经济活动，取得自然垄断的范围经济特性。对于关联性较强的其他产业，也可以进行整合，从而形成跨产业的超级企业联合体，进一步提高资源配置效率。

范围经济可以降低交易成本。随着企业之间交易成本的内部化，成本的节约、效率的提高可以在多个方面发生。其一，生产要素往往具有多重的使用价值，可以在产业链的不同环节分别使用，从而提高这些要素的使用效率。其二，生产线等生产设备具有多功能性，可以在适度的时间与空间范围之内履行多种生产功能，从而提高这些设备的使用效率。其三，零部件与中间产品具有多种组装性能。随着上、下游企业整合成为产业链，零部件与中间产品可以在链条内部流通，从而降低交易成本，提高使用效率。其四，品牌、声誉和社会形象等无形资产具有通用性，可以实现共享，在更大的范围之内重复使用，从而提高这些无形资产的使用效率。其五，企业的组织结构具有弹性。经由产业的内部整合，各个企业的组织结构可以进行重构，建立统一的经营机构与管理机构，从而降低人力成本，提高经营管理效率，等等。这些因素决定自然垄断产业采取垂直一体化的组织结构具有合理性。

---

① "弱增性"译自 subadditivity。假设 $C(Q_1, Q_2)$ 表示一个企业生产 Q_1 单位的产品 1 和 Q_2 单位的产品 2 所发生的总成本，如果 $C(Q_1, Q_2) < C(Q_1, 0) + C(0, Q_2)$，则成本函数具有弱增性。

② William J. Baumol, 1977. *On the Proper Cost Tests for Natural Monopoly in a Multiproduct Industry*, American Economic Review, 12. William W. Sharkey, 1985. *The Theory of Natural Monopoly*, Cambridge University Press.

4. 自然垄断的网络经济性

自然垄断产业通常配备庞大的网络供应系统，如电力产业的电网、自来水产业的地下管网和电信产业的传输线路等。这些网络的价值随着网络的延伸而呈指数增长。麦特卡夫法则（Metcalfe's Law）指出 $V = n^2$，网络价值 V 等于网络使用者或者节点总数 n 的平方[1]。网络经济是指由于网络供应系统前期需要庞大的基础设施投入，因而对网络的需求量越大，每一份需求所分摊的固定成本越少，呈现出边际成本递减的趋势。自然垄断产业的效益与网络消费者的数量呈指数关系，呈现网络经济特性。

5. 自然垄断的成本沉淀性

自然垄断产业的生产经营往往需要投资巨大的生产、配送和传输等专用设备，这些设备的使用期限较长，折旧时间相应的较长；设备的专业性较强，难以转作他用。由此可见，自然垄断产业投入的固定成本具有沉淀性。沉淀性显著地表现为资产的专用性，这种资产通常难以重新使用。

6. 自然垄断的公用性

自然垄断产业供给公共产品或者公共服务，这些产品或者服务具有非排他性和非竞争性，与公众生产生活息息相关，需要保证供给的连续性、稳定性和安全性。

（二）对自然垄断产业实行管制的必要性

自然垄断的基本经济特征决定需要对自然垄断产业实行进入管制、退出管制、价格管制、产量管制、质量管制和技术标准管制等多种管制。

1. 自然垄断产业需要实行进入管制、退出管制

从竞争的角度来看，由于自然垄断产业的固定成本具有沉淀性，如果不实行进入管制、退出管制，任凭企业自由进入市场、随意退出竞争，势必出现不必要的重复投资，资本、设备大量沉淀，造成资源浪费。由于自然垄断产业具有网络经济性，企业的生产经营需要建立在庞大、完备的网络供应系统之上。如果每家

---

① George Gilder，1993. *Gilder Technology Rreport*，American.

政府管制与公共经济研究丛书（第二辑）

第二辑

参与竞争的企业都独自分别建立这样的网络，既造成基于不同技术标准网络的市场分割，又造成资源浪费。由于自然垄断产业具有规模经济性，如果市场存在多个竞争者，有限的需求在多个企业之间进行分割，每个企业的产量都小于规模经济的产量，成本高于规模经济的成本，造成生产低效率。由于自然垄断产业具有范围经济性，各个环节的生产经营需要上、下游之间有机承接、配套联动。如果任由企业自由进出各个环节的生产经营，势必造成产业内部的厚此薄彼、结构失调，影响整个产业甚至国民经济的资源配置效率。由于自然垄断产业具有公用性，需要持续、稳定地供给产品或者服务。如果任由自由进出，合理的需求难以得到充足的保障。由此可见，自然垄断产业实行完全竞争并不合理，这样的产业有必要实行进入管制、退出管制。管制可以避免过度竞争，提高资源配置效率和生产效率。

2. 自然垄断产业需要实行价格管制

在自然垄断产业中，一个或者少数几个企业实行独家或者寡头垄断。如果没有外部的约束，这些企业成为市场价格的制定者，从其自身利益最大化出发，制定远远高于边际成本的垄断价格，获取垄断利润，从而损害消费者利益，造成分配效率和净福利的损失。政府需要对垄断企业实行价格管制，使这些企业成为管制价格的接受者。

3. 自然垄断产业需要实行产量管制、质量管制和技术标准管制

具有自然垄断性质的企业可以依托垄断优势与垄断地位，使用垄断权力，采取限产抬价等行为，损害其他市场主体的利益，有必要进行产量管制。自然垄断的公用性决定自然垄断产业需要实行产量管制，规定投资规模、产出规模的最低或者最高限额。需要实行质量管制和技术标准管制，对供给的产品或者服务建立标准，防止产品或者服务质量下降、损害消费者利益。对关键设备建立统一的技术标准，规定设备折旧、技术改造和设备更新等标准，保证设备安全稳定运行。

二、信息不完全的存在要求实行管制

信息不完全是指市场主体不拥有市场环境中的全部信息。一方面，这是由于市场主体认识能力的限制；另一方面，市场自身不能产生足够的信息并对这些信息进行有效的配置。

（一）消费者信息不完全的存在需要实行管制

施蒂格勒（George J. Stigler）较早提出消费者信息不完全理论[1]，认为消费者的信息不完全导致市场失灵，并由此阐述经济管制的必要性。在信息不完全的市场，如果企业数量较少或者生产过程复杂，消费者往往难以了解具体的生产过程，对产品的质量和价格等信息的占有明显少于企业。企业能够利用信息优势制定、维持垄断高价，致使经济效率降低。对消费者信息不完全的产业，政府需要实行价格管制，从而打破垄断，提高经济效率。对生产过程比较复杂的产品，可以通过提供更多、更详细的产品信息等途径，满足消费者对信息的需求，抑制垄断价格的制定与维持。美国学者斯蒂格利茨（Joseph E. Stiglitz）认为，不完全信息和不完全市场作为市场失灵的一个来源在公共部门普遍存在[2]。信息不完全的存在要求实行管制。

（二）交易双方信息不对称的存在需要实行管制

信息不对称是指交易双方对于商品或者服务拥有不等量、不同质的信息。在市场交易中，如果一方掌握的有效信息多、真实程度高，则拥有信息优势；反之，则处于信息劣势。拥有信息优势的一方，如果利用对信息的垄断，引导交易过程偏离对方的真实意图，将导致损人利己的交易结果。信息不对称可以通过市场的方法予以矫正。处于信息劣势的一方为了维护自身利益，减少乃至避免对方的利益侵占，可以在交易之前耗费大量的成本搜寻产品性能、质量和对方执行合同的信誉等信息。在合同的制定过程中，事先花费成本对各种可能出现的意外情况进行协商谈判。由此可见，对信息不对称，市场可以进行自发的调节，但效率较低、成本较高。政府管制以强制力为手段，可以中立地制定法律、法规、规章以及其他强制性的政策，减少交易的不确定性，降低搜寻、验证的成本。实践证明，对降低信息不对称，强制性的管制比自发的市场机制更有效率、成本更低。

并非所有的信息不对称都需要实行管制，在市场中，良好的信誉机制可以替代管制的强制性作用。然而，信誉机制发挥作用需要满足重复博弈、信息传输足够快等前提条件。对于单独的一次性博弈，经济人讲求信誉的动机大为下降。只

---

① ［美］乔治·J·施蒂格勒：《信息经济学》，载《施蒂格勒论文精粹》，中文版，商务印书馆1999年版，第74～75页。

② ［美］斯蒂格利茨、格林沃德：《具有不完全信息和不完全市场的经济中的外在性》，1986，参见吴易风：《西方市场经济理论和政策》，载《马克思主义经济学与西方经济学》，经济科学出版社2001年版。

有多次博弈、重复博弈，经济人才更加重视诚信的声誉，重视长期利益和未来收益，信誉机制才能较好地发挥作用。

三、外部性的存在要求实行管制

经济发达国家于 20 世纪初提出外部性概念，并在实践中进行诸多的探索。我国经济发展长期处于较低的水平，外部性现象并不明显或者并未受到足够的关注。随着经济发展和社会进步，外部性问题逐步凸显出来。

(一) 外部性的定义

外部性是指社会边际收益与私人边际收益不一致、社会边际成本与私人边际成本不一致的情况。外部性表明市场交易的成本与收益由第三方承担。外部性可以是正的，市场主体不支付费用而得到收益，称为外部经济或者收益溢出；可以是负的，市场主体不支付费用而提高其他主体的成本支出，称为外部不经济或者成本溢出。正的外部性表明社会边际收益大于私人边际收益，负的外部性表明社会边际成本大于私人边际成本。

(二) 外部性产生的原因

外部性由产权不清和交易成本而产生。由于外部性的存在，价格信号不再完全反映产品或者服务的社会成本与社会收益，市场均衡无法实现帕累托最优。英国学者科斯（Ronald Coase）指出外部性产生的原因，一个是缺乏明确界定的产权，另一个是存在交易成本①。外部性是产权界定不清的结果，只要产权界定明晰，市场具有实现帕累托最优的可能性。

交易成本是指市场主体自愿达成交易所支付的费用，不仅包括签约与谈判所发生的费用，还包括计量与保护产权所发生的费用，以及为维护利益而从事政治活动、监督活动和组织活动所发生的费用。其中，对于合同签订，交易成本既包括为达成合同而事前所发生的费用，也包括履行合同过程中所发生的费用。降低交易成本，重点在于确立一套符合市场经济要求的基本规则，把限制市场主体有效交易的摩擦与冲突降至最低，保证市场主体安全、快捷、有序地进行交易。

---

① Ronald Coase, 1992. *The Institutional Structure of Production*, American Economic Review, No. 4, Vol. 82.

第二辑

政府管制与公共经济研究丛书（第二辑）

(三)外部性需要实行管制

由于市场自身对外部性不能作出正确的判断与评价,通过市场机制纠正负的外部性付出的成本较高、效率较低,市场主体之间的讨价还价并不能有效地解决问题。较之市场机制,直接管制更有效率。纠正负的外部性,需要通过管制特别是社会管制,建立完整的制度体系,对产权作出明晰的界定,降低交易成本。制度的核心功能在于节约交易成本,不同的制度安排,发生的交易成本不同,管制规则的总和应当构成这样一套完整的降低交易成本的制度系统。

通过管制规则的制度安排,可以限制负的外部性,引导私人边际成本接近社会边际成本、私人边际收益接近社会边际收益。一方面,把外部性进行“内部化”,对产生负的外部性的经济活动实行征税等管制,把社会成本内化为企业成本,从而限制负的外部性;另一方面,进行直接干预,实行产量管制等。

对于存在正的外部性的领域,如果没有管制,在初始阶段,社会收益不会显著改变,但在再投资、扩大再生产时,由于投资者、所有者未能得到全部的收益或者某种形式的补偿,可能理性地选择减少投资,致使社会收益减少。如果管制能够引导投资者、所有者的投资与其收益发生正的相关性,投资者、所有者可以理性地选择增加投资,从而增加社会收益,形成循环加强的正反馈。

四、内部性的存在要求实行管制

经济发达国家于 20 世纪末提出内部性的概念,至今时间并不长,但由于该概念能够对经济现象给予贴切的描述和解释,其应用越来越广泛,受到越来越多的关注和重视。

(一)内部性的定义

内部性是指由交易者所承受的、但没有在交易条款中说明的交易成本与效益①。内部性的存在使得交易过程中所发生的成本或者收益超出交易双方事先的约定,表明在交易条款中没有说明的交易成本与收益需要由交易者承担。私人之间的谈判通常导致配置无效率,这种无效率即是内部性。对于没有反映在合约安排中的内部成本与收益,可以用正的内部性或者负的内部性加以区别。正的内部

---

① “内部性”由史普博首先使用。参见〔美〕丹尼尔.F.史普博著,余晖等译:《管制与市场》,中文版,上海三联书店、上海人民出版社 1999 年版,第 64 页。

性可以称为内部经济，负的内部性可以称为内部不经济①。在实践中，产品缺陷给消费者带来损害，而这种产品缺陷的性状与范围在合约条款中并未给予充分的预计；合约一方因另一方毁约而遭受损害，而这种毁约的后果没有在合约条款中予以明确的反映，这些都是负的内部性。就业者接受非正式的上岗培训，而这种潜在的收益并未在劳动合约中得到体现，这是正的内部性。

（二）内部性产生的原因

史普博（Daniel F. Spulber）认为，造成内部性的原因在于三类交易成本②。其一，在存在风险的条件下签订意外性合约（contingent contract）所发生的成本。由于信息不完全、不对称，如果期望把未来可能发生的各种意外情况都通过合约进行界定，那么通常需要付出较高的成本。因此，拥有信息优势的一方，理性地利用对信息的垄断，获取合约中没有说明的潜在利益，而合约另一方则遭受合约中没有说明的损失。其二，合约者的行为不能被完全观察时所发生的观察或者监督的成本。由于信息不完全、不对称，合约一方理性地隐藏其真实意图，而另一方基于维护自身利益，期望通过观察、监督等行为实现双方的信息均势，从而需要支付额外的成本。其三，交易者收集他人信息和公开自身所占有的信息时所发生的成本。由于信息不完全、不对称，合约一方易于隐藏对己不利的信息，而另一方获取、收集、储存和甄别这些信息通常需要支付成本，负的内部性由此产生。

（三）内部性需要实行管制

交易成本的存在导致内部性的产生，过高的交易成本甚至可能造成市场机制的完全失灵。内部性的存在使得交易参与者不能获取全部潜在的交易所得，不能完全分配交易所产生的净利益。在这种情况下，政府配置资源的效益一定超出行政所发生的成本③。由于内部性来自于私人之间的谈判，市场机制对此作用甚微。为了纠正负的内部性，需要政府对交易行为实行管制，引导交易各方尽可能地实现信息对称，从而提高资源配置效率。

---

① ［美］丹尼尔·F·史普博著，余晖等译：《管制与市场》，中文版，上海三联书店、上海人民出版社1999年版，第65页。

② ［美］丹尼尔·F·史普博著，余晖等译：《管制与市场》，中文版，上海三联书店、上海人民出版社1999年版，第64页。

③ ［美］丹尼尔·F·史普博著，余晖等译：《管制与市场》，中文版，上海三联书店、上海人民出版社1999年版，第71页。

政府对电力产业实行管制的必要性、手段及管制模式

电力产业是国民经济的基础能源产业、经济发展的动力命脉，关系国计民生，可以称为第一基础产业。作为先进生产力，电力产业在国民经济和社会生活中无可替代，在各国经济发展战略中处于优先发展的地位。电力产业的发展不仅关系国家能源安全和经济安全，而且与公众日常生活、社会和谐密切相关。随着经济发展和社会进步，电力需求日益增长，从而激励电力加快发展。电力产业的重要性使得管制具有必要性。

一、电力产业管制的定义与分类

电力产业管制是政府管制在电力产业的具体应用，既具有管制的一般特点，又基于自身特性而表现出有别于管制普适性的特点。

（一）电力产业管制的定义

电力产业管制是指管制者基于公共利益或者其他目的依据既有规则对电力企业、行业和产业及其关联企业的行为进行的限制。在现实中，由于经济体制、发展阶段、文化传统和社会心理等具体国情存在差异，电力产业管制的主体、目的、依据和对象有所不同。

（1）管制的主体。电力产业管制既有行政性主体，又有非行政性主体，相应地既有政府管制，又有非政府管制。对于我国而言，由于履行非政府管制职能的电力行业协会、电力企业联合会等中介组织实际依附于政府机构，因此本书虽然对非政府管制有所涉及，但仍以政府管制为主。行政性管制主体既包括履行工商行政管理、质量技术监督、环境保护、安全生产监督等职能的政府组成部门，又包括国家电力监管委员会等专业化管制机构。

（2）管制的目的。电力产业管制的目的在于公共利益，但在具体实践中，由于客观条件的制约和主观因素的影响，电力产业管制的实际目的更多地体现为企业、行业和产业的利益或者其他集团的利益。

（3）管制的依据。电力产业管制的依据主要是国家法律、法规、规章和地方

第二辑

政府管制与公共经济研究丛书（第二辑）

性法规、地方性规章以及其他具有强制性的政策。产业内部的自律性规定可以作为非行政性管制的依据。

（4）管制的对象。电力产业管制的对象是电力企业、行业和产业及其关联企业的行为。

26

（二）电力产业管制的分类

根据作用形式的不同，电力产业管制可以分为间接管制和直接管制两类。对于我国而言，《反垄断法》、《反不正当竞争法》等法律、法规对垄断、不正当竞争等行为实行间接制约，行政机构、立法机构和执法机构通过直接干预实行直接管制。本书从管制发挥作用的领域出发，把电力产业管制分为经济管制、社会管制、政治管制和文化管制四类。由于电力产业管制基本不涉及政治领域和文化领域，实际上电力产业管制主要包括经济管制和社会管制两类。经济管制是指管制机构为了防止电力企业、行业和产业资源配置低效率和资源利用低效率，政府部门等管制机构按照法律权限，通过行政许可等手段，对电力市场的进入、退出、价格、产量、质量、投资、融资、财务等行为施加的限制。社会管制是指着眼于保障劳动者的安全、健康和卫生，维护消费者利益，保护生态环境，政府或者其他实际履行管制职能的组织按照授权，为矫正电力生产经营活动在社会领域引发负的外部性或者其他影响社会发展的问题，对电力企业、行业和产业及其关联企业施加的限制。按照曾国安教授的分类，从管制的效果来看，电力产业管制可以分为有效的管制和无效的管制，其中无效的管制称为"管制失灵"[1]。

二、电力产业实行管制的必要性

自然垄断、信息不完全、外部性和内部性四种典型的市场失灵在电力产业不同程度地存在，对其实行管制具有必要性。

（一）自然垄断的存在要求对电力产业实行管制

电力产业具有资本密集、技术密集等特点，其发展需要巨额的投资；投资的专用性较强，一旦投入形成基础设施或者专用设备，往往难以另作他用，固定成

---

[1] 曾国安：《管制、政府管制与经济管制》，载《经济评论》，2004年第1期，第98页。

本的沉淀性较强；电力企业的成本函数具有弱增性，表现出自然垄断的基本经济特征。

1. 电力产业自然垄断的经济特征要求实行垄断经营

电力生产经营具有规模经济性，要求电力企业的生产规模足够大，才能有效摊平单位产品和服务的固定成本，从而降低单位产品和服务的平均成本，在市场竞争中取得竞争优势。电力产业具有网络经济性、规模经济性和范围经济性等自然垄断产业的基本经济特征，在这些基本经济特征的作用下，往往要求全程全网联合作业和统一兼容，并采用垄断经营的组织形式。相对于自由竞争，独家或者寡头垄断经营成为更有效率的制度安排和组织形式。如果实行自由竞争，电力企业的规模经济性和范围经济性将被弱化，导致生产成本上升，损害社会福利。作为规模经济达到唯有独家或者寡头经营才能实现最高效率的自然垄断产业，独家或者寡头垄断经营具有经济上的合理性，因而具备实行进入管制、退出管制的必要性。价格管制、产量管制和技术标准管制必不可少。

2. 电网的技术经济特征要求对其实行管制

电力产业的组织结构比较复杂。从生产序列的技术构成来看，由发电厂、输电网、配电网和终端等垂直环节组成，分别履行发电、输电、配电和供电职能。输电网和配电网通常统称为电网，其差异在于所输送电压的高低。输电网输送高压电力，配电网输送较低电压的电力。作为网络产业，必须基于完整的、统一的电网才能供给电力产品和服务。其收益与电网消费者的数量呈指数关系，具有显著的网络经济性。电力作为能源产品，既不能储存，也不能预支，只能边生产、边消费。这种瞬间消费的特点要求产业各个环节以电网为载体，保持高度的协调一致，电网企业由此拥有生产指挥权，其技术经济特征对于电力产业至关重要，需要实行管制。

（1）电网具有整体性。电网在电力产业中居于支配地位，发挥基础作用。电网特别是输电网的物理特性首先表现为网络的整体性。不管是否处于同一地理区域，电网与电网之间要求实现无障碍的互联互通，从而构成统一的、完整的网络。电网的分割实质造成市场的分割，直接影响发电企业生产、供电企业供给、消费者获取无差异的跨网电力产品和服务，同时带来电网之间的不公平竞争，影响电力能源在更大范围之内的配置效率。

（2）配电网具有重叠性。网络是否重叠以及重叠的程度直接影响网络的使用价值和经济性能。电网的整体性并非表明电网完全不可重叠。在输电网和配电网两者之中，通常认为输电网没有必要实行重叠，而配电网具备条件可以适度地实行重叠。输电网如果强行予以重叠，将造成不必要的重复投资，降低资源配置效率。如果市场的发展使得配电网已经具备相互竞争的条件，而仍然拒绝开放配电市场，阻止配电网的适度重叠，也将造成资源配置效率的损失。

（3）电网具有沉淀性。成本沉淀的特征主要体现于电网，电网具有鲜明的资产专用性。建成之后，电网的绝大部分基础设施和专用设备以固定成本的形式沉淀下来，难以移作他用。

（4）电网具有基础性。在电力产业中，电网具有较强的基础性，为其他环节的业务提供物理基础。发电企业生产的电力需要通过输电网、配电网输送到供电企业，再由供电企业输送到终端用户，终端用户需要通过输电网、配电网接收来自于发电企业生产、供电企业供给的电力产品和服务。从电网的物理特性来看，市场的边界和网络的规模、数量决定电网的基础性。如果所有的电网全部实现互联互通，并且输电网没有重叠，则电网的基础性较强。在这种情况下，不论电网由几家企业运营，市场是统一的、完整的。如果电网之间未能实现互联互通，或者输电网存在重叠、配电网具备条件反而不重叠，则电网的基础性较弱。在这种情况下，即使电网只由一个企业运营，市场也是分割的、区域化的。

（5）电网具有经营特性。电网的整体性并不必然要求实行独家经营，网络经营具有分立的可能性。对于同一电网，既可以实行独家经营，也可以实行多家经营。对于不同的电网，既可以实行独家经营，也可以实行多家经营。通过对电网不同经营模式的效率比较，可以选择与电网的物理特性相适应的经营模式，从而提高电网的利用效率。如果采用多家经营的模式，需要保持经营特性与电网互联互通的整体性两者的协调一致，防止出现区域垄断。由于网络经营模式的不确定性，电网潜在的市场性质具有不确定性。如果采用独家经营的模式，电网的垄断倾向较强；如果采用多家经营的模式，电网的竞争倾向较强。

电网的经营特性与物理特性两者之间既有联系，又有区别。其区别在于整体性体现于物理特性，而网络经营具有分立的可能性，物理的整体性并不必然要求经营的垄断性。电网的数量与电网企业的数量没有必须保持一致的强制性，一个电网企业可以运营多个电网，多个电网企业也可以运营同一个电网。输电网的重叠造成不必要的重复投资，而电网企业之间的竞争通常并不具有过度竞争的性质。经营特性与物理特性的联系在于由于具有重叠性，重叠的配电网之间可以展开竞争，运营同一个配电网的电网企业之间可以展开竞争，重叠的配电网之间的竞争表现为电网企业之间的竞争。

　　电网的这些技术经济特征决定管制机构需要对其实行进入管制、退出管制，防止重复建设造成资源配置效率、利用效率降低，也防止电网之间的人为分割，导致市场的分割，影响资源配置效率。同时，对于既有的电网，需要实行价格管制，充分发挥电网对发电、供电环节的基础作用，防止电网企业利用支配地位，获取不当利益，损害其他电力企业的利益。为了提高电网的运营效率，还需要实行技术标准管制，为建立统一的、完整的电网设立技术标准。

3. 电力产业的不同环节需要分别实行差别管制

　　电力产业具有较强的范围经济性，要求对各个环节予以集成，实行垂直一体化经营，从而降低交易成本，提高经济效率。垂直一体化使得电力产业整体具有自然垄断性，但发电、输电、配电和供电各个环节的自然垄断程度并不相同，需要实行差别管制。发电环节具有显著的规模经济性，通常规模较小的发电厂效率较低，但考虑发电的安全性与供给的可靠性，即使在相对独立的区域电网之内，只有一个发电企业也不合适。由此可见，发电企业的自然垄断性并不完全，而是表现出竞争性。输电与配电需要经由输电网、配电网进行。如果两个以上的企业分别独立设置输电网，将造成不必要的重复建设，带来资源配置效率的降低。如果配电网尚不具备条件而强行予以重叠，也将造成资源配置效率的损失。由此可见，输电企业与配电企业的自然垄断性相对完全。由于配电网属于区域电网，而输电网属于电力系统主干，较之输电企业，配电企业的自然垄断程度低一些。特别是随着输送技术的进步，如果具备条件，配电环节的自然垄断性将被弱化，竞争性加强。供电环节通常与配电环节实行垂直一体化经营，但这并非表明供电必须由区域电网之内的配电企业完成。在网络开放、自由接入的条件下，区域电网之外的其他配电企业同样可以提供供电服务，供电具有可竞争性。由此可见，供电企业的自然垄断性并不完全。各个环节自然垄断程度的差异决定需要对其实行差别管制。

　　不同程度的自然垄断性使其具有垄断市场的能力，如果没有外部的约束，电力企业、行业和产业可能凭借垄断优势和垄断地位，滥用垄断权力，制定远远高于边际成本的垄断价格，以价格制定者而非接受者的身份把部分消费者剩余转化为生产者剩余，侵占消费者利益，损害社会福利。为了减少资源配置效率的损失，保障其他市场主体的利益，管制机构需要依据法律、法规、规章和政策，对电力市场的进入、退出、价格、产量、质量实行经济管制。由于电力产品和服务

第二辑

政府管制与公共经济研究丛书（第二辑）

具有公用性，管制机构还需要保障电力产品和服务供给的安全性与可靠性，因此，还需要实行社会管制。

(二) 信息不完全的存在要求对电力产业实行管制

信息不完全表现为政府、电力产业与消费者三者之间，特别是电力产业与政府、电力产业与消费者之间对价格信息拥有的信息数量不等、质量不同。作为处于信息优势的一方，企业、行业和产业掌握电力产品和服务的成本及其成本结构，而政府与消费者缺少获取这些信息的途径，难以得到足够的、真实的信息。政府与消费者为了收集、获取、存储和传输信息，需要耗费人力、物力和财力等资源，付出大量的成本。这种成本应是经济的、可行的，付出的成本不能超出潜在的收益，否则不经济、不可行。交易双方依据各自所掌握的信息进行分散决策，决策与实际的符合程度取决于所掌握信息的数量与质量或者广度与深度。企业、行业和产业为了维护自身利益，理性地隐瞒对己不利的信息，强调对己有利的信息，对私有信息实行垄断，甚至散布虚假的信息，误导消费者或者政府，试图通过信息优势实现利益最大化。信息不完全同样存在于政府与消费者之间。政府由于具有组织优势，对信息的收集、获取、存储和传输较之消费者具有成本较低的优势，但由于官僚组织的固有惰性，使得这些信息并不能完全无偿地供给消费者。既有的信息不能被充分利用，同样造成信息不完全，为消费者独立决策带来不确定性。由此可见，信息不完全要求实行管制。一方面，政府及时发布所掌握的公开信息，相对削弱企业、行业和产业的信息优势，引导消费者充分利用信息，维护自身利益；另一方面，通过管制规则的制定与执行，激励企业、行业和产业提供足够的、真实的信息，为政府与消费者的决策提供信息支持。

(三) 外部性的存在要求对电力产业实行管制

电力产业具有明显的外部性。从正的外部性来看，作为国民经济的基础产业，对其他产业的发展具有支撑作用，电力产业的适度超前发展是国民经济增长的前提条件。这种正的外部性表现于几个方面。其一，电力产业为其他产业供给动力支持和能源保证。其二，电力产业的发展带动机械制造、矿物开采等产业的发展。其三，发挥电价的杠杆调节功能，可以实现利益在不同产业的分配，增强其他产业的竞争力。从负的外部性来看，问题主要在于耗费大量的一次能源，造成生态环境污染。作为生产要素投入生产的原材料包括煤炭、石油、天然气等一次能源，以及核能、水力、风力、太阳能、地热、潮汐和生物质等能源。煤炭等一次能源在消费过程中产生二氧化碳等温室气体，排放二氧化硫等污染物，从而加剧温室效应，扩大酸雨面积，造成生态环境破坏。核能发电潜在的事故令人谈核色变，对生态环境的灾难性破坏几乎不可恢复。水力发电作为清洁能源，具有诸多的优势，但同样对生态环境产生影响，等等。对于这些负的外部性，企业、行业和产业自身并不具备消除的动机与激励，政府管制负的外部性具有必要性。

（四）内部性的存在要求对电力产业实行管制

内部性的实质在于交易成本或者收益，表现于安全生产、消费者利益保护、职业安全与劳动者保护等方面。

1. 电力安全生产要求实行管制

安全生产作为基本国策，是保证经济发展与社会和谐的基本条件，对于电力企业、行业和产业至关重要，不仅是产业发展的前提与基础，也是提高经济效益、增强社会效益的保证。安全生产既要杜绝人身伤亡事故，确保人身安全；又要消灭电网瓦解和大面积停电事故，确保电网安全；还要保证设备可靠运行，确保设备安全，人身安全、电网安全和设备安全三者缺一不可。电力产业作为建立于能源转换、电力传输与分配等技术基础上的社会化大生产，具有高度的自动化以及发电、输电、配电与供电瞬间完成的特点，各个环节前后承继、统一运行，任何一个环节出现事故，都将影响整个系统的安全稳定运行，甚至造成相关产业的经济损失，直接影响社会和谐。由此可见，安全生产不仅是经济问题，也是社会问题。安全第一、预防为主的方针是电力生产建设的永恒主题，其目的在于维护电力系统安全稳定运行，保证经济社会发展和公众生活的电力需求，防止和杜绝人身伤害、财产损失和电网大面积停电等事故发生。安全生产的极端重要性为管制提供必要性。《安全生产法》规定，安全生产监督管理部门依照法律、法规，对涉及安全生产的事项通过批准、核准、许可、注册、认证、颁发证照和验收等手段进行管制。

2. 消费者利益保护要求政府管制电力产业

电力产品和服务作为公共产品，应无差异地供给消费者，但由于电力企业与消费者之间的信息不对称、地位不对称、力量不对称，侵占消费者利益的行为时有发生，突出表现于电力企业的权利与义务不对称。企业由于自身原因造成的停电事故毋须赔偿消费者的损失；由于设备、线路老化或者管理不善等原因导致跑

第二辑 政府管制与公共经济研究丛书（第二辑）

电、漏电，由消费者承担费用；企业自行解释与消费者之间的供电合同，消费者的意志无法表达，等等。实际上，由于电力产品和服务的公用性，电力企业特别是电网企业不仅需要承担一般企业所承担的义务与责任，还应承担普遍服务、提供优质电力和损害赔偿等部分的社会责任。管制机构对电力企业特别是电网企业的责任与义务进行管制，尤其对于农村、海岛和边远地区的消费者，通过法律的形式规定电力企业与消费者之间对称的权利、义务与责任，保障消费者利益。从内部来看，企业存在道德风险①与逆向选择②。由于劳动者的劳动技能与道德素质等私人信息难以被完全知晓，拥有私人信息优势，主观具备损害消费者利益的行为动机，道德风险与逆向选择的产生具有可能性。消费者与企业在地位、力量和信息的不对称使得维护自身利益比较困难，需要经由管制予以维护。

3. 职业安全与劳动者保护要求政府管制电力产业

电力产品和服务的供给特别是火力发电的过程中，劳动者面临职业安全和人身保护的问题。火力发电产生烟尘、粉尘、废气、废水和二氧化硫等污染物，电力生产与输送产生电磁污染和噪音污染，企业特别是发电厂劳动环境和劳动条件相对较差等，致使劳动者受到职业危害。特别是气体污染、电磁污染和噪音污染其危害发展比较缓慢，通常并不具备明显的疾病特征，往往造成劳动者对损害的轻视甚至忽视。劳动者的职业安全与劳动保护要求企业采取安全技术措施，减少和杜绝伤亡事故；采取劳动卫生措施，防止和消灭职业危害；改善劳动条件，减轻劳动强度；对妇女等群体给予特别的保护；等等。对于这些内部性的行为，如果没有管制的约束与监督，企业并不具备积极主动履行的动机与激励，需要政府予以管制。

三、电力产业实行管制的主要手段

电力产业管制的主要手段包括进入管制、退出管制、价格管制、产量管制、技术标准管制、征税与补贴等。

---

① 道德风险是指从事经济活动的人在最大限度地增进自身效用时作出不利于他人的行动，参见〔美〕约翰·伊特韦尔等编：《新帕尔格雷夫经济学大辞典》，中文版，经济科学出版社出版1992年版，第589页。

② 1970年，美国学者阿克洛夫（George Akerlof）提出旧车市场模型，较早提出逆向选择理论。阿克洛夫通过对旧车市场的研究，发现当市场的卖方对产品的质量拥有的信息比买方更多时，将导致出售低质产品的情况，称为逆向选择。参见 George Akerlof, 1970. *The Market for Lemons: Quality Uncertainty and the Market Mechanism*, Quarterly Journal of Economics, 84, pp. 488－500.

（一）进入管制、退出管制

进入管制可以称为特许权管制或者营业许可管制，是指管制机构通过批准、核准、许可、注册、认证、颁发证照或者验收等手段，对企业授予特许权，允许企业进入电力市场。由于电力产业事关全局，不能允许自由进入、随意退出，退出管制同样不可或缺。特许权管制的目的在于避免不必要的重复投资，防止资源浪费，提高资源配置效率。

（二）价格管制

价格管制是指管制机构对电力产品和服务明确定价原则和定价公式，对上网电价、非上网电价、过网费用、批发电价、零售电价、合同电价以及电价的构成进行直接审批，并予以公布。其目的在于维持利益集团、非利益群体相互之间的利益均衡，既保护消费者利益，又保障企业、行业和产业取得合理的报酬。如果尚未引入竞争机制，管制机构通常对发电、输电、配电和供电各个环节全面实行价格管制。如果发电或者发电、供电环节引入竞争机制，管制机构通常对这些环节放松价格管制，改进管制的方式与方法，但对输电与配电等垄断环节仍然实行严格的价格管制。

（三）产量管制

产量管制是指管制机构对电力产品和服务的生产与分配进行直接干预。其手段包括规定发电装机容量的上限或者下限，既满足消费者的基本需求，又遏制不必要的重复建设；规定发电机组、输变电设备、直流输电系统和用户供电的可靠性指标；规定基于负荷、事故和检修等基础上的发电机组备用率；统筹兼顾，在缺电时期实行计划用电等。在发电环节引入竞争机制后，一方面，基于公平竞争，对新增装机容量实行招投标；另一方面，基于环境保护、提高效率，以大机组、大电厂、超高压乃至特高压输电形成联合系统为目标，对装机容量实行结构性管制，新增装机容量须以同等容量的小机组、小电厂的关停作为交换。在这些管制规则的约束下，独立发电企业根据管制政策和市场信息进行独立决策，在新建电厂与容量交换之间进行选择，等等。这些都属于产量管制。

（四）技术标准管制

技术标准管制是指管制机构依据法律、法规、规章和政策，对电力产品和服务的生产、输送、分配等过程所涉及的技术指标订立标准，既保障电力产品和服务的质量稳定，保护消费者利益和社会福利，又防止环境污染，保护生态环境。比较典型的技术标准管制包括发电厂的污染排放标准、电力的周波、电压标准等。技术标准管制在许多国家被广泛采用、强制执行。无论垄断经营还是自由竞争，企业都必须服从这些技术标准管制。

（五）征税与补贴

征税是指税务部门依据法律、法规，强制地、无偿地对电力产品和服务的生产、供给与消费行为实行征税。补贴是指政府或者其他公共机构向电力产品和服务的特定对象直接给予财政资金的支持或者对价格、收入予以优惠的支持。无论征税还是补贴，其特点主要在于差异化，通过差异化的管制，实现利益的转移，从而达到利益分配与再分配的目的。为了保护生态环境，管制机构对排放污染物的企业征收排污税，包括水污染税、大气污染税、固体废弃物税、垃圾污染税和噪音污染税等。为了保障贫困边远地区、低收入群体的用电，管制机构通过补贴实行"生命线电价"，乃至对这些群体适当的用电量实行免费。为了促进农村地区、落后地区的发展，管制机构通过补贴对这些地区的电气化建设实行优惠，等等。这些都属于征税与补贴管制。征税与补贴管制的实质在于利益在不同利益集团或者非利益群体之间的转移。因此，实行征税与补贴管制往往需要严格的法律、法规作为保证。《电力法》规定，国家帮助和扶持少数民族地区、边远地区和贫困地区发展电力事业，国家对农村电气化实行优惠政策，对少数民族地区、边远地区和贫困地区的农村电力建设给予重点扶持，国家鼓励和支持利用可再生能源和清洁能源发电，鼓励和支持农村利用太阳能、风能、地热能、生物质能和其他能源进行农村电源建设，增加农村电力供应等。这些即是征税与补贴管制的法律依据。

四、电力产业实行管制的主要模式

从生产序列的组织结构来看，各国对发电、输电、配电和供电各个环节之间的关系主要采取垂直一体化、部分非垂直一体化和非垂直一体化三种模式。其中，垂直一体化模式以法国和日本为代表，对发电、输电、配电和供电实行一体化经营；非垂直一体化模式以英国为代表，对发电、输电、配电和供电实行垂直分割，分别独立经营；有些国家则采用介入两者之间的部分非垂直一体化模式。

管制模式与生产序列的组织结构、运营模式并不完全对应。一些国家电力产业的组织结构、运营模式比较类似，但管制模式迥然不同；而一些国家电力产业的组织结构、运营模式有所区别，却采用同一种管制模式。总的来看，电力产业的管制模式可以分为三种：引入竞争、独立管制的模式，区域垄断、分散管制的模式和寡头垄断、严格管制的模式。

（一）引入竞争、独立管制的模式

美国、英国等国家对电力产业实行自由化、私有化，引入竞争机制，培育可竞争的电力市场；成立专业化管制机构，实行独立的集中管制。

1. 美国的电力产业管制

现代社会的经济管制制度可以追溯到 19 世纪的美国。1887 年，美国州际商务委员会（ICC）成立，通常标志着经济管制的开始①。20 世纪初，美国开始对电力产业实行管制。在当时，垂直一体化程度越来越强的私有公共电力公司占据统治地位，全面控制发电、输电、配电和供电市场，在独占的特许区内形成垄断。随着这些电力公司服务区域的扩大，为了防止垄断势力侵占消费者利益，一些州开始实行反垄断立法，并依据法律设立管制机构，对辖区内的公共电力企业实行管制。管制机构通过发放经营特许证，对电力市场实行进入管制。同时，对价格、融资、服务和财务分别实行管制。

这些管制机构的职责，包括避免消费者利益因公共电力企业的垄断而遭受侵害，保证电力供应的可靠性，允许企业得到合理的投资回报等。管制的重点在于两个方面：一方面，电力产品和服务的价格；另一方面，引导投资者进行必要的投资，保证电力供应的可靠性。

1920 年，美国颁布《联邦水力法》（Federal Water Power Act），并据此设立联邦能源委员会（Federal Power Commission，简称 FPC），对水电项目实行管制。1935 年，颁布《联邦能源法》（Federal Power Act）和《公用事业控股公司法》（Utility Holding Company Act），授权联邦能源委员会（FPC）对州际电力的批发销售实行管制，授权州政府对电力零售交易实行管制，授权地方性公共电力公司在特许区内提供电力服务，限制其他电力公司的发电业务进入已被授权企业的服务特许区，实际排斥公共电力公司之间的竞争。到 1935 年底，绝大多数电力交

第二辑

政府管制与公共经济研究丛书（第二辑）

---

① ［美］丹尼尔·F·史普博著，余晖等译：《管制与市场》，中文版，上海三联书店、上海人民出版社 1999 年版，第 86 页。

易在投资回报率体制下受到管制。1977 年，能源部下设联邦能源管制委员会（Federal Energy Regulatory Commission，简称 FERC），作为专业化管制机构履行职能。1978 年，颁布《公共企业管制法》（Public Utility Regulatory Policies Act，简称 PURPA），对电力市场实行放松管制。1996 年，联邦能源管制委员会（FERC）发布法案，开放非歧视性的输电服务，推动电力批发市场的竞争。

2. 英国的电力产业管制

英国是世界电力工业的发源地，在初期面临的问题主要是电力市场的高度垄断与市场分割并存。不同的电力企业通过各自拥有的输电、配电网络分割电力市场，在区域市场内形成垄断。由于市场被分割，每个企业拥有的输电、配电网络互不连接，无法建立全国统一的电网电压、电流频率等技术标准；发电企业规模普遍较小，形不成规模经济，造成资源浪费，影响电力市场建设和技术水平提高。

1919 年，英国颁布《电力供给法》（Electricity Supply Act），设立电力专员（Electricity Commissioners），要求企业在互利的基础上实现相互联网。由于没有采取强制联网的管制措施，电网发展比较缓慢。到 1926 年，上网电量仅占全国发电量的 10%[①]。在市场机制无法自动实行结构调整的情况下，英国政府采取强制性的管制措施。1926 年，设立中央电力局（Central Electricity Board，简称 CEB），负责建立全国电网，并对电力投资进行协调、分配。1933 年，全国电网建成，电力产业的投入下降，发电量增加，电网运营效率提高，发电企业的资源利用效率得到极大的提高。在当时，全国电网的建设成本为 2 900 万英镑，建成之后仅每年节约的发电成本即达 550 万英镑。英国对发电环节的干预获得极大的成功。在 1929～1935 年期间，即使在经济大萧条的背景下，发电量仍然增长 70%，电力被视为最安全的投资，电力企业股票的价格在股市危机中不跌反涨。1938 年，备用发电装机容量占总装机容量的比重，从全国电网建成之前的 40% 下降到 10%，资源利用效率得到显著的提高[②]。虽然对发电环节的干预取得成功，但配电环节的低效率问题仍然存在。一方面，配电环节的自然垄断性较强，政府无法通过引入竞争的方式提高效率；另一方面，配电环节处于小企业割据状态之中，未能实现规模经济。由此可见，电力产业整体的低效率问题并未得到彻

---

　　① Richard J. Gilbert, Edward P. Kahn, 1996. *International Comparisons of Electricity Regulation*, Cambridge University Press, P. 32.
　　② Richard J. Gilbert, Edward P. Kahn, 1996. *International Comparisons of Electricity Regulation*, Cambridge University Press, P. 40.

底的解决。1947 年，英国颁布新的《电力法》（Electricity Act）。1948 年，设立英国电力局（British Electricity Authority，简称 BEA），对电力产业实行国有化管制。

国有化运动近十年之后，1957 年，英国颁布新的《电力法》（Electricity Act）。至此，国有化之后的电力产业由两部分组成。一部分是负责经营发电、输电业务的中央电力生产局（Central Electricity Generation Board，简称 CEGB）。中央电力生产局（CEGB）在英格兰、威尔士地区设立 12 个地区电力局（Area Electricity Boards，简称 AEB），负责经营配电、供电业务。另一部分是地区电力局（AEB）向中央电力生产局（CEGB）购电后转售给本地区的消费者。此外，中央电力生产局（CEGB）、12 个地区电力局（AEB）主席和 6 名由首相任命的独立人士组成电力委员会（Electricity Council），负责制定、协调英格兰、威尔士地区的电力政策。在苏格兰地区，由两个垂直一体化的电力公司分别按照南、北地区负责发电、输电、配电和供电业务。其中，北苏格兰地区由成立于 1943 年的北苏格兰水电局（North of Scotland Hydro-Electric Board，简称 NSHEB）负责，南苏格兰地区由南苏格兰电力局（South of Scotland Electricity Board，简称 SSEB）负责。

国有化之后的电力产业形成高度集中的垂直一体化组织结构，配电环节的低效率问题得以解决，发电、输电、配电和供电各个环节之间的协调得到加强。在施加压力的诸多利益集团中，大工业用户、煤炭产业、电力设备制造产业和居民用户等主要利益集团拥有较强的影响力，国有电力企业的生产经营深受这些利益集团的影响。在当时，已执政多年的工党政府主要从工会组织获得政治支持，特别是煤炭产业的工会组织向来拥有对政府施加强大政治影响的传统。在煤炭产业的政治影响下，一方面，由当时的能源部（Department of Energy）协调发电用煤的国内供应量和价格，要求电力企业以高于进口煤炭的价格向国有煤炭公司购买煤炭，其实质在于由电力产业补贴煤炭产业。据 1993 年英国贸易和工业部（Department of Trade and Industry，简称 DTI）发表的报告披露，1990~1992 年，通过这种管制价格形式的补贴，煤炭公司每年多收入 10 亿英镑。另一方面，英国政府规定，国有煤炭公司生产成本与国际市场煤价的差额部分由政府给予补贴。按 1990 年的价格计算，1980~1989 年，英国政府给予煤矿的补贴高达 73.94 亿美元，相当于吨煤补贴 75 美元[①]。在这种利益集团掌控的政治格局下，无论电力

第二辑

政府管制与公共经济研究丛书（第二辑）

---

① 《世界煤炭工业发展报告》课题组：《英国煤炭工业》，载《煤炭科学技术》，1999 年第 5 期，第 48 页。

产业还是煤炭产业，都未能实现以最小的成本最大限度地满足公共利益的目标，国有化管制最终失败。其后，英国走上非垂直一体化的放松管制之路。

3. 引入竞争、独立管制模式的启示

国有化是比较彻底的管制形式，曾经充当电力产业管制的主要模式。实行国有化管制的原因在于私人垄断企业的目标定位于利润最大化，而国有企业可以不以利润最大化为经营目标，电价可以按照边际成本确定，可以放弃垄断利润，可以追求社会福利最大化，从而实现政府确定的非财务目标。从实践来看，20 世纪 30 年代经济发达国家出现经济大萧条，而同期苏联的工业化实践取得巨大的成功，两者的鲜明对比使得国有化管制作为推动经济增长的主要手段浮出水面。许多国家开始实行国有化管制。从效果来看，国有化管制对于推动电力市场建设、提高经济效益发挥了作用，但随着时间的推移，这种制度创新带来的激励效应逐步消退，国有企业缺乏利润动机等诸多的问题日益凸显出来，国有化管制最终在英国等国家退出历史舞台。

（二）区域垄断、分散管制的模式

日本等国家对电力产业实行区域垄断经营，管制职能分散于多个部门。这些部门各司其职，实行分散管制。其中，通产省依据《受电规则》、《电力事业法会计规则》、《制定水力发电设备技术标准的省令》、《制定火电设备技术标准的省令》等规章对电力企业实行管制；电力事业审议会对重要事项听取学者和资深电力管理者的意见，为通产大臣涉及电力事业的决策提供咨询；电力审议会负责对新上的电力工程实行审查；中央电力协议会对九大电力公司与其他企业之间的关系进行协调；中央调度联络执委会对电力公司的联网调度实行管理。此外，日本电气事业联合会、日本电力调查委员会、海外电力调查会和日本核能产业会议依据各自的定位，分别履行部分的管制职能。

1951 年，日本在北海道、东北、东京、中部、北陆、关西、中国、四国和九州九个地区分别建立一个实行发电、输电、配电和供电垂直一体化的私营电力企业。1972 年，成立冲绳电力公司，至此形成十个企业在区域内分别垄断电力生产、供给的格局，称为"十大电力体制"。此外，政府与除冲绳外的九大电力公司投资成立电源开发公司，负责大型水电站和火电厂的建设运行。除冲绳外的九大电力公司与电源开发公司投资成立日本核电公司，负责核电站的建设运行。从电网来看，除冲绳外的九大电力公司的区域电网已实现全国联网，冲绳电力公

司独立运营。1995 年，日本在发电市场实行趸售自由化，允许设立电力零售企业，允许新的发电企业进入零售市场。2000 年，针对特大用户实行零售自由化。2003 年，对《电力事业法》进行修订，明确市场化改革的方向，扩大用户选择供电企业的自由。电力产业管制的法律依据为颁布于 1964 年的《电力事业法》，立法的目的在于保护消费者利益，保障电力事业健康发展，确保电力设施安全，防止公害。管制的核心内容为区域垄断行为①，涉及电力许可、业务、会计、财务、电力设施和土地使用，具体包括多个方面。其一，进入管制。从事电力事业的许可权限在通产大臣，获取许可的条件包括供给适应需求，并非重复投资、过度投资，具备经济、技术的基础，经营计划切实可行，利于公益等。其二，供给管制。趸售电力的企业及私人发电企业向特殊用户供电时，不得损害一般用户的利益；没有正当理由，不得拒绝区域内一般用户的需求。其三，价格管制。电力企业确定电价时，必须取得通产大臣的许可。定价的规则是成本加上公正报酬，即实行投资回报率管制。

区域垄断、分散管制模式的启示。日本的"十大电力体制"实质在于区域化的寡头垄断，每个地区的电力企业采用垂直一体化的组织结构，实行垄断经营。管制权力分散于多个部门，虽然可以发挥不同管制机构的专业化优势，但同时带来管制规则之间相互冲突的问题，从而增加协调成本，影响管制的效果与效率。

（三）寡头垄断、严格管制的模式

法国、中国香港等国家与地区对电力产业实行寡头垄断，政府采取与电力企业签订合同的方式实行管制。

1. 法国的电力产业管制

1946 年，法国颁布《电力国有化法》，成立法国电力公司（Electricite De France，简称 EDF）。法国电力公司（EDF）属于全资国有企业，国家拥有全部的股份，隶属于当时的经济、财政和工业部管理，负责全国的发电、输电、配电和供电业务，采取垂直一体化组织结构，对法国的输电和电力进出口业务实行垄断经营，同时承担向公众提供最低成本的公用事业服务的使命。在与管制者的关系上，法国电力公司（EDF）侧重于电力业务的规划、运行，对电价制定提出建议；国家作为所有者，侧重于制定管制政策，对公司运行实行宏观调控，对重大

---

① 崔岩：《日本自然垄断行业的规制改革》，载《日本学刊》，2002 年第 5 期，第 76 ~ 86 页。

事项进行决策。通过签订计划合同的形式，政府对公司提出量化的目标，公司在合同框架内独立决策、自由经营。1970 年，公司与国家签订第一个这样的计划合同。

在 20 世纪 70 年代以来经济发达国家放松管制的浪潮中，法国并没有对电力体制进行较大的变革，其组织结构、运营模式和管制体制基本保持未变。从实际效果来看，法国电力公司（EDF）在发电、配电和供电市场占据的份额都在95% 以上，并独家垄断输电市场。1998 年，公司的售电量达到 3 933 亿千瓦时，是欧洲最大的电力公司①。法国电网中的电源主要为核电和水电，其中核电占到80% 以上，法国电力公司（EDF）是世界上最大的核能电力运营商。法国电力产业的国际化程度较高，对外售电收入占总收入的 13%。1997 年，法国对电力市场适度地放松进入管制。到 2000 年，电价下降 14%②。较之其他欧洲国家，法国的电价最低，不能不引人深思。

2004 年，法国电力公司（EDF）实行改制，成为董事会制股份有限公司，性质属于国有控股垄断型企业，国家占有约 70% 的股份。随着欧盟电力市场改革的推进，欧盟委员会出台强制性指令，规定每个成员国必须有部分用户可以自由选择供电商，从而为法国电力公司（EDF）的扩张带来挑战与机遇。作为在核能、热能、水电和可再生能源等方面拥有世界级竞争力的领先企业，公司的业务范围不但涵盖电力产业上、下游的各个环节，而且延伸到天然气和能源服务领域。

2. 中国香港的电力产业管制

中国香港的电力市场由中华电力有限公司和香港电灯有限公司两个区域性私营公司垄断。两个公司自主生产经营，电价和投资回报率接受政府管制。之前，政府对两个公司没有管制，其服务质量与收费引起公众不满。1964 年，中华电力有限公司与政府签订管制计划协议。1978 年，香港电灯有限公司加入协议，政府实现对全港地区电力市场的管制。根据协议，两个公司需要适应需求，根据财务状况，以最低的价格提供效率高、质量好的电力产品和服务，既保障投资者利益，又维护消费者利益。管制计划协议的内容包括电价调整、利润净额、准许利润和发展基金等。其中，基本电价的调整需要考虑生产成本与资金成本；准许利

---

① 郭廷杰：《英国法国电力改革》，载《国外能源》，2002 年第 5 期，第 25 ~ 26 页。
② George G. , 2000. *The Global Giants*, Transmission & Distribution World, 52 (14). Intertec Publishing Co. , P. 44.

润为平均固定资产净值的 13.5%；设立发展基金，实际利润与准许利润之间的差额拨入或者拨出发展基金，既保证企业的准许利润水平，又可以提高生产效率；设立减费储备金，企业每年拨出 8% 的准许利润作为利息存入储备金，充作回扣返还给用户，从而有利于稳定电价，增进用户利益①。协议执行期限为 15 年，这样的长期合约有利于克服短期行为，引导企业着眼于长远利益而增加投资。香港没有设立专门的管制机构，管制职能分散于各个部门。这种管制计划协议的缺陷主要在于由于准许利润与固定资产实行挂钩，可能激励企业盲目投资，扩大发电装机容量，从而造成电力过剩；在协议的保护下，两个公司之间缺乏竞争与合作，不利于电力市场经营水平的提高。

3. 寡头垄断、严格管制模式的启示

法国的电力市场实行独家垄断模式，较之其他国家与地区的实践，这种模式的效果与效率比较理想，说明市场机制与政府管制的有机结合，可以较好地实现帕累托改进。中国香港的电力市场搭建起协议管制的框架，但没有引入竞争机制，保护投资者、消费者双方利益的目的难以完全实现，资源配置效率的提高和电力产业的发展受到影响。

（四）管制模式选择的影响因素及对不同模式的评论

管制模式的选择受到多种因素的影响，其中，发挥主要作用的因素包括生产序列的组织结构、经济体制、经济理论和文化传统。生产序列的组织结构要求管制模式尽可能地与之相适应。非垂直一体化结构一般要求发电、输电、配电和供电各个环节放松管制，引入竞争机制，建立竞争性的电力市场；管制模式相应地独立性较强，管制机构通常独立于其他政府机构，依据既有的法律实行进入、退出、价格、产量、质量和技术标准等管制。垂直一体化结构一般要求对各个环节实行适度的管制，建立管制约束下的电力市场；管制模式相应地更多体现管制机构的作用，管制机构较强地干预电力企业的行为。处于两者之间的部分非垂直一体化结构则对管制模式的选择比较灵活，处于两种管制模式之间。从经济体制来看，实行市场经济体制的国家对市场与政府两者的关系，更多地依靠市场机制的国家其管制通常较轻，更多地依靠政府力量的国家其管制通常较强。从经济理论来看，管制模式的选择受到经济理论的影响。正是随着可竞争市场理论等新的经

第二辑

政府管制与公共经济研究丛书（第二辑）

---

① 张贺春、任志洪：《香港电力监管机制及借鉴》，载《应用能源技术》，2001 年第 4 期，第 47～48 页。

济理论的出现，经济发达国家启动 20 世纪 70 年代以来的放松管制运动。从文化传统来看，在自由主义盛行的国家，对电力产业放松管制的呼声较高；在国家干预主义传统浓厚的国家，对电力产业加强管制的呼声较高。这些因素综合地发生作用，共同影响管制模式的选择。

42

不同的管制模式具有不同的优势与缺陷。引入竞争、独立管制的模式可以激励被管制企业主动降低成本，提高生产效率，从而在市场竞争中取得竞争优势，资源配置效率和利用效率相应地得到提高。其缺陷在于处于领先地位的企业易于把竞争优势转化为垄断优势，损害其他竞争主体的利益；放松管制之后的电力产业特别是电网易于不稳定，这已为美国、加拿大等国家的停电事故所证实。寡头垄断、严格管制的模式可以保证电力产业适应宏观经济的发展要求，更多地体现宏观利益、社会利益和长期利益，其缺陷在于市场微观主体的活力不足、效率不高、竞争力不强，影响生产效率、资源配置效率和利用效率的提高。区域垄断、分散管制的模式对两种模式的优势进行集成，从而具有综合的优势，但其缺陷也是综合的。

第二章

电力产业政府管制福利
效果的一般分析

政府管制福利效果的评估，需要建立有效可行的指标。从理论研究与实践探索来看，效果与效率可以作为评估的主要标准，由此可以把管制区分为好的管制与不好的管制。效率衡量主要基于成本—收益分析，而效果衡量面临诸多的困难。电力产业良好的政府管制需要在明确的管制理念指导下，通过对诸多影响因素的一般分析和相互比较，作出理性的选择和决策。

-------------------------------- 第一节 --------------------------------
电力产业良好政府管制的原则

管制改革的目的并非取消管制，而是通过管制的改进，提高管制的效果与效率，从而实现良好的管制。良好的管制应成为各国管制的目标，同样也是电力产业政府管制的目标，这样良好的政府管制在指导思想、基本原则和具体原则方面具有明确清晰的理念。

一、经济发达国家对于良好的政府管制原则的认识

好的管制是指无论从管制的效果来看，还是从管制的效率来看，都可以实现帕累托改进。不好的管制是指管制的效果与效率两者之一或者两者都未能实现帕

累托改进，造成社会福利损失。从实践来看，经济发达国家对于良好的政府管制的认识大同小异。

（一）美国评价良好的政府管制的原则①

44

美国核能管制委员会（Nuclear Regulatory Commission，简称 NRC）提出五条原则，认为这些原则在恰当地平衡公众与被管制者等利益相关者的利益的同时，能够指导管制聚焦于确保人身安全和社会安全。其一，独立性。只有最高标准的道德行为与职业精神才能影响管制，然而独立性并非意味着孤立。管制者必须公开地取得被管制者与其他利益群体的所有可用的事实和观点，必须考虑到管制可能与公众发生的诸多冲突，必须以所有的信息为基础作出客观的、不偏不倚的评价之后，才能作出涉及财政方面的决策。这种决策必须以明确的文牍形式表达出来。其二，公开化。管制涉及公众事务，必须公开地、公平地进行处理。按照法律的规定，公众对管制的过程拥有知情权，并且被赋予参与管制过程的机会。国会、其他政府机构、被管制者、公众乃至国际团体必须保持公开的信息交流渠道的畅通。其三，有效性。纳税人、工薪阶层消费者、被管制者都有权利要求管制行为采取最好的管理，要求管制者具备高水平的技术能力和管理能力。这些能力必须成为管制机构固定不变的目标追求。管制机构必须建立能够对管制能力进行评价并且持续地提高这些能力的方法与工具。管制者既要完成管制任务，又要降低管制带来的风险，两者应当保持一致。面对数个同样有效的选择时，管制者应当选择使用资源最少的那个方案；同时，作出这种选择时不应过度迟缓。其四，明晰化。管制应当条理分明、合乎逻辑、实用。不管清晰地表达出来，还是暗含于其中，管制的规则、目标与对象之间应当建立明晰的联系。这些规则应当易于理解、易于运用。其五，可靠性。科学研究与实践操作提供了实用的知识，管制应当建立于这些知识的基础上。系统性的相互影响、技术的不确定性、被管制者的多样化以及管制的行为都必须予以充分的考虑，把管制带来的风险控制于可承受的低水平。管制一旦被建立起来，即应被视为可靠，除非发生变革才能进行调整。管制行为应当总是按照文本化的描述而协调地进行，管制应当及时、公正、果断。

（二）英国评价良好的政府管制的原则

英国商业创新和技能部（Department for Business, Innovation and Skills，简称

① *About NRC Values*, U. S. NRC United States Nuclear Regulatory Commissin, http://www.nrc.gov/.

BIS）认为，能够制定好的策略并取得预期成就的管制，即为好的管制。好的管制以五条需要遵循的原则作为基石。其一，透明化。管制应当公开、简单、易于运用。管制的目标、需求应当能够清晰地予以界定，并被所有的利益相关者有效地理解。其二，可评判。管制者或者制定规则的官员，必须能够证明其决策正当，并且能够被公众所监督。其三，适当性。对出现的问题或者风险，解决的办法应当合适，不能大材小用。其四，相容性。管制规则与标准必须保持一致，能够公正地、始终如一地得到执行，不能相互冲突。其五，目标性。当必须执行时，管制应聚焦于问题，使其副作用最小化，确保管制的执行没有带来非计划中的后果①。1997 年，独立咨询机构 Better Regulation Task Force 提出五条原则，建议政府以此检验管制是否适应其使命。其一，均衡性。只有必需时，管制者才能进行干预。管制行为应当与由此造成的风险、花费的成本相对称，并且应当最小化。其二，可计量。管制者应当能够对决策进行调整，并接受公众的监督。其三，一致性。管制的规则与标准必须相互一致，并且能够被公平地运用。其四，透明化。管制应当保持公开，并保持管制规则的简单、易于使用。其五，目的性。管制应聚焦于问题，并使其副作用最小②。

（三）澳大利亚评价良好的政府管制的原则③

澳大利亚独立咨询机构生产力委员会（Productivity Commission）和澳洲国立大学（Australian National University）认为，好的管制既要有效率，也要有效果，由此需要遵从八项原则。其一，公益性。管制必须对整个社会产生净收益，而不能仅仅对特定的群体或者部分成员有益。其二，最小化。管制必须被设定在实现目标所必需的最低水平。管制应瞄准问题而设立，避免不必要的限制。其三，一体化。管制规则应当与其他法律、契约、国际责任保持一体化、前后一致。只有对社会产生净收益、并且其他替代手段都不能发挥作用时，任何对竞争的限制才能予以保留。其四，适度化。管制的限制作用不能过度。更为可取的应是根据其结果与业绩评价管制。管制应具有足够的弹性，以便被管制者能够相对自由地寻求更好地服从管制的方式，管制自身也能够相应地适应业已改变的环境。其五，

---

① *The Five Principles of Good Regulation*, BIS Department for Business Innovation & Skills, http：//www.bis.gov.uk/.

② *Better Regulation*：*From Design to Delivery*, 2005, Annual Report, pp. 26 – 27, Better Regulation Commission, http：//www.brc.gov.uk/.

③ Productivity Commission, Australian National University, 2000, *Achieving Better Regulation of Services*, Conference Proceedings, Canberra, p. 44. Productivity Commission, http：//www.pc.gov.au/.

便利化。管制应易于执行、透明、可计量。不仅公众可以轻易地知晓必须遵守的管制规则，而且管制规则必须易于理解，以便管制者能够公平地、始终如一地执行与管理。其六，明晰化。管制条文必须清晰、简洁、易于有效地进行交流。其七，均衡性。对于服从管制带来的负担，必须引起警觉。管制应与提出的问题、为实现预定的目标而付出最小的成本三者之间保持均衡。其八，强制性。管制必须具有强制性，对服从管制的激励应当最小化。必须提供充足的资源，用于监督和保障对管制合理的服从。

（四）经济合作与发展组织（OECD）评价良好的政府管制的原则①

经合组织（OECD）对其成员国的管制重新进行审视，建议这些国家采用管制影响力分析（Regulatory Impact Analysis，简称 RIA）、管制替代工具系统化决策、透明化计量与公共协商等主要工具。特别是如果未能广泛协商，管制者应当对可能出现的事先没有预见的后果做到心中有数。通过列举十个问题，为管制的决策者提供指导。其一，确定性，即问题是否被正确地界定。对提出的问题，应当予以清晰地表达。对问题的性质及其重要性，应同时提供证据，并解释问题如何出现。其二，正当性，即政府的行动是否具备正当的理由。政府干预应当建立于明晰的证据上。通过指出问题的性质，基于政府效率的实际评估计算出政府行动可能的成本与收益，确定是否还有其他的替代解决机制，以此证明政府的行动具备正当的理由。其三，适当性，即管制是否政府行动最合适的形式。在管制过程的前期，管制者应当在考虑成本、收益、分配效率与管制条件基础上，对各种管制规则与非管制政策进行比较。其四，合法性，即管制是否具备法律基础。应当对管制的过程进行构建，以便所有的决策能够严格地遵循法律的原则。责任必须明确，确保所有的管制来自于更高层级的授权，并与契约精神的责任保持一致。同时，遵从确定性、均衡性、程序性的法律原则。其五，层级化，即采取行动的政府其层级是否合适。在可供选择的各个层级政府中，应当选择与管制最切合的那个。如果涉及不同层级的政府，应当在各个层级的政府之间设计有效的合作系统。其六，经济性，即管制的成本与收益是否适当。对每一项建立管制的建议或者可行的管制替代方案，管制者应预先评估其可能的成本与收益，并通过简便的形式使得这些评估对管制的决策者有所作用。由于管制的成本通常摊派给被管制者，而收益归于政府，因此，在管制执行之前，应当根据管制的收益适当地

① OECD, 2002. *Regulatory Policies in OECD Countries*, Organization for Economic Co-operation and Development, http://www.oecd.org/.

调整其成本。其七，统筹性，即对不同社会群体的分配效率是否透明。由于政府干预影响分配效率与公正的价值，管制者应当使得管制的成本与收益在社会群体之间的分配做到透明。其八，文牍化，即管制条文是否清晰、前后一致、易于理解、易于执行。对于管制规则能否被可能的使用者所理解，管制者应当作出评估，确保管制规则的文本与结构尽可能地清晰。其九，兼容性，即所有的利益集团是否有机会表达各自的观点。管制应当通过适当的程序，进行公开地、透明地展示，以便各行各业、工会组织、其他利益团体、其他层级的政府这些受管制影响的利益集团能够有效地、及时地提出自己的观点。其十，目的性，即对管制的服从如何实现。管制者应当对使得管制发挥作用的激励机制与制度作出评估，并设计相应的执行策略，以便更好地利用这些激励机制与制度。

（五）对良好政府管制原则的评论

从美国、英国、澳大利亚、经济合作与发展组织评价良好的政府管制的原则可见，经济发达国家对于良好的政府管制的原则认识比较统一，注重管制规则制定与执行的必要性、可行性，这些对于我国确立良好的政府管制的原则具有积极的借鉴意义。良好的政府管制的原则应着眼于公共利益的目标，对管制规则的制定注重必要性，只有能够发挥弥补市场缺陷作用的政府管制才有必要，对管制规则的条文注重透明化，对不同的市场主体提供对称的信息，防止特殊的市场主体利用信息垄断侵占其他市场主体的利益。对管制规则的执行注重实效性，防止管制者利用剩余立法权与自由裁量权获取不当利益，确保管制取得预期的效果与效率。对管制规则相互之间的关系注重协调性，防止不同的管制规则相互冲突，影响这些规则制定、执行的效果与效率。

二、我国良好的政府管制的基本原则

借鉴经济发达国家良好的政府管制的原则，结合具体国情，我国良好的政府管制的基本原则可以定位于公共利益、适度和效率。

（一）公共利益原则

公共利益是社会存在与发展的基础。培育电力市场、发展电力产业应以公共利益为目标，政府管制应以维护公共利益为基本原则。如果市场出现偏离公共利益的行为，管制机构应介入予以干预，对这些行为进行矫正，确保政府管制维护公共利益的基本方向。

政府的权力源自于公众所授，政府管制也是公共权力运用的过程。管制必须响应公共利益的要求，弥补市场缺陷，增进社会福利，其目的只能是维护公共利益。管制的产生、执行、调整和取消需要综合权衡利益集团与非利益群体的各方利益，尽量实现利益相关者的利益均衡，不能被某个或者某些利益集团所控制。政府管制不能只为特殊的利益集团服务，而应增进公共利益和社会福利。管制的结果应实现帕累托改进，既不损害利益集团和非利益群体的利益，又有利于社会福利的提高。如果管制损害公众的基本权利，限制公众的基本自由，则可以认定管制偏离公共利益的原则。维护公共利益是政府管制的根本目的，公共利益原则是良好的政府管制的首要原则。

（二）适度原则

市场内在的缺陷使得政府进行弥补具有可能性，这也是公共利益的需要，但政府的干预必须适度，不能以政府管制取代能够有效发挥作用的市场机制，防止出现管制过多、管制过度。在对电力产业实行管制时，不适当的或者过多的管制将扭曲市场配置资源的基础作用，抑制市场内在的生机与活力。应着眼于实现市场机制与政府管制的优势互补，两者相辅相成，通过政府管制弥补市场缺陷，更好地发挥市场机制的作用，促进电力产业发展。

（三）效率原则

在对电力产业实行政府管制的过程中，效率应作为基本原则贯穿始终。对进入管制，效率应作为电力市场准入的标准之一；对价格管制，效率应作为电价确定、调整的依据之一；对其他各类政府管制，效率应作为评判的标准之一；对电力市场，无论是反不正当竞争还是反垄断，效率应作为基本原则得以体现。

三、我国良好的政府管制的具体原则

在基本原则的指导下，借鉴经济发达国家的经验，结果我国实际，电力产业良好的政府管制的具体原则可以包括必要性、可行性、开放性、法治化、有效性、协调性、信息化、经济性和简明化。

（一）必要性

对于是否必要，英国商业创新和技能部（BIS）提出四条替代方案。其一，不干预。干预是否确实必需、可行。其二，信息与教育。通过广而告之、媒体宣传的方式提供信息可能比管制更有效、成本更低。其三，自我管制。自我约束的实践是否可以和强制性的管制同样有效甚至更好。其四，激励。通过经济的、交易式的激励是否能够比管制取得更好的效果①。澳大利亚维多利亚州政府（Government of Victoria，Australia）认为，只有出现下列情况，管制才能被视为必要的选择：充足的证据表明市场确实失灵；没有管制、联合管制等替代手段都无济于事；管制被证实可以避免政府失灵；管制是既有的最好选择②。政府管制应具有必要性。管制的作用在于弥补市场缺陷，通过提供足够的信息支持企业的独立决策，而非取代市场机制与企业的独立决策。如果管制对正当的市场交易和企业的独立决策进行直接的干预，往往造成企业利益乃至社会福利的损失。政府管制的必要性处于动态变化中，随着管制环境的变化、客观条件的改变以及原有目标问题的解决，管制的目的已经实现或者已经无法实现，管制则丧失继续存在的必要性，需要及时予以修正或者废止。良好的管制应是必要的、有的放矢的管制。

（二）可行性

任何管制都必须付诸实践，良好的管制应具有可行性和可操作性。从管制规则的制定来看，管制的效果与管制规则是否可行密不可分。由于政府能力有限，管制并非无所不能。对于政府能力边界之外的目标，管制也是鞭长莫及。只有管制规则的制定符合实际，才能为管制规则的执行奠定基础。从管制规则的执行来看，管制者应具备丰富的知识存量、足够的技术能力和较高的认知水平；管制的效果应可以通过技术手段作出评估。总之，管制规则的制定、执行应审慎考察客观条件是否具备，与经济社会状况、政府能力、产业发展水平保持协调一致。政府管制应量力而行，不能超出被管制者的承受能力。

（三）开放性

开放性可以称为透明化。良好的管制应开放、透明。增进公共利益是政府管制的出发点与落脚点，如果封闭运行、"暗箱操作"，公众没有机会参与、监督政府管制，公共利益则无从谈起。开放、透明的原则应体现于管制的全程，不能自由裁量、随意决策。特别是对于关系公众直接利益的重大事项，应充分保障公众

第二辑

政府管制与公共经济研究丛书（第二辑）

---

① *The Five Principles of Good Regulation*，BIS Department for Business Innovation & Skills，http：//www.bis.gov.uk/.

② Office of Regulation Reform：*Principles of Good Regulation*，Victorian Competition & Efficiency Commission，http：//www.vcec.vic.gov.au/.

的知情权、参与权、表达权和监督权。管制规则的制定应广泛听取不同利益集团与非利益群体的意见和建议；管制规则的制定、执行应面向社会公开，接受监督；公众应有合法、通畅、便利的渠道参与管制规则的制定、执行；政府管制的效率与效果应公之于众。经合组织（OECD）在考察加拿大的管制改革之后指出，开放性的管制文化（Regulatory Culture）、兼听各方好的意见和建议，并反馈到管制系统中，使得加拿大成为最佳管制者中的强力创新者①。只有开放而非封闭可以保持管制的活力。

（四）法治化

法治是民主国家的基本准则，市场经济是法治经济，法律具有最高的权威。法治原则要求把政府管制限定于法律许可的范围之内，政府管制必须体现法治的精神。法治化的原则应贯穿于管制过程的始终，既包括管制规则的制定，也包括管制规则的执行，做到立法与执法并重。对管制规则的制定，必须以法律、法规、规章和政策为依据，具备坚实的法律基础，特别是不能凌驾于法律之上，更不能脱离法律的约束。管制规则既不能与宪法、法律冲突，也不能与其他管制规则冲突，相互之间应保持协调一致。对管制规则的执行，必须遵守法律规定，依据法定的程序，运用合法的手段与工具，循规蹈矩、不折不扣地操作。执行规则的行为必须限定于法律范围之内，不能越雷池一步。应尊重、维护公众的基本权利，不能滥用管制权力，侵犯公众的基本自由。

（五）有效性

有效性主要针对管制规则的执行过程。澳大利亚的独立咨询机构认为，在影响管制执行有效性的诸多要素之中，有效地执行体系、直接式的执行方式和绩效导向的执行模式三者缺一不可。首先，良好的政府管制需要借助于有效地执行体系才能实现。能够选择正确的战略与策略，并有效地完成任务的管制机构才是有效的执行体系。其次，良好的政府管制需要通过直接式的执行方式（the Most Direct Approach）实现预定的目标。较之其他间接式的途径，直接式的执行方式其效果更加明显，付出的成本更小。最后，良好的管制需要采取绩效导向的执行模式（Performance-based Regulations）。通常的规范性执行模式（Prescriptive Regulations）往往对管制规则执行的投入、过程和程序比较关注，而绩效导向的执行模

---

① OECD, 2002. *OECD Praises Canada's Regulatory Reforms and Encourages Sustained Momentum*, Organization for Economic Co-operation and Development, http://www.oecd.org/.

式更加关注管制的效率与效果。评估管制规则执行效果的核心指标应是管制结果的优劣，而非其他①。良好的政府管制应是有效的管制，如果管制规则的执行没有达到预设的目标，可以视为管制失灵。

51

（六）协调性

政府管制涉及的领域比较宽泛。针对各自的目标，不同的管制规则发挥各自的作用；针对各自的任务，不同的管制机构履行各自的职能。不同的管制机构、不同的管制规则共同针对电力产业发挥作用，构成复杂的管制系统。然而，诸多的管制目标并非完全一致，有的甚至南辕北辙；诸多的管制职能并非各得其所，有的相互重叠，有的无人问津，有的相互冲突。从管制规则来看，管制规则与法律、法规、规章和政策之间的冲突往往造成管制收效甚微甚至完全无效。良好的政府管制要求在管制体系内部实现管制规则与法律、法规、规章和政策之间的兼容、协调。良好的管制其协调性在于新的管制规则应与已有的管制规则相互协调，针对电力产业的管制规则与针对所有产业的管制规则不能相互矛盾，普适性的与特殊性的管制规则应相互兼容；管制规则不能与更高层次的法律、法规、规章和政策相冲突；在世界贸易组织（WTO）等国际组织的制度体系约束下，管制规则应与通行的国际规则保持协调一致。从管制机构来看，在设立管制机构时，既要避免其职能与既有部门的职能重叠，又要避免职能之间相互冲突，实现管制权限与法定职能的对称。在管制规则的执行过程中，不同的管制机构应相互协调合作，既要防止多头执法，造成执法权力的冲突；又要防止无人执法，造成执法权力的空白。只有管制规则有的放矢、前后一致，管制机构各司其职、协调运转，才能确保政府管制实现理想的效率与效果。

（七）信息化

信息对于良好的政府管制具有特别重要的作用。设置政府管制的初衷之一在于克服信息不完全带来的种种弊端。信息的获取、传输、使用和存储是影响政府管制的效果与效率的核心②，政府管制的效果与效率在相当大的程度取决于信息。良好的政府管制需要以完备的信息作为基础③。完备的信息既包括信息数量的完

第二辑

政府管制与公共经济研究丛书（第二辑）

---

① Office of Regulation Reform：*Principles of Good Regulation*，Victorian Competition & Efficiency Commission，http：//www. vcec. vic. gov. au/.

② M. E. Beesley, 1997. *Privatization*，*Regulation and Deregulation*，Routledge.

③ ［美］乔治·J·施蒂格勒著，潘振民译：《产业组织和政府管制》，中文版，上海三联书店1989年版，第22~37页。

全,也包括信息分布的对称。信息的不完全、不对称乃至失真、时滞往往导致管制失灵。管制规则的制定需要建立于完备的信息基础之上,不但听取公众、被管制者、利益相关者和政府机构等各类利益集团的信息,而且有时还应听取非利益群体的信息,这样才能实现管制规则制定的利益均衡性与公平性。在管制规则执行的过程中,为了确保预定目标的实现,需要根据执行的效果与预期的效果进行比较,通过连续的信息反馈,不断对管制行为作为调整、矫正。对管制效果与效率的评估,需要以完全的、对称的信息作为支撑。信息的获取、传输、使用和存储贯穿于政府管制的全程。只有管制涉及的各个方面信息完全、对称,才能为实现良好的管制奠定基础。由此而来,开放性的制度安排、强大的技术支撑以及无所不在的信息交流,对于良好的政府管制至关重要。

(八) 经济性

政府行为应合乎理性,经济性原则可以视为政府理性在产业管制中的具体体现。资源具有稀缺性,这种稀缺性同样表现于政府的行政资源。有限的行政资源配置到不同的领域,其效果与效率有所差别。好钢用于刀刃,管制规则的制定、执行应抓住主要矛盾以及矛盾的主要方面,把有限的行政资源用足、用好。在设立管制之前,应根据可比较的经验数据,对管制行为模拟进行成本—收益分析,确保以有限的投入获得预期的产出,以较低的成本实现福利的增加。对管制过程中利益受损的利益集团与非利益群体,应建立补偿机制,保持成本与收益的均衡,使得管制带来的社会成本最小化。

(九) 简明化

简明化原则主要针对管制规则的条文而言。管制行为是文本化的管制规则在实践中的运用。由于官僚体制的缺陷,管制往往陷入繁文缛节的泥潭中,大量的成本被耗费于繁琐的文牍,以至于许多经济发达国家将文牍管制与经济管制、社会管制并列,其重要性可见一斑。管制规则并非越多越好、越细越好。过多、过细的管制规则不但带来成本的大幅攀升,而且给公众、被管制者、利益相关者甚至管制者自身带来物质的、精神的痛苦与负担,导致公共利益和社会福利的损失。对于良好的政府管制,管制规则不宜过多,够用即可;不宜过细,简明即可。此外,条文之间应避免重复,做到顺理成章;条文叙述简明扼要,言简意赅;条文表达严谨准确、清晰明了,防止产生歧义,避免引发管制规则之间的冲突。

第二节

电力产业政府管制效果的一般分析

53

　　政府管制能否发挥预期的作用，评判的标准主要在于管制的效果与效率。其中，管制的效果是指能否通过管制规则的制定、执行实现预设的目标；管制的效率是指通过设计指标对管制规则制定、执行的经济性能作出评估。

一、政府管制的终极目标

　　政府管制既有取决于不同国家与地区基本情况的具体目标，也应有各个国家与地区乃至全人类共同追求的终极目标。基于不同的立场、观点、方法，管制的具体目标不尽相同，而终极目标应着眼于人类共同的理想信念、价值观念和道德追求，使得管制最终服务于全人类的幸福。由此可见，政府管制的终极目标应是社会福利最大化。

（一）功利主义哲学的观点

　　18 世纪，英国学者边沁（Jeremy Bentham）提出并创立功利主义。功利主义是指对于任何一项行动，利益相关者对其采取赞成还是非难的态度，取决于这项行动能够促进还是妨碍利益相关者幸福的倾向。功利主义从利益相关者的主观心理动机出发，认为人的行为趋利避害，影响人性的基本要素是痛苦与幸福。功利是利益相关者追求愉快、幸福的共同趋向，也是判断一切行动和制度优劣的最高标准。任何正确的行动和政治方针都必须做到使得大多数人的幸福最大化，并且把痛苦降至最低。追求个人利益、满足个人欲望、增加幸福总量是人生的最终目的和人类行为的最高道德准则，追求最大多数人的最大幸福的功利原则应成为国家立法、政策制定的出发点和归宿①。英国学者密尔（John Stuart Mill）对功利主义理论予以发展，认为最广义的幸福是一种利益，是个人利益与他人利益、眼前利益与长远利益的统一②。

第二辑

政府管制与公共经济研究丛书（第二辑）

---

　　①　［英］边沁：《道德与立法原理导论》（中文版），商务印书馆 2000 年版。
　　②　［英］密尔：《功利主义》（中文版），商务印书馆 1957 年版。

(二) 福利主义经济理论的观点

福利主义理论认为，追求功利的理性人构成社会的真正基础①。英国学者庇古 (A. C. Pigou) 提出经济福利的概念，经济福利是指人们的欲望或者需要所获得的满足和生理的幸福。经济福利由个人福利与公共福利两部分组成。其中，决定个人福利的首要因素是个人收入；公共福利以公共产品为载体，是指政府投资由社会成员共同无偿消费的福利。经济福利在相当大的程度取决于国民收入及其在社会成员之间的分配关系。国民收入总量越大，经济福利越大；国民收入分配越平均化，经济福利越大。因此，增加经济福利，必须在生产方面增大国民收入总量，在分配方面消除国民收入分配的不均等。福利效用存在依赖性，个人的福利多少总是受到其他人行为的影响。同时，个人的福利变动往往影响其他人的福利状况，福利效用相互依赖②。意大利学者帕累托 (Vilfredo Pareto) 提出"最优"的概念，认为社会资源的配置达到这样一种状态，如果某个成员的状况变得更好，只能以其他成员的状况变得更差作为代价，即这种资源配置的状态已经没有改进的余地，达到"最优"。福利主义经济理论通常以帕累托最优作为检验社会福利是否增值的标准③。

(三) 功利主义哲学和福利主义经济理论的启示

政府管制的过程也是利益调整、分配的过程。在管制规则的制定、执行过程中，各种利益集团依据各自的偏好和最有利的方式参与管制活动，追求利益最大化。由此可见，管制规则制定、执行的过程也是立法者偏好、执行者偏好、公众、利益集团、政府机构乃至非利益群体多种力量反复博弈的过程。对于作为公共利益代表的政府而言，管制的终极目标应是通过市场机制与政府管制的结合，综合运用市场的力量与政府的力量，以效率和公平为导向，保证各种利益集团和非利益群体的利益均衡，实现社会福利最大化。

二、政府管制效果的衡量

政府管制的效果衡量需要确定衡量的原则，在衡量原则的指导下采取合适的

---

① 陈富良：《政府规制有效性分析的逻辑起点》，贵州人民出版社 2002 年版。
② ［英］庇古：《福利经济学》（中文版），中国社会科学出版社 1999 年版。
③ ［美］约翰·伊特韦尔等编：《新帕尔格雷夫经济学大词典》（中文版），经济科学出版社 1992 年版。

手段与工具进行衡量。由于指标设计难以量化，主观评价标准不一，政府管制的效果衡量面临诸多的困难。

（一）政府管制效果的衡量原则

政府管制的效果取决于管制规则制定的合理性与管制规则执行的有效性。管制规则制定的合理性表现为文本化的管制规则与现实的合理需求协调一致。管制规则执行的有效性表现为管制规则按照预设的程序、方式得以有效地操作。具体而言，这些衡量的原则包括满足需求、利益增量、帕累托改进和系统性。

（1）满足需求的原则。实行政府管制的根本原因在于公共需求，其根本目的在于最大限度地维护公共利益。只有满足公共利益需求的管制才是合理的、有效的管制。

（2）利益增量的原则。政府管制应有利于公共利益和社会福利的增加。实行政府管制之后所产生的公共利益和社会福利应大于不实行管制情况下的公共利益和社会福利。对于单项的管制而言，可能其执行过程中的某个环节对公共利益或者社会福利造成损失，但这种损失可以在其他环节得以补偿；总的来看，管制实现公共利益和社会福利的增量。对于由多项管制组成的管制体系，可能就单项或者几项管制而言，对公共利益和社会福利造成损失，但这些损失可以通过配套的其他管制予以补偿，从而实现整个管制体系的利益增量目的。只有能够实现利益增量的管制才是合理的、有效的管制。

（3）帕累托改进的原则。管制造成公共利益在不同群体之间的分配，帕累托改进的原则表现为实行政府管制之后，能够增加某些利益集团或者非利益群体的利益，同时又不损害其他利益集团或者非利益群体的利益。从广义的概念来看，只要相关利益者的利益总和实现增量，即可视为帕累托改进，只是其中受损的利益需要通过其他的形式予以补偿。只有能够实现帕累托改进的管制才是合理的、有效的管制。

（4）系统性的原则。就其自身而言，能够实现满足需求、利益增量和帕累托改进这些原则的管制即可视为合理的、有效的管制。然而，任何管制都不能孤立地存在。作为上层建筑、国家机器、经济基础、生产关系、社会构成的组成部分，管制必须与整个系统保持协调。其一，政府管制在强制力的基础上，应尽量通过利益导向的方式引导被管制者理性地服从管制，管制的实现不能以被管制者的其他有害的行为作为代价。其二，不同的管制之间应尽可能地保持协调。

如果四项原则同时得到满足，可以认为政府管制合理、有效；如果四项原则不能同时得到满足，可以认为管制规则的制定并非合理，其效果也要打折扣。

（二）政府管制效果的衡量

政府管制效果的衡量以管制的目标作为参照，包括所有管制整体效果的衡量与各项具体管制个别效果的衡量两个方面。

1. 整体效果与个别效果的衡量

对于整体效果的衡量，管制的终极目标在于社会福利最大化，具体表现为促进生产力发展，促进社会进步，维护公共利益，实现经济社会协调发展，这也是所有管制都应追求的整体效果。由于整体效果的衡量具有间接性、抽象性，在具体实践中往往采用中间变量的形式加以衡量。如果所有的管制都能够实现政治的、经济的、社会的、文化的各项预设的目标，社会福利得以提高，那么就整体而言，政府管制有效；否则政府管制无效。

对于单项政府管制个别效果的衡量，如果这项管制能够实现预设的目标，那么就个体而言，这项管制有效；否则这项管制无效。

对于各项管制的个别效果与所有管制的整体效果两者的衡量，应正确处理经济利益与社会利益、微观利益与宏观利益、短期利益与长期利益的关系。如果不同的管制分别达到各自的目标，并且相互之间没有发生冲突，那么无论就各项管制而言，还是就所有管制而言，可以认定管制有效。如果两者存在冲突，某些管制实现的利益增量不足以弥补其他管制造成的损失，则即使单项的管制有效，就整体而言，管制仍然无效。对此，应突出主要矛盾及矛盾的主要方面，经济利益服从社会利益，短期利益服从长期利益，微观利益服从宏观利益，保证公共利益和社会福利的实现。

2. 政府管制效果的衡量面临诸多的困难

基于各自视角的差异，不同层级的政府对管制效果的关注点有所区别。总的来看，往往层级越高，对社会利益、宏观利益和长远利益的关注度越高；层级越低，对经济利益、微观利益和短期利益的关注度越高。不同层级的政府对于同一项管制的态度、观点、认知有所不同，造成管制效果的衡量面临诸多的困难，这在中央政府与地方政府对管制规则的制定、执行的不同认知表现得尤为突出。中央政府对管制规则的制定，更加关注社会利益、宏观利益和长远利益，而这些往往难以精确地量化衡量。在既有的权力分配格局和考核体制中，地方政府往往更加关注经济利益、微观利益和短期利益，造成中央政府与地方政府对管制规则制定、执行的冲突，从而使得管制效果的衡量更加困难。在明晰的产权界定之下，市场主体对任何权利的享受都必须付出相应的成本。管制规则的制定、执行等行为产生成本；作为对市场机制的补充甚至替代，政府管制对资源的配置同样产生成本；包括政府在内的任何主体从来没有、也不可能不付出任何成本即可弥补市场缺陷。由于政府管制所发生的成本往往与经济调节、社会管理、公共服务等其他职能所付出的成本交织掺杂，难以明确地区分、精确地计量。从管制规则的制度安排来看，合理的管制规则通过对权利、义务、责任以及程序、实体予以规范，可以降低交易成本，提高经济效率，增进社会福利；但由于制度供给的约束，合理的制度安排作为资源具有稀缺性，只有通过配置才有实现的可能性。在现实中，管制规则往往表现为利益集团博弈的产物，更多地体现特殊利益集团的主观意志，这些对管制效果的客观衡量带来不确定性。管制的效果还依赖于客观环境。当客观环境发生变化时，管制规则需要作出适应性的调整。但由于管制规则的改变需要付出成本，特别是官僚组织的内生惯性制约管制规则的及时调整，致使预期的效果难以实现，也对管制效果的衡量带来困难。

3. 管制规则制定的效果

在管制规则的制定过程中，需要考虑四个方面的因素。其一，立法者对公众的公共利益需求应有所了解。其二，除非特殊的情况，那些无法增加公共利益和社会福利的管制规则应予以放弃。其三，对于不能实现帕累托改进而又必要的管制规则，可以采用补偿的原则，把经由管制规则受益的利益集团或者非利益群体的部分利益转移给经由管制规则受损的利益集团或者非利益群体，从而引导后者服从管制规则。其四，以公共利益为标准，对利益集团或者非利益群体的行为予以协调，对不同的管制规则安排予以协调。如果管制规则的制定能够同时满足这些条件，那么可以认为管制规则的制定具有合理性，从而为管制规则执行的有效性奠定基础。如果管制规则的制定未能同时满足这些条件，按照公共利益的评判标准，可以认为管制规则不合理。尽管其后的管制规则执行有效，但由于管制规则制定得不合理，往往执行越有效，管制对公共利益的偏离越大。管制规则制定的合理性对于管制的效果非常重要。

此外，产业特征和管制结构的动态演变对管制效果产生影响，一方面，管制规则的制定应考虑产业特征的动态演变对管制目标的影响。技术进步可以导致产业特征发生变化。如果管制规则仍然停留于原定的目标，则预期的效果难以实

57

现。另一方面，应考虑管制结构的动态演变对管制效果的影响。市场结构呈现出动态的变化，管制结构需要与市场结构保持协调。当市场结构的变化打破管制结构的原有均衡时，既有的管制规则不再能够实现预定的目标，此时需要对管制规则及时作出调整，以便实现管制结构的再平衡。在这个过程中，管制机构、被管制企业、潜在的市场进入者、消费者等利益集团再次进行博弈，对管制结构的再平衡施加压力，从而最终影响管制的效果。

4. 管制规则执行的效果

管制规则的执行，既包括管制规则的操作，也包括对违反管制规则的惩罚。管制规则的执行包括执行的主体、执行的客体以及执行的手段。其中，执行的主体处于核心地位，可以是专业化管制机构，也可以是具有行政执法权的其他机构，或者经由层级管理关系得以建立管制关系的其他组织。管制机构的业务素质、专业能力、认知水平对管制规则执行的效果至关重要，包括管制机构对管制规则的理解程度、对被管制者的管理能力、对管制手段与工具的选择以及对这些手段与工具的合理运用。执行的客体即被管制者。执行的手段是指执行的主体在对客体实行管制的过程中所采用的工具和方法。对违反管制规则的惩罚同样着眼于保证管制规则执行的效果。影响惩罚效果的因素包括惩罚的提出是否合法、惩罚的措施是否适当以及对惩罚的执行是否有效。如果惩罚失当或者惩罚不力，往往导致违反管制规则的被管制者能够通过违反管制规则获取较多的利益，而只受到较轻的惩罚甚至逃脱惩罚，最终影响管制规则执行的效果。

在执行过程中，管制规则具有动态性。由于管制规则的制定所依据的客观环境发生变化，以及管制理念有时作出调整，管制规则相应地发生动态的变化，呈现出动态性。这种动态性最终将反映到管制规则的执行中，从而对管制规则执行的效果产生影响，甚至导致管制失灵。

三、政府管制的福利效果

电力产业置于政府管制之下，对于弥补市场缺陷，提供稳定而充裕的电力供给，促进产业发展具有积极的作用；但随着需求结构的变化和技术水平的提高，政府管制的制约作用更多地显现出来。

（一）政府管制对企业的影响

企业作为市场微观主体，在市场机制下，具有降低成本、提高效率的内在激励与动机，从而提高竞争力，取得竞争优势。但在政府管制之下，其内在的活力被抑制，往往出现 X 无效率、A - J 效应、管制侵占的现象，造成生产效率降低，影响资源配置效率和利用效率。

（1）管制导致企业出现 X 无效率。1966 年，美国学者莱宾斯坦（Harvey Leibenstein）提出 X 无效率，认为企业由于管理的问题往往不能有效地购置和使用生产要素，并由此引起潜在的福利损失①。在传统的投资回报率管制之下，几乎任何一项投资所产生的成本，都可以通过成本加成的形式予以收回。即使企业投资失误，消费者也别无选择，只得潜在地承担企业投资失误所带来的风险，消费者利益被侵占，资源配置效率降低。投资回报率管制的重点在于利润，由于企业借助于加大资本投入可以获取更多的利润，因而这种模式并不能对电价水平和电价结构实行控制，被管制企业缺乏降低成本的压力与动力。由于投资回报率的约束，即使企业努力降低成本、提高效率，实际也无法获得因成本的降低而带来的收益，投资回报率管制下的 X 无效率由此产生。在投资回报率管制的作用下，企业出现缺乏活力、效率低下、资源浪费、电价过高和技术创新不足诸多的问题。

（2）管制产生 A - J 效应。投资回报率管制作为传统的价格管制模式，以被管制企业合理的投资回报率作为基准，并据此进行定价。企业的利润与其所投入的资本直接挂钩，由于企业的收益通常大于资本成本，每投入一份资本，便可以获得相应的一份利润。在利润最大化的驱动下，企业倾向于使用过多的资本投入替代其他的生产要素，从而可以获取更多的利润，其结果导致过度资本化，生产要素的组合不能实现最高的效率，造成资源利用效率和配置效率的降低。美国学者阿弗契、约翰逊（Harvey Averch，Leland L. Johnson）针对投资回报率管制对资本投入的激励，认为如果准许的回报较之单纯的资本回报更高，则被管制企业在考虑将来的准许回报以及将来的资本成本等因素的基础，倾向于进行过度的投资，使得资本供给超出经济的、有效的生产所需的水平，称为"A - J 效应"（Averch - Johnson effect，简称 A - J effect）②。

（3）管制形成既得利益集团。作为基础产业，电力涉及的上、下游产业较多，这些产业有的为电力产业提供原料能源支持，有的利用电力能源作为动力支持，从而与电力产业的发展休戚相关。在既有的管制体制下，电力产业与这些关联产业形成既得利益集团，具有自觉维护既有的管制体制的激励与动机。其一，

①　Harvey Leibenstein, 1966. *Allocative Efficiency Vs. X-Efficiency*, American Economic Review, 56, pp. 392 - 415.

②　Harvey Averch, Leland L. Johnson, 1962. *Behavior of the Firm under Regulatory Constraint*, American Economic Review, 52.

第二辑

政府管制与公共经济研究丛书（第二辑）

这些既得利益集团在既有的管制环境之中形成，其生产体系、营销体系的组织结构适应管制体制的要求而建立。管制体制一旦发生变化，这些体系需要付出成本进行重新构架。因此，管制体制的变化并非这些利益集团所愿。其二，管制体制一旦发生变化，这些既得利益集团面对新的市场环境和管制环境，需要付出大量的成本重新进行磨合、适应。在既有的管制体制下形成的"路径依赖"难以顺利转变，往往造成这些利益集团的利益受损。这些同样并非既得利益集团所愿。

（4）管制产生管制侵占。管制规则的制度安排决定交易双方的行为方式、利益分配和相互关系。管制规则的变迁相应地要求交易双方的行为方式、利益分配和相互关系作出调整，往往导致交易之中被管制企业被动的资产损失。特别是由于电力产业的基础设施投入形成沉淀成本，如果市场引入竞争机制，消费者可以自由选择不同性质的电力供给，那些投资巨大、成本尚未收回的核电站、水电站的建设成本将无法通过市场得到补偿，从而产生大量的搁置成本。据估算，美国电力产业的这类搁置成本高达 2 000 亿美元[①]。这种搁置并非由企业决策失误造成，而是管制契约改变的结果，这种搁置成本称为管制侵占。管制规则的制度变迁通常造成管制侵占，对由于契约改变造成的企业资产损失，政府应给予不同形式的补偿，维护被管制企业正当的利益。

（5）管制阻碍企业发展。在施加于企业的诸多管制中，进入管制能够减轻潜在的市场进入者对既有企业的竞争压力，价格管制可以助长被管制企业之间的合谋行为，技术标准管制使得潜在的市场进入者难以突破技术壁垒，从而实际维持甚至促进既有企业生产经营的低效率，制约市场的竞争发展。对于企业而言，过度的管制、过多的管制加重企业负担，不利于企业提高竞争力。

（二）电价管制模式及其缺陷

政府管制电价的目的在于通过规范价格行为，发挥价格在资源配置中的信号引导作用，把电价稳定于与国民经济发展和公众生活水平相适应的水平，保护消费者和电力产业的利益。按照管制程度的不同，电价管制可以采取政府指导价和政府定价两种模式。政府指导价是指价格主管部门或者其他部门按照定价权限，以基准价格及其浮动幅度作为尺度，指导企业制定的价格。政府定价是指价格主管部门或者其他部门按照定价权限，对电力产品和服务直接确定的价格。无论政府指导价还是政府定价，都应当充分考虑电力产品和服务的社会平均成本、市场

---

① Tom Groenfeldt, 1996. *Competition Sparks Consolidation*, Energy and Power Risk Management, P. 25.

供求状况、经济社会发展状况以及用户承受能力等因素，适时、适度地实行购销差价、批零差价、季节差价、峰谷差价。电价管制需要遵循诸多的基本原则。其一，普遍服务。针对不同区域的不同收入水平、不同消费水平的群体，电力产品和服务的质量、价格不能存在歧视，并且价格水平应使得不同收入水平群体的基本需求能够得到满足。其二，成本补偿。电力产业的建设成本巨大，运行成本和维护成本较高，电价水平在兼顾用户利益的同时，还应能够适度地对这些成本作出补偿，使得巨额的投资得到适当的回报。其三，效率激励。既要对生产者进行效率激励，也要对消费者进行效率激励。通过适度的电价水平和均衡的电价结构，既引导企业降低生产运营成本、提高生产效率，又引导用户合理消费电力，防止过度地消耗能源。如果管制能够满足这些基本原则，可以认为电价管制有效；如果未能满足这些基本原则，可以认为电价管制无效。

适应不同的国情，各国的电价管制模式不尽相同，包括边际成本定价、平均成本定价、拉姆齐定价、投资回报率管制、价格上限管制和收入上限管制诸多的模式。这些管制模式各具特色，具有不同的优势，也有不同的缺陷，在实践中究竟选择哪种模式需要结合实际作出分析判断。

1. 边际成本定价模式和平均成本定价模式的比较

对于任何管制而言，边际成本定价和平均成本定价都是理想的选择。对边际成本定价模式，电力产品和服务的价格等于边际成本，消费者获得全部的消费者剩余，社会福利实现最大化。但由于边际成本低于平均成本，企业将出现亏损，政府通常需要给予补贴，补偿企业的这种损失。其缺陷在于这种模式要求政府支付的补贴数额巨大，并非促进发展的长久之计；通过政府补贴维持的边际成本电价通常造成消费者过度的消费，不符合受益者支付成本的原则；较高收入群体对电力产品和服务的消费量通常较大，相应地实际占有的政府补贴较多，扭曲收入再分配机制，不利于社会公平。这些因素导致边际成本定价模式在现实中难以推行。

如果对被管制企业不予补贴，平均成本定价模式成为最优选择。对平均成本定价模式，电力产品和服务的价格等于平均成本。平均成本定价可以维持企业的生产经营，但不能提供激励约束机制，企业缺乏提高效率、降低成本的激励与动机，致使成本居高不下，产生社会福利损失。针对这种模式，作为理性的应对之策，企业往往对上、下游业务进行整合，采取垂直一体化的组织结构和经营模式，通过其他环节的较高收益对平均成本电价实行交叉补贴，从而不利于电力市场竞争效率的提高。

2. 拉姆齐定价模式及其缺陷

英国学者拉姆齐（F. P. Ramseg）提出拉姆齐定价模式①，其后演化成为差别价格模式。采取差别价格模式，主要根据消费者的需求弹性、支付能力和基本需求等因素，对同一质量的产品或者服务实行差别价格②，其实质在于价格歧视。在具体操作中，往往普遍服务的定价较低，而额外服务的定价较高。从与边际成本的关系来看，对需求弹性较大的消费者往往定价较低，相对接近于边际成本；对需求弹性较小的消费者往往定价较高，相对远离于边际成本。这种模式的缺陷主要在于几个方面。其一，根据消费者需求弹性定价与普遍服务的义务存在冲突。其二，采用差别价格需要付出大量的成本对市场予以细化，以便取得不同的市场及其主体的需求弹性信息。其三，价格的差异实质在于一部分消费者补贴另一部分消费者。在实际应用中，差别价格模式通常被由固定成本与边际成本构成的两部价格模式所替代。

3. 投资回报率管制模式的主要内容

管制机构通过对投资回报率实行直接控制，从而实现对电价的间接管制，这种模式与平均成本定价模式比较接近。其公式为：

$$R(p \cdot q) = C + S(RB \cdot r)$$

其中，RB（rate base）为投资基数，表现为被管制企业的投资总额；S 函数为企业获得的投资回报，由管制机构规定的投资回报率 r 与 RB 两者的乘积决定。C 为成本；企业收入函数 R 取决于价格 p 与数量 q 两者的乘积。管制价格 P 等于企业总收入 R 与总产量 Q 的比例，即 P = R/Q。由此可见，投资回报率模式的关键在于确定投资回报率 r 和投资基数 RB。其中，对于 RB 值，企业可以予以控制，r 值通常由被管制企业与管制机构反复博弈而确定。投资回报率 r 值的确定需要统筹兼顾，既保证企业取得合理的投资回报，又防止对企业的过度投资形成激励，从而推高电价，侵占消费者利益。投资回报率模式与成本加成定价模式比

第二辑

政府管制与公共经济研究丛书（第二辑）

① 拉姆齐定价的基本思想：假设边际成本价格使得企业产生负利润，企业不能接受，因而社会福利最大化不能实现。在这种情况下，企业只能接受一个偏离边际成本的价格，从而使得至少盈亏相抵。为了找到这个价格，假设企业生产多种产品，并在企业不亏损的条件下求解社会福利最大化，得到一组次优价格。次优价格偏离边际成本价格的比率与产品需求弹性的绝对值成反比关系，需求弹性越小，价格偏离边际成本的程度越大。这种次优价格称为拉姆齐价格。

② F. P. Ramsey, 1927. *A Contribution to the Theory of Taxation*, Economomic Journal, 37, pp. 47 – 61.

较相像，投资回报函数 S 与"加成"所得的利润具有形式的相似。在实践操作中，被管制企业往往以社会平均投资收益率甚至某些较高水平的行业投资收益率作为基准，认为现行的投资回报率 r 值较低，以此证明管制电价太低，应通过提高电价实现投资回报率 r 值的提高。管制机构往往以资本的利息收益作为基准，认为投资回报率 r 值不能偏离资本利率过高，电价不能攀升到企业所期望的水平。从资源配置的角度来看，投资回报率能够保证企业合理的利润，风险较低；能够激励企业加大资本投入；在产出水平尚未达到满足供给的情况下，资本投入的增加能够扩大生产规模，有利于满足市场需求；如果产出水平已经能够满足市场需求，此时继续增加资本投入，则造成资本对其他生产要素的替代，产生 A–J 效应。

4. 价格上限管制模式的主要内容

1983 年，价格上限（price cap）管制模式由英国学者李德查尔德（S. C. Littlechild）提出[①]。对价格上限模式，电价以零售价格指数 RPI 与行业的技术进步率 X 的差值作为上限，即电价每年的增长幅度等于通货膨胀率与企业效率提高率 X 两者的差值。其中，对通货膨胀率 RPI，无论被管制企业还是管制机构都无能为力，技术进步率 X 由管制机构核定，通常每 4~5 年重新核定一次。由此可见，电价的名义价格取决于 RPI 与 X 的相对值，特别是 X 值。如果通货膨胀率 RPI 超过技术进步率 X，企业可以申请按照 RPI–X 的幅度提高电价。如果技术进步率 X 超过通货膨胀率 RPI，其差值为负数，企业必须按照 RPI–X 绝对值的幅度予以降价。在一个审核周期内，假设企业的本期价格为 P_t，则下一周期的管制价格 P_{t+1} 为：

$$P_{t+1} = P_t(1 + RPI - X)$$

RPI–X 模式的原理在于模拟市场竞争，由于技术进步率 X 实际由企业控制，被管制企业成为价格的制定者。通过提高效率、降低成本可以直接体现为企业利润，从而有利于激励被管制企业提高生产经营水平，同时避免政府对不同企业厚此薄彼的不公平补贴问题。RPI–X 管制模式的优点在于一个审核周期内的电价上涨幅度被固定下来，企业的利润收益与其提高效率、降低成本的行为直接挂钩。在确定的价格上限范围内，企业可以根据市场竞争的形势进行独立决策、自由定价，有利于提高电力市场的竞争效率。

5. 收入上限管制模式的主要内容

收入上限（Revenue Cap）管制模式经由投资回报率管制模式和价格上限管

[①] S. C. Littlechild，1983. *Regulation of British Telecommunications' Profitability*，London：HMSO.

制模式演化而来，由管制机构确定被管制企业最大的许可收入，从而既可以引导企业有效控制成本，又可以使得企业获得合理的投资回报。在实践操作中，收入上限模式通常结合被管制企业的投资计划，按照价格上限管制模式 RPI－X 对最大许可收入进行调整。最大许可收入通常由合理的资产回报收益、运行维护费用、固定资产折旧、工资总额与社会保险费等人工成本、税金构成。其中，资产回报收益按照投资回报率管制模式予以确定。在收入上限管制周期内，管制机构通过对电力产品和服务的需求增长作出评估，对企业的服务标准予以确定，对投资基数 RB 进行确认，利用资本资产定价模型（Capital Asset Pricing Model，简称 CAPM）确定企业的加权平均资本成本（Weighted Average Cost of Capital，简称 WACC），对企业的利润收入要求作出评估并予以确定。收入上限管制模式结合投资回报率管制与价格上限管制两者的优点，其操作更接近于价格上限管制，有利于引导企业降低成本、提高效率，注重长远发展；其缺陷在于模型设计比较复杂，对基础数据要求较高，相应地付出的管制成本较高。在具体实践中，澳大利亚、挪威等国家采用这种模式对电力产业进行管制①。

6. 激励性价格管制模式的启示

管制机构如果能够掌握被管制企业的需求结构、生产成本、技术变化等全部信息，则可以理性地设计合理的价格水平与价格结构，并根据需求、成本、技术等因素的变动情况及时作出调整，但这种理想状态在现实中并不存在，其主要限制因素在于管制机构与被管制企业之间的信息不对称。为了克制信息不对称，经济发达国家引入激励性价格管制模式，在实践中产生较好的效果。从这些国家的实践来看，价格水平管制通常采用投资回报率管制、价格上限管制和收入上限管制三种模式，这些模式都属于激励性价格管制模式。对于电力产业，管制机构同样需要建立有利于形成竞争的激励性电价管制模式，抑制企业的市场垄断势力，保证企业合理的回报，激励企业降低成本、提高效率。在实践中应用较多的激励性电价管制模式包括投资回报率管制和价格上限管制两种模式。

李德查尔德（S. C. Littlechild）对英国电信公司（British Telecom，简称 BT）在没有管制、最高报酬率、利润上限、与产量有关的利润上缴、地区性税率缩减（属于激励性管制）五种治理方式所产生的防止垄断、效率与创新、管制负担、促进竞争、股权收益五个方面的效果进行比较，得出建立于价格上限基础上的激

---

① 国务院发展研究中心产业经济研究部：《中国电力改革与可持续发展战略研究》，2002 年。

励性管制最优的结论（表2.1）。

表2.1 　　　　　　　　　　英国电信公司（BT）五种管制体制的效果

效果＼方式	没有管制	最高报酬率	利润上限	与产量有关的利润上缴	地区性税率缩减
防止垄断	5	3	4	2	1
效率与创新	1	4	3	4	1
管制负担	1	5	3	4	2
促进竞争	1	5	2	4	2
股权收益	1	4	3	5	1
合计	9	21	15	19	7

说明：1＝最好，5＝最差。得分越高，表明效果越差；得分越低，表明效果越好。
资料来源：S. C. Littlechild，1983. *Regulation of British Telecommunications' Profitability*，London：HMSO.

英国学者科如、科林道弗尔（Michael A. Crew，Paul R. Kleindorfer）对报酬率管制、没有管制、公共企业、激励性管制四种方式在效率属性、公平属性、交易成本属性三个方面进行比较，也得出激励性管制最优的结论（表2.2）。

表2.2 　　　　　　　　　自然垄断产业各种可替代治理方式的比较

效率指标	治理方式	报酬率管制	没有管制	公共企业	激励性管制
效率属性	配置效率	0	0	0	1
	X效率	0	1	0	1
	动态效率	0	1	0	1
	规模效率	1	0	1	1
公平属性	价格控制	1	0	1	1
	公平合理	1	0	0	0
交易成本属性	交易费用节约	1	1	1	1
	资产专用性	1	0	1	1
合计		5	3	4	7

说明：根据对绩效属性的判断，将认为"好"的治理方式赋值为1，将认为"不好"的治理方式赋值为0。得分越高，表明效果越好；得分越低，表明效果越差。
资料来源：Michael A. Crew，Paul R. Kleindorfer，1986. *The Economics of Public Utility Regulation*，Macmilian Press. 转引自肖兴志：《自然垄断产业规制体制改革的战略思考》，载《改革》，2002年第6期，第36页。

激励性价格管制模式的缺陷主要在于这些模式力求克制信息不对称，但实际

第二辑　政府管制与公共经济研究丛书（第二辑）

在信息不对称的条件下，这些制度安排都难以达到预期的效果。这些模式通常担负多重的目标，包括提高资源配置效率、生产效率，保证充足的供给，维持企业合理的生产经营，促进收入的合理再分配，等等。这些目标之间相互影响、相互制约，甚至相互冲突，导致管制不得不在多重的目标之间寻求脆弱的、暂时的平衡，从而使得管制目标只能得以有限的实现。

四、管制效果衡量面临的困难

在现实中，政府往往难以采取有效的形式实行管制，管制规则的执行偏离预设的目标，管制机构自身缺乏约束与监督，预期的管制效果被企业的理性对策所抵消，等等。这些困难的存在使得政府管制的效果难以精确地衡量。特别是对于管制效果的定量衡量，由于衡量的指标难以选择，衡量的标准难以确立，导致衡量体系难以建立。因而在具体实践中，对管制效果的衡量往往倾向于选择定性衡量，以相对简单的管制是否有效作为管制效果的衡量目标。尽管如此，由于管制是否有效地、更多地带有主观判断的色彩，实际影响管制效果的衡量。

1. 政府管制很难采取有效的形式

美国学者米尔顿·弗里德曼、罗斯·弗里德曼（Milton Friedman，Rose D. Friedman）认为，导致市场失灵的那些因素，同样使得政府难以找到满意的解决办法。一般而言，政府与其他市场参加者相比，前者并不比后者更易于辨认谁是受益者、谁是受害者，也不能更容易地估计这两类人分别得到多少好处、受到多少害处。利用政府补救市场失灵常常只不过以政府的失灵代替市场的失灵[1]。从实践来看，电价管制作为政府管制的核心，其理想的管制模式是边际成本定价，这种模式有助于提高产业的经济效率。但如果按照边际成本定价，由于平均成本高于边际成本，企业将出现亏损。由于这些企业具有下降的平均成本曲线，迫于其他利益集团的压力乃至政府的意愿，政府不愿也难以对成本递减的企业进行补贴。电价管制处于两难的困境，难以采取有效的形式，管制的效果更是无从谈起。

2. 政府管制预期的效果被理性的对策所抵消

无论政府管制采取哪种形式，被管制企业将采取对应的策略。企业这种理性

① ［美］米尔顿·弗里德曼、罗斯·弗里德曼：《自由选择—个人声明》，中文版，商务印书馆1999年版，第224页。

的行为实际对管制预期的效果予以抵消。20世纪70年代，经济发达国家为了实现普遍服务的目标，采取低价管制的政策，导致被管制企业出现亏损，但这些亏损通常由政府进行补贴。只要政府补贴的条件一经确定，被管制企业就会理性地继续维持亏损，采取对策领取补贴。如果政府补贴建立于有效的价格管制基础上，则补贴合理、有效；如果补贴实际促进被管制企业维持低效率，则补贴不合理、无效。在低价管制的作用下，政府补贴对被管制企业的损失予以补偿；被管制企业理性地维持甚至扩大亏损，以便申请政府补贴。补贴政策与被管制企业理性的对策形成补贴与亏损相互加强的内在循环机制，导致越是补贴越是亏损，管制预期的效果大打折扣，对这种管制的效果无法精确地予以衡量。

3. 政府管制往往滞后于市场的动态变化

市场结构受到两个基本因素的影响。其一，电力需求的变化。其二，技术进步引起企业成本结构的变化。需求结构与成本结构共同决定可能的市场容量以及这种容量之下最优的企业数量。需求结构或者成本结构发生变化，将导致可能的市场容量相应地发生变化。当市场容量的变化达到一定程度之后，已有的企业不再能够提供最优的产出。只有新的企业进入市场或者多余的企业退出市场，市场结构才能重新归于平衡。企业数量的变化必然使得原有的市场结构发生变化，而市场结构的动态变化又相应地要求管制结构作出动态的调整。如果政府管制未能适应这种市场结构的变化而及时地作出调整，政府管制与市场结构将出现不对称，造成管制的错位，管制的效果发生变化，从而为效果的衡量带来困难。

4. 管制规则执行不力

其原因包括管制者的业务素质、专业能力、认知水平难以恰当地履行职责；管制者与被管制者对管制规则的理解存在差异，从而发生服从管制与执行管制的冲突；管制手段与工具的选择、运用不当；对违反管制规则的惩罚执行不力；由于管制规则的执行对被管制企业影响较大，管制者往往成为被管制企业寻租的对象，从而被企业所"俘虏"。此外，对管制体制的设计，在官僚体系科层组织的固有惰性下，管制规则的执行缺乏激励、约束和监督机制或者流于形式，管制者缺乏规范执法的激励和动机。执行不力的存在使得管制效果的衡量需要区分这种管制的效果源自于管制规则的制定还是管制规则的执行。即使能够界定管制的效果由管制规则的执行所致，由于客观条件、外部环境和主观意志往往并不能予以明确的区分，难以对执行的行为进行合理的判断，管制效果的衡量也无法进行。

第二辑　政府管制与公共经济研究丛书（第二辑）

5. 管制机构缺乏约束和监督

管制机构拥有管制权力，对被管制企业的生产经营等经济活动具有举足轻重的作用。在具体实践中，由于难以对管制者的职权范围、职责履行、职业道德、行为规范、管制程序、责任认定等具体的管制行为作出清晰的界定，同时电力产业处身其中的客观条件、外部环境处于动态的变化中，管制机构通常拥有显性或者隐性的自由裁量权和剩余立法权，从而对管制的效果及其衡量带来困难。自由裁量权是指由于管制合同的不完备，管制机构所实际拥有的决策权[1]；剩余立法权是指由于管制规则制定的缺陷，管制机构所实际拥有的立法权；管制机构的这种权力和程序与立法机构、行政机构以及司法机构所拥有的权力和程序相似[2]。自由裁量权和剩余立法权表现出"双刃剑"的特点。如果适当地予以运用，管制机构可以独立、灵活地制定或者执行管制规则，保证管制的效果；如果运用不当，滥用自由裁量权和剩余立法权，为个人或者其他利益集团谋取利益，将损害产业利益和社会福利。从管制者来看，由于通常管制者不被管制，执行管制规则的过程缺乏约束和监督，或者仅仅象征性地存在，造成管制者按照个人偏好执法，管制权力的运用超出法律授权的边界。在现实中，由于信息不完全、政府能力有限等因素的制约，造成自由裁量权和剩余立法权无法根除，只能通过建立约束和监督机制，形成权力制衡，对这种自由裁量权和剩余立法权予以制约。这同样使得管制效果的衡量面临困难。

第三节
电力产业政府管制效率的一般分析

政府管制的效率表现为管制行为所带来的收益能否补偿管制规则制定、执行过程中所发生的成本，其评判标准基于成本与收益分析。通过成本—收益分析，可以对管制是否经济、可持续作出评估。

① 张昕竹：《中国规制与竞争理论和政策》，社会科学文献出版社 2000 年版，第 102 页。
② ［美］丹尼尔·F·史普博著，余晖等译：《管制与市场》（中文版），上海三联书店、上海人民出版社 1999 年版，第 107 页。

一、政府管制的效率衡量

经济发达国家对政府管制的效率衡量进行多方面、多角度的探索与实践，这些理论成果与实践成果对于指导我国的政府管制具有指导和借鉴意义，需要作出深入的分析与探讨。

（一）管制效率分析的指标

美国的卡图研究所（Cato Institute）、传统基金会（Heritage Foundation）、企业研究中心（Center for the Study of American Business，简称 CSAB）等独立研究机构把管制成本分为社会管制成本、经济管制成本、文牍管制成本三个分项，运用成本—收益分析，对管制效率的研究方法、范围界定、分项成本、合计成本分别设计指标体系，这些对于我国的管制效率分析具有借鉴意义①。

1. 社会管制成本的范围与项目

企业研究中心（CSAB）把社会管制界定为减少环境及工作场所的风险，所对应的管制机构包括设立于 1970 年的环境保护署（Environmental Protection Agency，简称 EPA）以及职业安全健康局（Occupational Safety and Health Administration，简称 OSHA）。社会管制成本产生于环境保护的七个领域，包括空气污染控制、水污染控制、固体废弃物处理管制、分类处理有害物质、噪音管制、超级基金②执行和核安全。此外，还有六个领域产生社会管制成本。其一，涉及员工健康的疾病预防和涉及员工安全的事故预防，这些由职业安全健康局（OSHA）予以管制。其二，退休、养老金的利益保护，由《雇员退休收入安全法》（Employee Retirement Income Security Act，简称 ERISA）予以管制。其三，因家庭原因离职时对工作岗位无报酬地予以保留的需求。其四，机会均等、防止种族与性别歧视的积极行动，以及残障无歧视行为。其中后者由《残障人员法》（Americans with Disabilities Act，简称 ADA）予以管制。其五，其他产品或者服务方面的安全，由消费品安全委员会（Consumer Product Safety Commission，简称 CPSC）和国家公路交通安全局（National Highway Traffic Safety Administration，简称 NHT-

---

① 席涛：《美国政府管制成本与收益的实证分析》，载《经济理论与经济管理》，2002 年第 11 期，第 65 页。
② 超级基金（Superfund）是美国环境保护署（EPA）的一项政策工具，用于治理受到毒性废弃物严重污染的土壤与水源。

第二辑　政府管制与公共经济研究丛书（第二辑）

SA）予以管制；产品的性能、质量保障，由联邦贸易委员会（Federal Trade Commission，简称 FTC）予以管制。其六，对产品进行分类、广告的标准①。

2. 经济管制成本的范围和项目

企业研究中心（CSAB）把经济管制限定于价格管制和进入管制，产生经济管制成本的七个领域包括国际贸易的限制；加班、最低工资、戴维斯－培根工资②等工资和工作时间的标准；农业产品和服务的价格、市场管制；能源价格、存储方面的管制；运输价格和进入限制；通信行业的价格、进入管制；金融、银行、保险行业的管制③。卡图研究所（Cato Institute）对经济管制成本的领域划分与之大同小异，也包括七个方面，只是把"国际贸易的限制"换成"服务业的登记、资格认证与执照许可"，把"通信行业的价格、进入管制"换成"通信行业的联邦与地方经营分割"，其他五个项目完全相同④。

3. 文牍管制成本的范围与项目

文牍管制成本的基础数据来自于白宫管理和预算办公室（Office of Management and Budget，简称 OMB）的年度决算报告。这个机构（OMB）对联邦行政机构担负管制工作所耗费的时间以总小时的形式计算，并对每小时工作的价值通过货币的形式予以评估，文牍管制成本即为管制工作量的总小时数与每小时货币价值的乘积。

4. 管制成本对经济运行的影响

管制成本的支出需要以货币的形式予以表示，而这些付出的货币来自于纳税人的税金，由此可见，管制成本实质在于政府对被管制者乃至社会的征税，政府通过管制的强制性对被管制者、利益相关者、非利益群体以及其他主体进行利益的隐性分配。管制成本对经济运行发生影响，这种影响可以通过定性或者定量的形式予以表达。在定性方面，可以按照这种影响的程度，划分为可以承受、中

---

① Thomas D. Hopkins, 1996. *Regulatory Costs in Profile*, Center for the Study of American Business, Policy Study, No. 132, pp. 1 – 35.

② 戴维斯、培根（James J. Davis，Robert L. Bacon）于 1931 年提出并经国会通过的《戴维斯－培根法》（Davis – Bacon Act）规定，凡是同联邦政府签订价值 2 000 美元以上合同的承包人，其支付的工资率不得低于有关地区由劳工部长决定的同等工人和技工普遍享有的工资率。

③ Thomas D. Hopkins, 1996. *Regulatory Costs in Profile*, Center for the Study of American Business, Policy Study, No. 132, pp. 1 – 35.

④ Clyde Wayne Crews, 2002. *Ten Thousand Commandments*, An Annual Snapshot of the Federal Regulatory State, Cato Institute, pp. 1 – 39.

性、不能承受或者阻碍经济运行、无关经济运行、促进经济运行。在定量方面，可以通过对管制总成本及其分项成本在国内生产总值（GDP）、财政收入、国家税收、财政支出、产业收入、企业收入、个人收入中所占的比例关系作出测算。通过对这些比例关系的评估，可以比较精确地揭示政府管制对资源配置、经济增长、收入分配的影响①。

71

在具体实践中，由于基本理念的不同，国外独立研究机构通常把管制效率的分析主要集中于成本方面，而对其收益关注较少。管制成本被细化为社会管制、经济管制、文牍管制分别产生的成本；对其中的每一分项，通过界定范围、设立指标、罗列项目、搜集数据、量化处理的形式，把管制成本对经济运行的影响直观地表示出来，既对存在的问题予以展示，也为改进管制提供方向。这些管制效率分析的思想、理念、观点和方法为我国建立政府管制效率分析体系提供有益的借鉴和样本参考。考虑具体国情的差异，在吸收借鉴先进经验的同时，还应立足本国实际，建立针对性强的管制效率分析体系。

（二）政府管制的效率衡量

管制效率的衡量既包括对管制收益、管制成本的衡量，也包括对两者比较关系的衡量。其中，每类衡量又可以分为定性衡量和定量衡量。对于不同类型的政府管制，适应其特点，有些适于采用定性衡量，有些适于采用定量衡量。

1. 管制带来的收益

管制带来的收益既包括直接收益，又包括间接收益。其中，直接收益是指通过管制规则的制定、执行，在实现管制预设目标的过程中所直接取得的收益；间接收益是指通过管制行为的间接影响所带来的收益。

2. 管制发生的成本

管制所产生的成本既包括直接成本，又包括间接成本。其中，直接成本是指管制行为所直接产生的成本，既包括制定管制规则所产生的成本，又包括执行管制规则所产生的。对于间接成本，一方面，由于管制规则的制定不合理或者

---

① Thomas D. Hopkins, 1992. *The Costs of Federal Regulation*: *Draft*, Policy analysis, National Chamber Foundation. Thomas D. Hopkins, 1995. *Profiles of Regulatory Costs*, Report to the U. S. Small Business Administration, U. S. Department of Commerce, National Technical Information Service, No. 1, Vol. 96, p. 28038, November. Clyde Wayne Crews, 2002. *Ten Thousand Commandments*, An Annual Snapshot of the Federal Regulatory State, Cato Institute, pp. 1 – 39.

第二辑

政府管制与公共经济研究丛书（第二辑）

管制规则的执行不当所带来的损失；另一方面，管制的机会成本，即担负管制工作的人员如果从事其他活动所能获得的收益，或者这些人员因担负管制工作而放弃从事其他活动所带来的损失。

从管制成本测算的实践来看，管制成本还可以分为转移成本与效率成本。转移成本是指管制的收益从一方转移到另一方，反映管制规则、管制程序发生调整时所带来的利益变化情况；效率成本是指生产者剩余和消费者剩余的净损失，反映管制行为总的影响。美国独立研究机构对经济管制、社会管制进行成本与收益测算的数据表明，效率成本要远远小于转移成本。此外，管制成本还可以包括过程成本。过程成本是指政府在实行管制的过程中所发生的文牍处理费用。

3. 管制的收益与成本比较关系的衡量

这种比较关系包括两个方面：一方面，直接收益与直接成本的比较；另一方面，整体收益与整体成本的比较。管制效率评估的基本标准在于管制收益大于管制成本。只要管制收益大于管制成本，管制即有效率。在管制效率评估的具体实践中，直接收益与直接成本的比较、整体收益与整体成本的比较，两者的结果可能一致，也可能并不一致。对于这两种比较关系的取舍，通常可以反映政府的政治思想、执政理念和价值标准。作为追求公共利益和社会福利的政府，应更加关注社会利益、宏观利益和长远利益。整体收益与整体成本的比较关系应优于直接收益与直接成本的比较关系。

4. 管制效果与效率的综合衡量

一般而言，管制只有同时满足效果与效率两者的要求，才被视为完全有效。如果管制只是在某些方面或者某种程度满足效果或者效率的要求，则被视为不完全有效。如果管制在各个方面都不能满足效果与效率的要求，则被视为完全无效。

管制效果与效率的有效性呈现出动态变化的特征。随着经济发展和社会进步，政府管制自身不断发生变化，出现形式多样的管制创新。在这种管制创新发生之前，管制的效果与效率完全有效；管制创新发生之后，原有的管制可能不完全有效甚至完全无效，需要适应变化的客观条件和外部环境，及时作出调整。

(三) 电力产业进入管制的效率衡量

管制具体包括进入管制、退出管制、价格管制、产量管制、技术标准管制等，由于管制效率的衡量主要体现于进入管制，这里仅对进入管制的效率进行成本—收益分析。实行进入管制产生直接成本、社会成本和机会成本，这些成本通过直接或者间接的方式转嫁于被管制企业，造成企业的成本上涨，形成电价上升的压力。被管制企业较之消费者拥有信息优势和市场势力，能够把这些成本再转嫁于消费者，最终损害公共利益和社会福利。同时，进入管制带来直接收益、社会收益和间接收益。进入管制的效率衡量取决于这些成本与收益特别是直接成本与直接收益之间的比较关系。

1. 进入管制产生的直接成本

管制机构实行进入管制，产生大量的直接成本。其一，进入管制直接产生的各种费用，包括管制规则的制定、执行所发生的费用，审查管制规则所发生的费用，监督管制规则的制定、执行所发生的费用，被管制企业服从管制所直接发生的费用，管制者与被管制企业以及其他利益相关者甚至非利益群体对信息的获取、传播、使用和存储所发生的费用等。进入管制涉及的范围越宽泛、管制规则制定得越详细、管制机构的规模越庞大，所发生的直接成本越高。被管制企业对进入管制的服从，使得这些直接成本通过各种形式被转嫁于企业，造成企业的成本增加。不能被转嫁的部分直接成本，则通过财政支出的方式予以支付，实际还是来自于企业税收。其二，进入管制限制潜在的竞争对手进入市场，从而使得被管制企业能够获得垄断优势和垄断地位，并利用垄断权力侵占消费者利益。这些同样构成直接成本。

2. 进入管制产生的社会成本

其一，地方利益造成企业低效率。实行进入管制之后，企业的投资项目通常授权地方政府审批。在地方利益的驱动下，进入管制易于成为市场分割、区域封锁的手段。在政绩激励下，地方政府易于以邻为壑、重复建设，降低资源配置效率。这种排斥其他企业及其产品和服务进入市场的行为构成社会成本。其二，进入管制引发寻租行为，造成资源浪费。进入管制抑制市场竞争，被管制企业得以维持既得利益。由于管制机构实行进入管制具有主观性、随机性和短期性，潜在的市场进入者为了能够进入市场、获取较高的利润，往往采取游说、谈判、行贿等寻租行为，设法取得管制机构的进入许可。既有的企业为了维持现存的格局，同样理性地采取寻租行为，试图继续保持垄断优势和垄断地位。潜在的市场进入者与既有的企业这种寻租行为既造成资源浪费，又恶化社会风气，腐蚀社会基础。这种寻租行为所产生的效率损失构成社会成本。其三，被管制企业在进入管制的保护下，缺乏外在的竞争压力和内在的创新动力，对降低成本、提高效率缺乏激励和动机，这些同样构成进入管制的社会成本。

3. 进入管制产生的机会成本

其一，被管制企业的服务意识、服务质量相对较差。由于进入管制限制潜在的竞争对手进入市场，既有的企业缺乏改进服务的压力，致使服务意识淡化、服务质量下降。其二，投资时机易于丧失。在管制机构的官僚模式下，投资项目的审批往往耗时费力。从达成投资意向到审批获准，再到开工建设，时间跨度较大甚至旷日持久，相对增加进入市场的机会成本。

4. 进入管制产生的直接收益

进入管制对于避免盲目投资、过度进入具有积极的作用，能够产生直接收益。其一，防止企业之间的过度竞争，减少不必要的重复建设。过度竞争、不必要的重复建设造成效率损失和资源浪费。进入管制可以制止超出市场容量的企业进入市场，防止形成过度竞争；可以减少超出市场需求的重复建设，减少资源浪费和经济损失。其二，提高规模经济性和范围经济性，从而降低成本、提高效率。电力产业的规模经济性比较显著，进入管制通过合理地控制进入市场的企业数量、规模，引导既有的企业提高资源配置效率，增强规模经济性和范围经济性，降低电力产品和服务的平均成本，增进公共利益和社会福利。

5. 进入管制产生的社会收益

这种收益属于间接收益的组成部分。其一，进入管制可以降低外部性。对既有的企业，进入管制通过授予其特许经营权，可以引导对外部性实行内部化，提高公共利益和社会福利。其二，进入管制可以保证电力产品和服务的供给。电力产业关系国家安全、经济发展、社会和谐，与公众的生产生活息息相关，比普通的企业承担更大的社会责任，必须保障电力产品和服务稳定而充裕的供给。由于利润、效益等因素的影响，企业可能出现供给不足、效率不高、投资方向偏离的问题，进入管制则可以强制性地保证电力产品和服务的供给。

6. 进入管制产生的间接收益

其一，进入管制可以降低垄断程度。对服从进入管制所付出的成本与放松进入管制可能带来的风险，被管制企业需要进行权衡。进入管制实际形成对既有企业的压力。如果既有的企业形成较强的市场势力，进入管制特别是不对称管制可以为潜在的市场进入者提供优惠的条件，相对降低门槛，引入竞争机制，从而迫使既有的企业降低垄断程度，提高资源配置效率。其二，激励既有的企业推进技术创新，降低成本。管制机构以进入管制为手段，要求既有的企业加强创新、提高效率，否则将适度地放松进入管制。在市场进入者潜在的竞争下，既有的企业通常理性地选择适度地推进技术创新，降低生产经营成本，从而相对提高进入成本，增强对潜在的市场进入者的压力，吓阻竞争对手进入市场。其三，其他的社会收益。

进入管制产生的社会成本和机会成本共同构成间接成本，间接成本与直接成本构成进入管制的总成本。进入管制带来的社会收益作为间接收益的特殊形式，与其他的间接收益共同构成进入管制的间接收益，间接收益与直接收益构成进入管制的总收益。进入管制的效率衡量决定于这些总成本与总收益特别是直接成本与直接收益的比较关系。如果进入管制所带来的总收益特别是直接收益大于进入管制所产生的总成本特别是直接成本，可以认为进入管制有效率。否则，即为低效率、无效率。

二、政府管制成本—收益分析的实践

在具体实践中，美国、英国等国家在法律授权的基础上，对政府管制进行成本—收益分析，取得一些成效，也带来需要引起反思的教训，这些对于我国政府管制的效率评估具有启示和借鉴意义。

（一）美国管制成本—收益分析的实践

1995 年，美国颁布《无资金保障施令改革法》（Unfunded Mandates Reform Act，简称 UMRA），规定行政机构在制定规章时，必须使用成本—收益分析方法。1997 年，《监管知情权法》（Regulatory Right-to-Know Act）规定，基于公众对政府管制成本、收益、绩效的知情权，需要通过政府对管制的成本与收益作出评估，管理和预算办公室（OMB）每年向国会提交上一年度联邦管制成本与收益的年度报告，对管制机构、管制计划、管制规则的成本与收益以及颁布的所有管制的总成本与总收益作出评估，并对管制在市场竞争、经济增长、就业、物价和工资等经济方面的影响，员工健康安全与环境保护等社会方面的影响，不同层级的政府、雇员数量不等的企业、个人以履行纳税程序为主的文牍方面的影响作

75

出分析。1999 年、2000 年，分别颁布《监管知情权法》（Regulatory Right-to-Know Act），进一步对管制的成本—收益分析提出更高标准的要求。通过这些法案，美国从法律上确立成本—收益分析在所有政府管制中的地位与作用。

1. 法律对成本—收益分析的基本规定

其一，政府管制要计算实际支出和估算直接成本。实际支出是指履行管制职能的行政机构和不同层级的政府执行管制规则的预算内支出，即以预算拨款为依据，计算行政机构的支出总额和不同层级政府的支出总额。直接成本是指在没有拨款的情况下，执行管制规则所发生的支出，即不同层级的政府、雇员数量不等的企业、个人的支出。其二，政府管制要量化执行管制规则所产生的收益。由于有些收益难以通过基础数据的形式予以量化，有些收益在一个财政年度之内难以完全地反映出来。因此，在对这些收益进行评估时，管制机构通常需要以贴现的方法把分布于将来数年的收益折算成当前财政年度的收益。其三，政府管制的效果与效率。通过成本—收益分析，管制机构需要确认管制是否增进公共利益和社会福利。

2. 管制机构的成本—收益分析[①]

管制机构按照法定的成本—收益分析框架，对管制的成本与收益作出评估分析。其一，确定管制的类型。在法律划定的经济管制、社会管制、文牍管制三种类型中，管制属于哪一类。其二，评估管制的影响。其三，成本分析。成本分析的范围包括：（1）预算成本，即对预算期内的管制行为所编制的预定成本，包括国会拨付的管制机构进行管理运行的行政经费、不同层级的政府执行管制规则的财政拨款。（2）服从成本，即对管制的服从所付出的成本，包括执行管制的成本，被认为强加于不同层级的政府、企业、个人的间接成本[②]。（3）管制的总成本，即预算成本与服从成本的总和。其四，收益分析。其范围包括经济方面的收益、员工安全健康方面的收益、环境保护方面的收益及其他方面的收益。这些收益如果分布于其后数年或者历经数年才能实现，则需要通过贴现把将来的收益折算为即期的收益。其五，净收益计算。净收益在数值上等于总收益与总成本的差

---

① OIRA, 2000. *M－00－08 Guidelines to Standardize Measures of Costs and Benefits and the Format of Accounting Statements*, Government Printing Office. OIRA, 2001. *M－01－08 Guidance on Implementing the Government Information Security Reform Act*, Government Printing Office.

② 施蒂格勒把管制成本分为服从成本与实施成本，参见［美］乔治·J·施蒂格勒著，潘振民译：《产业组织和政府管制》（中文版），上海三联书店 1989 年版，第 244～245 页。

值。只有总收益大于总成本，才产生净收益，表明管制发挥预期的作用；如果总收益小于总成本，净收益没有意义，表明管制对市场产生副作用。

3. 管制的效果

作为自由主义主导的国家，政府管制在美国并未得到好评，政府管制造成的负面影响不绝于耳，主要表现为几个方面。

（1）管制机构的全职人员和管制规则不断增多。衡量这种变化最直接的方式是对年度内管制机构的全职人员数量及联邦登记本（Federal Register）发布的管制规则总数进行统计。在 2001 年财政年度，共有 58 个行政机构和 131 587 名全职人员履行管制职能，较之 1976 年的 107 834 名全职人员，人员数量增长 22%[①]；工资、管理经费、运行经费等"人头费"相应地增加，政府管制的直接成本大幅上升。管理和预算办公室（OMB）及其下属的信息和管制事务办公室（Office of Information and Regulatory Affairs，简称 OIRA）以联邦登记本公布的最终生效的管制数量和管制规则总页数作为衡量管制成本的基础指标（表 2.3）。1980 年，7 745 件的管制总数创造联邦登记本的纪录；2002 年，75 606 页的管制规则总页数创造联邦登记本的纪录[②]。

表 2.3　　　　　　　　　联邦登记本管制规章的总数与页数总数

项目＼年份	1980	1985	1990	1995	2000	2001	2002	2003
生效规则总数（个）	7 745	4 843	4 334	4 713	4 313	4 132	4 167	4 148
总页数（页）	73 258	50 502	49 795	62 645	74 258	64 438	75 606	71 269

资料来源：OMB，OIRA，2001. *The Regulatory Plan and the Unified Agenda of Federal Regulation*，various years. Clyde Wayne Crews，2004. *Ten Thousand Commandments*，An Annual Snapshot of the Federal Regulatory State，Cato Institute.

（2）管制成本支出越来越高。根据预算，管制机构的预算拨款并不高，但借助于管制，管制机构强加于不同层级的政府、企业、个人的间接成本支出却相当高，这种间接成本同样成遵守管制规则所必须支付的服从成本。1992 年，独立研究机构测算的管制总成本为 6 680 亿美元，并以每年 100 亿美元的幅度增加。其中，对于 20 名雇员以下的小型企业，平均每人每年承担的管制成本为 5 500 美元；

---

①② OMB，OIRA，2001. *The Regulatory Plan and the Unified Agenda of Federal Regulation*，various years.

第二辑

政府管制与公共经济研究丛书（第二辑）

对于 500 名雇员以上的大型企业，这项成本为 3 000 美元。这些成本既包括降低环境和工作场所风险的投入，也包括对价格管制、进入管制所支付的成本，还包括相应的文牍消耗①。在 2001 年财政年度，政府认定的管制总成本为 6 190 亿美元②，而独立研究机构测算的总成本为 8 540 亿美元（表 2.4）。

表 2.4　　　　　　　　　独立研究机构对管制成本的评估

项目 \ 年份	1980	1985	1990	1995	2000	2001	2002	2003
社会管制成本	1 080	1 220	1 650	2 440	2 920	2 820	2 840	2 880
经济管制成本	3 980	3 129	2 580	2 480	2 380	4 410	4 440	4 480
文牍成本	1 560	1 800	2 250	2 380	2 580	1 310	1 320	1 330
总成本	6 620	6 140	6 480	7 300	7 880	8 540	8 600	8 690

说明：社会管制成本、经济管制成本、文牍成本、总成本的单位为亿美元。

资料来源：Clyde Wayne Crews, various years. *Ten Thousand Commandments*, An Annual Snapshot of the Federal Regulatory State, Cato Institute.

（3）财政负担和公众负担加重。管制成本涉及信息收集、规则制定、规则执行、行政裁决等多项成本。从美国的实践来看，1976 年，仅信息收集成本，政府为处理、加工格式文件所支出的费用超过 180 亿美元；公众个人对政府格式文件支出的总成本约为 1 000 亿美元③。高昂的管制成本加重财政负担和公众负担。

（4）管制成本带来经济损失。2001 年，美国的 GDP 为 102 081 亿美元，财政支出为 18 639 亿美元，管制总成本则达到 8 540 亿美元。管制成本占 GDP 的 8.4%，占财政支出的 45.8%（表 2.5）④。根据测算，政府管制带来的经济损失占 GDP 的 1.5% ~ 2%。1974 ~ 1985 年，控制污染所实行的管制使得 GDP 减少 2.5% 以上。从 1975 ~ 1976 年度到 1985 ~ 1986 年度，环境保护和职业的健康安全管制使得制造业的全要素生产率累计下降 10%⑤。

---

① Thomas D. Hopkins, 1992. *Costs of Federal Regulation*, Journal of Regulation and Social Costs, No. 1, Vol. 2, pp. 5 – 31.

② OMB, OIRA, 2002a. *Report to the Congress on the Cost and Benefits of Federal Regulations*, Government Printing Office, Washington.

③ Heffron F. A., 1983. *The Administrative Regulatory Process*, New York, Longman.

④ The Council of Economic Advisers, 2002. *Economic Report of the President*, Transmitted to the Congress, pp. 320 – 441. Susan Dudley, Melind Warren, 2002. *Regulatory Response: An Analysis of the Shifting Priorities of the U. S.*, *Budget for Fiscal Years* 2002 *and* 2003, Center on Government and Public Policy, pp. 1 – 35.

⑤ 《管制的成本与收益》：载《世界银行研究观察》，第 14 卷第 1 号，1999。转引自顾海兵、廖俊霞：《国外学者对政府管制的研究综述》，载《开发研究》，2000 年第 5 期，第 30 ~ 31 页。

表2.5　　　　管制成本在国内生产总值和联邦财政支出中所占的比例

项目 年份	国内生产总值（亿美元）	联邦财政支出（亿美元）	联邦行政机构管理预算拨款（亿美元）	管制成本（亿美元）	管制成本占国内生产总值的比重（%）	管制成本占联邦财政支出的比重（%）
1980	27 956	5 909	132	6 060	21.7	103
1990	58 032	12 532	153	5 940	10.2	47.4
2000	98 729	17 888	191	7 880	8	44
2001	102 081	18 639	215	8 540	8.4	45.8
2002	104 430	20 110	250	8 510	8.2	42.3
2003	109 800	21 580	308	8 690	7.9	40.3

资料来源：The Council of Economic Advisers, 2002. *Economic Report of the President*, Transmitted to the Congress, pp. 320 - 441. Susan Dudley, Melind Warren, 2002. *Regulatory Response: An Analysis of the Shifting Priorities of the U.S.*, *Budget for Fiscal Years* 2002 and 2003, Center on Government and Public Policy, pp. 1 - 35.

（二）英国管制成本—收益分析的实践

英国政府在国有化管制失败之后，推行管制体制改革，减少政府对企业的直接干预，引入竞争机制，增强企业活力，提高生产效率。政府在各个基础设施产业设置管制机构，管制机构的运行成本构成管制成本。据英国的独立咨询机构 Better Regulation Task Force 估计，管制总成本占 GDP 的10% ~ 12%，或者大约 1 000 亿英镑[①]。

1. 被管制企业在博弈中的投入构成运行成本

管制机构拥有广泛的管制权力，依据法律授权对被管制企业的经营绩效作出评估，依据法律规定对企业的最高销售价格作出限定，并对企业应承担的社会责任提出要求。被管制企业与管制机构的目标存在不一致性。被管制企业以利润最大化为目标，追求生产效率，试图制定垄断价格，承担尽可能少的社会责任；管制机构以社会福利最大化为目标，强调分配效率，试图控制最高价格，强制性地要求企业履行社会责任。两者目标的差异导致行为的差异。企业千方百计削弱管制行为的负面影响，许多企业专门设置管制应对部门，对管制机构进行游说、谈判，试图实现企业的意愿。管制机构与被管制企业之间存在各种形式的博弈，企业在这种博弈中需要付出成本，这些成本构成管制的运行成本。

① *Better Regulation: From Design to Delivery*, 2005, Annual Report, p. 2. Better Regulation Commission, http://www.brc.gov.uk/.

2. 管制机构的人员工资、社会保险、活动经费构成运行成本

管制的效果与效率在很大程度取决于信息的数量与质量。由于管制机构与被管制企业之间存在信息不对称，管制机构要求企业提供尽可能多、尽可能详细的信息，而企业为了在博弈中占据优势，往往敷衍应付这些信息要求，对成本、利润、质量等核心指标提供尽可能少、尽可能模糊的信息，而对无关紧要的次要指标则提供相对较多、相对详细的信息，尤其对企业有利的信息往往不遗余力、浓彩重墨地予以渲染，必要时甚至提供虚假的信息，掩盖真实情况，误导管制机构，从而取得对己有利的管制政策。在博弈的过程中，管制机构得不到对方良好的合作，只能雇佣大量的人员进行调查、分析、取证，以便取得必要的信息。这些雇员的工资、社会保险、活动经费的支出构成政府管制的运行成本。

3. 仲裁体制的低效率构成运行成本

如果被管制企业与管制机构发生重大的纠纷，可以提请垄断与兼并委员会①（Monopolies and Mergers Commission，简称 MMC）予以仲裁，甚至可以提请国务大臣予以定夺。垄断与兼并委员会（MMC）通常要求双方分别提供详细的信息，然后进行调查取证。对于不同类别的案件，组成委员会的成员并不相同，仲裁的结论也不同，难以做到标准一致、尺度一致。在这种情况下，如果双方对仲裁的决定表示不能服从，则只能提交国务大臣予以决断，但这又需要漫长的过程。这种仲裁体制的低效率同样构成政府管制的运行成本②。

4. 体制转变构成运行成本

英国对于基础设施产业的政府管制体制多次进行变革，从自由竞争到国有化管制，再从国有化管制到放松管制，这些管制体制的转变相应地引起运行成本的变化。

---

① 垄断与兼并委员会（MMC）的前身为依据 1948 年《垄断与受限实践法》（Monopolies and Restrictive Practices Act）成立的垄断与受限实践委员会（Monopolies and Restrictive Practices Commission）。1956 年，依据 1955 年《受限贸易实践法》（Restrictive Trade Practices Act）被再造为垄断委员会（Monopolies Commission）。1965 年，依据《垄断与兼并法》（Monopolies and Mergers Act）对委员会的职能进行再造。1973 年，依据《公平贸易法》（Fair Trading Act）被再造为垄断与兼并委员会（MMC）。1999 年，依据《竞争法》（Competition Act）被再造为竞争委员会（Competition Commission，简称 CC）。

② Matthew Bishop, John Kay, Colin Mayer, 1995. *The regulatory challenge*, Oxford University Press, pp. 13 - 14.

（三）美国、英国管制成本—收益分析实践的启示

由于成本—收益分析发生于管制行为之前，因此，这种分析的积极意义在于只有评估表明管制的总收益能够大于总成本，即只有管制带来的社会经济收益大于管制规则制度安排所产生的社会经济成本，管制机构才能实行管制。在没有新的制度安排能够替代政府管制对弥补市场缺陷的作用之前，管制应是弥补市场缺陷、提高资源配置效率较好的制度安排。

1. 能够保证管制有效的条件比较严格

建立于成本—收益分析基础上的管制，其有效性需要具备严格的前提条件。其一，管制机构有足够的动机获取、传播、存储和使用信息，并在此基础上制定合理的管制规则。其二，管制机构有足够的动机熟练掌握、清晰解释和严格执行管制规则。其三，管制规则的制定者保持中立，避免被利益集团所"俘虏"。如果这些条件不能满足，即使成本—收益分析作出的评估表明管制能够有效，由于前提条件的不具备将导致管制失灵。

2. 美国与英国管制体制的比较

美国的政府管制强调法律程序，通常采取举行公开听证会、司法部门裁决的形式进行；管制机构实行多人负责制，由统一的管制机构对不同的产业分别实行管制。由于没有在各个产业分设管制机构，较之分设管制机构的英国可以相对降低管制成本；多人负责制的模式有利于克服英国管制体制之下个人权力高度集中的弊端；公开听证会、司法部门裁决的形式较之英国的仲裁体制有利于提高管制的效果与效率。美国这种体制的缺点在于执行管制规则、履行管制程序的时间较长，管制成本相应地增加。

3. 管制对 GDP 的影响不容忽视

据经合组织（OECD）测算，1986 年，澳大利亚的管制成本占其 GDP 的 9% ~ 19%，加拿大的管制成本占其 GDP 的 12%。经合组织还利用宏观经济模型，对管制改革能够带来的 GDP 增长进行测算。结果表明，这种由管制改革带来的 GDP 增长在英国可以达到 35%，法国、德国、日本等国家可以达到 6%[1]。

---

① 《管制的成本与收益》：载《世界银行研究观察》，第 14 卷第 1 号，1999；转引自顾海兵、廖俊霞：《国外学者对政府管制的研究综述》，载《开发研究》，2000 年第 5 期，第 30 ~ 31 页。

三、政府管制失灵的一般原因

从结果来看，如果政府管制未能实现预设的目标，可以认为管制失灵。管制的目标通常具有多重性，而被管制企业的目标则相对单一，两者目标的不一致性影响管制的效果与效率。管制失灵既可以由管制的内在缺陷所致，也可以由管制者自身所致。导致管制失灵的一般原因，涉及多个方面。

（一）政府管制的基本假设难以成立

这些基本假设包括管制者以社会福利最大化为目标；管制者的行为公正仁慈，没有个人的私利掺杂其间；管制者拥有充足的专业知识和完全的信息；管制者拥有高尚的职业道德，公信度较高等。然而，这些假设并不实际成立，理想与现实存在较大的差距。有些管制者可能由于政治理想、价值取向而追求社会福利最大化，但更多的管制者往往追求政治利益最大化与自身利益最大化；管制者同样具有经济人的特征，拥有自己的私利，管制者是否仁慈公正取决于管制规则与其政治利益、自身利益的关系；经典经济管制理论假设政府管制代表公共利益，但由于政府由具体的管制机构与具体的政府官员组成，这些机构与官员各自拥有不同的动机，在制定、执行管制规则的过程中其实际的目标并不必然与公共利益的目标保持一致；管制者拥有的信息既不完全，也不对称；管制者作为官僚体系科层组织的政府官员，能否拥有较高的公信度值得怀疑。

（二）管制机构被"俘虏"

米尔顿·弗里德曼、罗斯·弗里德曼（Milton Friedman，Rose D. Friedman）认为，每一项干预法令都确立其权力地位，该权力将如何运用以及为了什么目的而运用，与其说取决于最初创议者的目的与目标，倒不如说取决于那些得以控制这些权力的人们，取决于其目的究竟是什么[1]。在政府的活动领域，如同在市场中一样，同样存在一只看不见的手，但其作用恰好与亚当·斯密（Adam Smith）的那只手相反。管制者如果设想通过增加政府干预为公共利益服务，则将受到一只看不见的手的指引，去增进同其盘算不相干的私人利益[2]。为了维护产业利益，

---

① ［美］米尔顿·弗里德曼、罗斯·弗里德曼：《自由选择—个人声明》，中文版，商务印书馆1999年版，第201页。

② ［美］米尔顿·弗里德曼、罗斯·弗里德曼：《自由选择—个人声明》，中文版，商务印书馆1999年版，第12页。

企业拥有足够的动机寻租。在被管制企业的利益诱导下，管制机构被"俘虏"，从而使得其管制行为实际为利益集团及其自身的利益服务。"俘虏"的形式可以分为政治寻租"俘虏"与经济寻租"俘虏"。政治寻租"俘虏"是指利益集团以提供政治支持、经济支持、社会支持和文化支持作为筹码，通过交易获取有利于己的管制立法、执法和司法，经由政治的寻租实现管制立法、执法和司法的倾斜。经济寻租"俘虏"是指利益集团对履行立法、执法和司法职能的管制机构直接进行最终表现为货币形式的寻租，从而获取有利于己的管制立法、执法和司法。在这些寻租的作用下，如果缺乏强力有效的约束与监督机制，管制机构易于滥用管制权力的强制性与权威性，倾向于维护利益集团的利益，使得管制实际造成不公平的财富再分配，最终损害公共利益和社会福利。

(三) 官僚体系的组织缺陷

官僚体系由科层组织构成，科层组织往往更加关注各自部门的利益，其目标并不一致。不同的科层组织往往更加关注对己有利的信息，使得信息在科层组织之间流转时易于失真；官僚体系的运行效果与效率难以精确地予以量化衡量；由于缺乏激励机制，以及约束与监督机制的弹性过大，官僚体系天然地具有惰性，作为官僚体系组成部分的管制机构存在内生的组织缺陷。管制机构在制定、执行管制规则时，较之企业的独立决策明显地缺乏效率，造成管制的认识时滞、决策时滞和执行时滞。帕金森定律（Parkinson's Law）表明，管制机构的目标往往与被管制企业的目标不尽一致。管制者作为政府官员，更加关注政治资源和晋升机会，而非成本最小化、利润最大化，更不是公共利益和社会福利最大化[①]。此外，管制者的行为难以有效地予以监督，在自我强化机制的作用下，管制的行为往往引发内在的扩张性。如果一项管制被认为或者证明并不适宜，官僚机构典型的解决办法是增加更多的管制，以便对这些不当的管制进行管制，从而造成"从供给一方推动管制的膨胀"[②]，导致管制过度。这些官僚体系内在的组织缺陷往往造成管制失灵。

---

① "帕金森定律"是官僚主义或者官僚主义现象的代名词，源于1957年英国学者帕金森（C. N. Parkinson）的论著《帕金森定律》。帕金森定律指出，官僚主义者喜欢无事而忙，通过扩大下属机构抬高自己的身份，因而行政机构总是呈金字塔形，并按一定的速度增长。各种委员会的人数总是不断增多，其中少数发挥作用的委员构成核心，而使委员会名存实亡。在各种会议上，官僚主义者总是无原则地拥护一方而反对另一方，或者像表决机器一样为他人所操纵。

② ［美］乔治·J·施蒂格勒著，潘振民译：《产业组织和政府管制》，中文版，上海三联书店1989年版。

第二辑

政府管制与公共经济研究丛书（第二辑）

（四）信息不对称的制约

美国学者巴伦、麦尔逊（David P. Baron, Roger B. Myerson）认为，在被管制企业知道单位产品的平均成本而管制机构并不知情的不对称信息结构下，资源将出现低效率的配置，并且被管制企业可以通过隐瞒真实的信息而获得超过收支平衡状态时的收入，从而缺乏提高内部效率的激励[①]。管制机构与被管制企业往往处于不对称的信息结构之中，管制机构通常难以获得被管制企业涉及财务、会计、需求、技术等核心数据的详细资料。信息不对称还表现为管制契约的不完全性。由于需要大量的信息作为支撑，管制规则的制定往往难以做到完备，管制机构只能退而求其次，依据既有的信息与被管制企业签订弹性较大的管制契约。如果企业通过降低成本、提高效率而获取较多的收益，在下一周期的管制契约签订时，管制机构往往以维护公共利益、提高社会福利为借口降低管制电价，甚至直接侵占企业的效率收益，出现鞭打快牛的"棘轮效应"[②]，减弱被管制企业降低成本、提高效率的激励与动机。

英国学者哈耶克（Hayek Friedrich August）认为，由于市场的分散性，每个主体只能了解自己所能了解的信息；信息同样具有分散性，只有市场才能对分散的信息进行汇集、反映[③]。政府管制并不具备自动获取、传播、存储和使用信息的机制。如果政府管制对市场机制予以完全的替代，经由市场传递信息的渠道不复存在，管制者无法获取更多的信息。从管制者来看，由于信息的获取并不能为管制者带来收益，管制者并不具备主动地获取信息的激励与动机，即使这种激励与动机确实存在，管制者的有限能力也制约信息获取的数量和质量。同样，这种有限能力使得管制机构对企业错综复杂的财务报表、会计数据等信息的审核变得困难，即使雇佣独立的专业化机构予以协助，这些机构在利益导向下同样存在被企业"俘虏"的可能性，导致管制者最终无法获取真实的信息。较之管制者，被管制企业与利益的结合更加紧密，具有较强的激励与动机通过欺骗、收买、利用等手段"俘虏"管制者。由于这些因素综合地发挥作用，管制者通常不能获取完

---

① David P. Baron, Roger B. Myerson, 1982. *Regulating a Monopolist with Unknown Costs*, Econometrica, No. 4, Vol. 50, pp. 911－930.

② 由于管制决策通常具有事先发生的特点，而事先描述事后可能产生的信息显然非常困难，因而管制机构只能作出有限的承诺。当被管制者通过提高效率的措施降低边际成本时，在其后的管制合同中，管制机构会设法降低价格，甚至侵占企业的效率收益，称为"棘轮效应"。参见 Jean－Jacques Laffont, Jean Tirole, 1993. *A Theory of Incentives in Procurement and Regulation*, MIT Press.

③ Hayek Friedrich August, 1978. *New Studies in Philosophy, Politics, Economics, and the History of Ideas*, London：Melbourne and Henley, Routledge & Kegan Paul.

全的、对称的信息。

（五）管制机构的有限理性

由于管制偏好、路径依赖、信息稀缺、知识有限、技术制约和环境改变诸多的因素综合地发挥作用，管制行为呈现出有限理性。特别是电力产业结构复杂、环节众多，而且各个环节的技术经济特征并不相同，管制机构并不具备掌握这些专业技术知识的能力。这种有限理性使得管制的效果与效率受到影响，甚至导致管制失灵。有限理性还表现为管制目标的不一致性。管制的目标具有多重性，不同的目标分别涉及不同的利益集团，预设的管制目标受到多个利益集团的制约。管制机构与这些利益集团交织于政治的、经济的、社会的、文化的各种利益关系之中，使得管制的效果与效率受到冲击。任何政府管制都需要经由具体的管制者予以实行，而这些具体的管制者对能够影响其自身利益的因素的关注度通常远远大于对公共利益和社会福利的关注度。这种关注度的错位使得管制失灵具有可能性。

85

第三章

中国电力产业管制体制的沿革

我国的管制体制可以分为三个时期,分别对应计划经济体制时期、经济体制转轨时期和社会主义市场经济体制时期。适应不同经济体制的要求,电力产业的进入管制、退出管制、价格管制、管制规则和管制机构分别呈现不同的特点。

第一节
电力产业管制体制的变革

中华人民共和国成立以来,电力产业管制体制先后经历军事管制、燃料工业部、电力工业部、水利电力部、国家电力公司和电力监管委员会等数次变革。其中,由于各地实际情况的差异,军事管制委员会曾与燃料工业部较长时间地共存,共同对电力产业管制发挥作用。1949 年,中国人民政治协商会议第一届全体会议通过《中国人民政治协商会议共同纲领》。在 1954 年宪法产生之前,该《共同纲领》发挥临时宪法的作用。其中规定,凡人民解放军初解放的地方,应一律实施军事管制,由中央人民政府或者前线军政机关委任人员组织军事管制委员会和地方人民政府。军事管制时间的长短,由中央人民政府依据各地的军事政治情况决定。这些规定为新中国成立初期军事管制委员会对电力等重要基础设施实行管制提供法律基础。

一、计划经济体制时期（1949～1978 年）的管制体制*

在 1949～1952 年国民经济初步恢复之后，我国提出以社会主义工业化和农业、手工业、资本主义工商业的社会主义改造为主要内容的过渡时期总路线，并据此编制 1953～1957 年第一个国民经济"五年计划"，计划经济体制得以确立。1949～1978 年，在我国确立并实行计划经济体制期间，电力产业政府管制先后经历燃料工业部、电力工业部、水利电力部三个时期。其中，在燃料工业部和电力工业部时期，对全国的电力产业实行集中管制；在水利电力部时期，管制权力经历两次下放、两次上收。

（一）燃料工业部时期（1949～1955 年）的管制体制

1949 年，中国人民政治协商会议第一届全体会议通过《中央人民政府组织法》，组建燃料工业部，统一管理全国范围内的煤炭、石油、电力等燃料工业①。对与各地人民政府、军事管制委员会的职能分工，燃料工业部对华北电业公司及其所属北京、天津、唐山、察中分公司以及石家庄电灯公司、太原电力公司实行直接管理，东北地区的电力产业由东北人民政府工业部电业管理总局管理，中南六省的电力产业由中南燃料工业管理局统一管理，华东、西南、西北地区的电力产业分别由各省、市所在地的军事管制委员会或者地方政府管理。在 1949～1952 年国民经济恢复时期，中央人民政府逐步把各地军事管制委员会管理的电力产业集中到燃料工业部实行统一管理。1950 年，燃料工业部设立电业管理总局，电业管理总局对全国火电厂和输变电工程建设，以及发电、输电、配电和供电各个环节的生产运营实行管理。同年召开的全国水力发电工程会议决定在燃料工业部设立水力发电工程局，水力发电工程局对全国的水电建设实行统一管理。东北、华北、华东、中南、西南和西北六个大区电业管理局先后组建，由电业管理总局实行统一领导。垂直垄断、政企合一的电力产业管制体系初步形成。

（二）电力工业部时期（1955～1958 年）的管制体制

1955 年，第一届全国人民代表大会第二次会议决定撤销燃料工业部，设立

---

* 管制与计划经济体制的计划指令在本质上截然不同，两者不能混为一谈。然而，为了保持我国电力产业政府管制历史沿革、发展历程的完整性、一贯性，本书对我国在计划经济体制时期的计划指令仍然名义上称为"管制"，希望不致引起理解的偏差。

① 苏尚尧主编：《中华人民共和国中央政府机构（1949～1990 年）》，经济科学出版社 1993 年版。

煤炭工业部、电力工业部、石油工业部。电力工业部履行原燃料工业部对全国电力产业的管理职能。电力工业部先后成立电力设计局、基建工程管理局，并将水力发电工程局改称水力发电建设总局，分别对火电和输变电工程设计、火电和输变电工程施工、水电勘测设计和施工实行统一管理。撤销电业管理总局和六个大区电业管理局，电力工业部对省（市、自治区）电力产业实行直接管理。1956年，设立列车电业局。同年，国务院批准北京、天津、唐山三个电业局合并组建北京电业局，对京津唐电网的生产与基建工作实行统一管理。电力产业呈现以中央管制为主的特色。

（三）水利电力部前期（1958～1966年）的管制体制

1958年，第一届全国人民代表大会第五次会议决定调整国务院所属组织机构，将电力工业部和水利部合并为水利电力部。同年，中央南宁会议提出电力产业建设"水主火辅"的长期方针，加快水电建设。水利电力部把电力企业全部下放给省（市、自治区），省（市、自治区）对电力产业实行垂直垄断的管理体制。对跨省（市、自治区）的京津唐电网以及辽宁、吉林电网，由水利电力部实行统一管理。遵照国务院精简和下放企业的决定，撤销东北电业管理局，成立辽吉电业局、黑龙江省电业局；撤销北京电业管理局，成立北京电业局、山西省电业局、呼包电业局、河北省电业局。其后，辽吉电业局、北京电业局分别改称电业管理局，其他省（市、自治区）电业局分别改称电力工业局。1960年，陕西、甘肃、宁夏三省（区）组建西北电业管理局。1961年，水利电力部把电力产业管理权限上收，重新实行以中央管制为主的体制。1961～1965年，先后成立东北、华东、中原、西北四个跨省电业管理局，由水利电力部管理。北京电业管理局更名为北京电力公司，进行托拉斯管理模式试点。京津唐、东北、华东、中原和西北五大跨省电网管理体系形成。

（四）水利电力部后期（1966～1979年）的管制体制

1967年，国务院派出军代表对水利电力部实行军事管制，成立水利电力部军事管制委员会。对电力产业管制权限实行下放，各地电力企业也分别实行军事管制。中原电业管理局、东北电网、徐州电网、华东电网分别由河南省革命委员会、沈阳军区、江苏省革命委员会、上海市革命委员会管理。北京电力公司停止托拉斯试点，恢复北京电业管理局。1970年，水利电力部结束军事管制，水利电力部革命委员会撤销西北电业管理局，下放西北电力产业；广东省、四川省电业管理局分别下放，由两省革命委员会管理。1975年，撤销水利电力部革命委员会，恢复水利电力部建制；国务院下发《关于加快发展电力工业的通知》，要求加快电力建设，严格执行计划用电、节约用电，加强电网的统一管理，跨省电网必须实行水利电力部为主的管制体制。同年，国务院批准《跨省电网管理办法》，对跨省电网实行以水利电力部为主的领导体制，网局对全网实行统一调度、统一安排检修，计划、财务、劳动、物资管理由网局综合归口、统一调配，电业单位的干部由电业部门分级管理，严格执行计划用电、节约用电，提高供电质量，确保供电安全。水利电力部上收东北、北京、华东电业管理局和四川省电力工业局。电力产业重新实行以中央管制为主、大区电业管理局分片管制的体制。

89

二、经济体制转轨时期（1979～1997年）的管制体制

1979～1997年，在我国实行经济体制转轨期间，电力产业管制体制经历四次变更，包括再次、第三次设立电力工业部，再次设立水利电力部，设立能源部。

（一）再次设立的电力工业部时期（1979～1982年）的管制体制

1979年，第五届全国人民代表大会常务委员会第六次会议决定撤销水利电力部，设立电力工业部、水利部，这是新中国成立以来第二次设立电力工业部。同年，国务院批转电力工业部《关于贯彻执行"调整、改革、整顿、提高"方针的实施方案》，指出电力产业作为建立于现代化技术基础上的大生产，必须实行高度的集中统一管理。跨省（区）及省范围内的电网，由电力工业部实行统一管理，电力供应由国家实行统一分配。其后，电力工业部设立华北电业管理局，对北京电力实行直接管理，辖天津、河北省电力局和山西电力工业局。1980年，设立西北电业管理局，对陕西电力实行直接管理，辖甘肃、宁夏、青海电力工业局。同年，设立华中电业管理局，辖河南、江西、湖南、湖北电力工业局。1981年，设立西南电业管理局，对四川电力实行直接管理，辖云南、贵州电力工业局。同年，山东省电力工业局划归电力工业部领导。加上之前保留的华东电业管理局、东北电业管理局，到1981年底，六个大区电业管理局全部成立，福建、广东、广西、内蒙古、新疆、西藏六省（区）的电力产业仍归地方管理。

（二）再次设立的水利电力部时期（1982～1988年）的管制体制

1982年，第五届全国人民代表大会常务委员会第二十二次会议决定水利部、

电力工业部合并为水利电力部，水利电力部对电力产业实行集中统一管理。1983
年，福建、新疆电力划归水利电力部管理，分别成立福建省、新疆维吾尔自治区
电力工业局。1984 年，广西电力划归水利电力部管理。同年，水利电力部设立
华南电网办公室，计划连接云南、贵州、广西、广东电网，实行"西电东送"，
为其后南方电网的发展和"西电东送"奠定基础。1985 年，水利电力部设立电
力可靠性中心。同年，为加强对部属水电站大坝的管理，设立水电站大坝安全监
察中心。截至 1985 年，只有广东、内蒙古、西藏三个省（区）的电力产业仍实
行地方为主的管制体制；加上后来的海南省，实行地方为主管制体制的共有四个
省（区）。至此，实行中央和地方双重管理、以部为主、按大区电业管理局分片
管制的管制体制形成。1987 年，国务院提出政企分开，省为实体，联合电网，
统一调度，集资办电的电力改革与发展方针。1987～1988 年期间，撤销西南电业
管理局，分别成立四川、云南、贵州省电力工业局，由水利电力部实行直接管
理。1988 年，进行华东电网体制改革试点，分别成立华东电力联合公司和上海
市、江苏省、浙江省、安徽省电力公司，同时保留华东电业管理局和省（市）电
力工业局名称，实行双轨制运行。

（三）能源部时期（1988～1993 年）的管制体制

1988 年，第七届全国人民代表大会第一次会议通过国务院机构改革方案，
决定撤销煤炭工业部、石油工业部和核工业部，组建能源部，原水利电力部的电
力管理职能划归能源部。能源部对全国的能源产业实行统一管理，拟订能源产业
的方针政策和战略布局，进行综合平衡和宏观决策；促进能源的合理利用与开
发；拟订法规、条例和经济调节政策，监督、协调生产建设，提高经济效益；拟
订技术政策；协同国家计划委员会推动社会节能和能源综合利用。同年，成立中
国电力企业联合会。1988～1990 年，大区电业管理局改组为联合电力公司，省电
力工业局改组为省电力公司。联合电力公司由能源部实行管理，在国家计划中实
行单列；省电力公司由能源部和省人民政府实行双重管理，并接受委托行使所在
地区电力行业管理的职能。自 1991 年底至 1993 年初，组建大型的电力企业集
团。其中，1990 年，撤销华南电网办公室，云南、贵州、广西、广东四省（区）
成立中国南方电力联营公司，管理跨省（区）电网。1993 年，成立华北、东北、
华东、华中、西北五大电力集团。至此，电力产业的行政管理、企业管理和行业
自律管理的职能实现初步分开。

（四）第三次设立的电力工业部时期（1993～1997年）的管制体制

1993年，第八届全国人民代表大会第一次会议通过国务院机构改革方案，决定撤销能源部，分别设立电力工业部、煤炭工业部，同时撤销中国统配煤矿总公司，这是新中国成立以来第三次设立电力工业部。国务院要求电力工业部下放、转移对电力企业的人、财、物及经营管理职能，加强宏观管理职能。1993年，成立三峡工程建设委员会、长江三峡工程开发总公司。1994年，在1982年成立的葛洲坝工程局基础上，成立葛洲坝集团公司。同年，国务院批准山东华能发电、华能国际电力、山东国际电源、北京大唐四家电力企业作为首批上市的预选企业。其后，四家公司陆续在纽约、中国香港地区上市。1995年，第八届全国人民代表大会常务委员会第十七次会议通过《中华人民共和国电力法》，以法律的形式规定我国电力产业的管制体制，由国务院电力管理部门负责全国电力事业的监督管理；国务院有关部门在各自的职责范围内负责电力事业的监督管理。县级以上地方人民政府经济综合主管部门，作为行政区域内的电力管理部门，负责电力事业的监督管理；县级以上地方人民政府有关部门在各自的职责范围内负责电力事业的监督管理。由此可见，电力产业实行联合管制，没有设立单独的管制机构。

三、社会主义市场经济体制时期（1997年至今）的管制体制

1997年以来，在我国实行社会主义市场经济体制期间，电力产业管制体制经历三次变更，包括成立国家电力公司、设立国家电力监管委员会、设立国家能源委员会。其中，国家能源委员会设立之后，与国家电力监管委员会并行存在。

（一）国家电力公司时期（1997～2002年）的管制体制

根据1996年国务院颁布的《国家电力公司组建方案》、《国家电力公司章程》，1997年，成立国家电力公司。公司由国务院出资设立，采取国有独资的形式，作为国务院界定的国有资产的出资者和国务院授权的投资主体及资产经营主体，作为经营跨区送电的经济实体和统一管理国家电网的企业法人，按照企业集团模式进行经营管理，公司资本金为国家资本。对电力工业部与国家电力公司的职能分工，原由电力工业部承担的国有资产经营职能和企业经营管理职能移交于国家电力公司，电力工业部继续履行行政管理职能。1998年，第九届全国人民

第二辑

政府管制与公共经济研究丛书（第二辑）

92

代表大会第一次会议通过国务院机构改革方案，决定撤销电力工业部，其管理职能被并入国家经济贸易委员会。至此，电力产业的行政管理职能与企业经营管理职能实现分离。同年，国务院办公厅转发国家经济贸易委员会《关于深化电力工业体制改革有关问题的意见》，涉及管制体制的变革。其一，推进厂网分开，引入竞争机制，建立规范有序的电力市场。选择上海、浙江、山东和辽宁、吉林、黑龙江六省（市）进行厂网分开、竞价上网的试点。其二，坚持政企分开、省为实体的方针，深化省级电力公司改革。各省（市、自治区）的电力局（公司）在地方政府机构改革时，将承担的行政管理职能移交于地方政府综合经济管理部门，同时接受地方政府的指导与监督。地方政府均不设立电力专业管理部门。实行政企分开之后，深化省级电力公司为实体的改革，每个省（市、自治区）只设立一个省级电力公司，对全省电网实施统一规划、统一管理。首先在东北电力集团公司进行试点，成立辽宁省电力公司，将黑龙江、吉林两省电力公司改组为具有独立法人资格的公司，东北电力集团公司改组为国家电力公司分公司。其三，加快实施全国电网联网，实现资源优化配置。其四，加快农村电力体制改革，减轻农民负担，促进农村经济的发展。其五，规范国家电力公司向子公司收取资产收益的办法。2000 年，中央机构编制委员会办公室、国家经济贸易委员会联合提出《关于调整电力行政管理职能有关问题的意见》，要求继续推进政企分开的改革，逐步完成大区电业管理局和省级电力工业局的撤销。分散于各专业化管理部门、行政性公司的政府管电职能统一划归当地经济贸易委员会，对管制结构实现管制规则的制定、调控、所有权行使、经营四项职能的分离，从政企合一体制向政企分离体制转变，解决政企不分的问题，但行业性垄断的问题依然存在。同年，国务院办公厅下发《关于电力体制改革有关问题的通知》，对政企分开、竞价上网及省为实体试点范围作出规定。2001 年，广东省在全国率先实行厂网分开改革，原广东省电力集团公司被拆分为广电集团公司和粤电集团公司，分别对电网和电厂实行经营管理。

（二）国家电力监管委员会时期（2002 年至今）的管制体制

2002 年，国务院批准国家计划委员会《电力体制改革方案》，决定把国家电力公司拆分为十一个公司，同时设立国家电力监管委员会。其后，国家电力公司管理的发电资产被直接改组、重组为中国华能集团公司、中国大唐集团公司、中国华电集团公司、中国国电集团公司、中国电力投资集团公司五个全国性独立发电公司。五个公司逐步实行竞价上网，开展公平竞争。成立国家电网公司、中国南方电网有限责任公司；成立中国电力工程顾问集团公司、中国水电工程顾问集团公司、中国水利水电建设集团公司、中国葛洲坝集团公司四个辅业集团公司。同年，国家经济贸易委员会批复国家电力公司，撤销华中电业管理局。至此，最后一个跨省电业管理局被撤销，标志着多年承担电力行政管理职能的大区电业管理局实现政企分开。2003 年，成立华北电网有限公司，国家电网公司所属的华北、东北、华东、华中、西北五个区域电网公司至此组建完毕。

（三）国家能源委员会时期（2008 年至今）的管制体制

2008 年，第十一届全国人民代表大会第一次会议通过国务院机构改革方案，决定设立国家能源委员会，组建国家能源局。国家能源委员会作为我国最高规格的能源机构，负责研究拟订国家能源发展战略，审议能源安全和能源发展中的重大问题，统筹协调国内能源开发和能源国际合作的重大事项。国家能源局的职责包括拟订能源发展战略、规划和政策，提出体制改革建议；对石油、天然气、煤炭、电力等能源实施管理；提出发展新能源和能源行业节能的政策措施；开展能源国际合作等。在此之前，能源管理各项职能分散于国家发展和改革委员会、商务部、国土资源部、电力监管委员会、安全生产监督管理总局等数个部门。国家能源委员会的设立和国家能源局的组建，有望对多头管理、分散管理、协调性较差的能源管理格局作出调整。

第二节

电力产业进入管制的变革

在中华人民共和国成立后相当长的时期内，我国对电力产业实行高度的国家垄断，对所有的发电、输电、配电和供电实行垂直一体化模式，对电力项目的可行性研究、立项、建设、运行和电力销售、使用实行全程、全面的计划管理。对市场实行严格的进入管制，国有企业全面控制电力产业，其他主体不被允许进入。企业按照国家计划组织生产，市场竞争无从谈起。这种管制体制一直维持到 20 世纪 80 年代中期。其后，开始逐步探索实行进入管制体制改革。

一、实行"集资办电"体制改革，初步放松进入管制

在"集资办电"体制改革之前，为调动各个方面办电的积极性，补充电力建

设资金的不足，1984 年，水利电力部发布《关于筹集电力建设资金的暂行规定》，欢迎中央各部门、地方政府、国营和集体企业对电站工程建设进行投资，并对工程建成后的经营方式，分电、分利润、分担亏损的办法，以及资金来源、投资安排、资金拨付办法作出规定。"集资办电"体制改革之后，1987 年，国务院批转国家计划委员会《关于征收电力建设资金暂行规定》，从 1988 年起在全国范围内征收电力建设基金。

（一）"集资办电"体制改革的背景

20 世纪 80 年代，我国实行改革开放的基本国策，国民经济持续高速发展。电力作为基础产业本应适应性地先行发展，但由于当时电力产业仍处于计划型管理体制，国家不能保证电力建设的巨额资金，电力短缺的瓶颈制约问题日益突出，制约国民经济的发展和公众生活水平的提高。为了迅速解决电力短缺的矛盾，1985 年，国务院批转国家经济委员会等部门《关于鼓励集资办电和实行多种电价的暂行规定》，决定把国家统一建设电力和统一电价的办法，改为鼓励地方、部门和企业投资建设电厂，并对部分电力实行多种电价的办法，以适应国民经济发展的需要。同年，批准江苏、浙江、安徽、上海四省（市）实行征收电力建设资金试点，电力建设资金用于地方电力建设。这些政策措施揭开电力体制改革的序幕，推动多家办电与多渠道集资办电格局的形成。

（二）"集资办电"体制改革的主要内容

其一，集资办电。包括两种模式，一种是集资扩建、新建电厂；另一种是买用电权，并把这部分资金转为电力建设资金。其中，对于集资扩建、新建电厂的模式，其产权关系可以采取两种形式，一种是由集资单位按照投资比例拥有产权，长期不变，分取利润；另一种是产权归于电网，由电网企业通过发电利润分期向集资单位还本付息。对于买用电权的模式，电网企业可以从国家新建电厂当年增加的发电容量中，提留 10% 作为集资办电的售电资源，向集资单位出售用电指标。其二，对部分电力实行多种电价。其三，几项政策。包括集资电厂实行"谁投资、谁用电、谁得利"的政策，允许投资单位自建、自管、自用；独立经营的集资电厂，符合条件的其售电价格允许作出相应的浮动等。在集资办电的激励下，1985 年，华能国际电力开发公司、华能发电公司先后成立。1987 年，国务院批准水利电力部与中信集团合资成立新力电力投资公司。1988 年，国务院批准成立国家能源投资公司。同年，成立中国华能集团公司、中国水利水电工程总公司。1995 年，为了方便对外融资，成立中国电力投资有限公司，并在香港地区成立中国电力国际有限公司。

（三）"集资办电"体制改革的效果

集资办电初步放松进入管制，允许外资、地方等经济主体参与电力建设，调动各方特别是地方政府的积极性，数量众多的独立电厂得以建设，经过 10 年的实践操作，电力产业对国民经济发展的瓶颈制约问题得以初步的缓解，电力供给紧张的局面得以缓和。总的来看，尽管"集资办电"体制改革仍以电网、省电力局为主体，地方出资所占比重并不高，但呈现良好的发展势头，不但电力供给短缺的问题得以缓解，而且对电力产业和电力市场带来较大的体制性影响。发电市场国有国有企业一花独放的格局得以改观，出现众多不归属于电力工业部的独立电厂。按照发电装机容量计算，这些电厂占据的市场份额超过 50%，从而为更进一步的电力体制改革奠定坚实的基础。到 1995 年，电力短缺的瓶颈制约终于得以突破，缺电的矛盾得到缓解，电力市场甚至一度呈现买方市场的特征。

二、实行"厂网分开"体制改革，实行结构调整

在"厂网分开"体制改革之前，无论发电企业还是电网企业，适应经济社会发展的要求，各自进行大量的实践探索，为体制改革奠定坚实的基础。1993 年，设立国务院三峡工程建设委员会。同年，东北、华北、华中、西北、华东五大跨省电网分别组建电力企业集团。1996 年，成立国家电网建设有限公司。1997 年，经国家批准，山东电力集团公司挂牌运营，成为实行集团化改组的首家省级电力公司。1998 年，成立中国电力工程顾问有限公司。

（一）"厂网分开"体制改革的背景

1997 ~ 1998 年，短缺多年的电力供给形势发生逆转，总体实现供需平衡，甚至一度出现供大于求的局面。在供给相对充裕的情况下，国家电力公司垂直一体化的垄断体制弊端逐渐显露。当时电力市场的问题集中于两个方面：一方面，多家办电与国家电力公司独家管网又管电的矛盾；另一方面，开放竞争的发电市场与封闭的电力市场之间的矛盾。国家电力公司作为电网运营者，同时拥有自己的发电厂。电网在电力生产中具有指挥权，当需求不足时，哪些发电厂可以发电以及发电的数量实际由国家电力公司决定，拥有发电厂的国家电力公司难以摆脱保

护自身利益的嫌疑。占有发电装机容量半壁江山的独立电厂要求提供公平竞争的外部环境。1998 年，国家电力公司发布公司制改组实施方案，初步确定"政企分开、省为实体"和"厂网分开、竞价上网"的改革思路，通过加快实体化进程，强化资本运营功能，并对中国电网建设有限公司、南方电力联营公司实行本部化，对中国电力投资有限公司与国务院批准划转的六个发电厂实行重组、改制，从而使得国家电力公司成为投资、建设、经营电网的实体性公司，以及按照国务院授权行使出资者职能的控股公司和拥有众多子公司并实行有效管理的集团公司。

（二）"厂网分开"体制改革的主要内容

"厂网分开"是指把国家电力公司管理的资产按照发电和电网两类业务进行划分，并分别实行资产重组。1999 年，组建于 1991 年、规划实施"西电东送"的中国南方电力联营公司实行厂网分开，其电网部分进行资产重组后，改制为国电南方公司，作为国家电力公司的分公司实行运营。2002 年，国务院对发电资产的重组划分方案予以批复。实行厂网分开后，国家电力公司拥有的发电资产，除中国华能集团公司直接改组为独立发电企业外，其余的发电资产被重组为四个规模大致相当的全国性独立发电企业，包括中国大唐集团公司、中国华电集团公司、中国国电集团公司、中国电力投资集团公司，分别由国务院授权经营。五个发电集团公司的资产规模及质量大致相当，地域分布基本均衡，在区域电力市场的份额均不超过 20%，平均可控容量为 3 200 万千瓦，权益容量为 2 000 万千瓦。在电网方面，成立国家电网公司、中国南方电网有限责任公司。其中，国家电网公司作为国家电力公司管理的电网资产的出资人代表，按照国有独资的形式设置，以建设、运营电网为核心业务，承担为经济社会发展提供安全、经济、清洁、可持续的电力供应的使命。国家电网公司负责组建华北（含山东）、东北（含内蒙古东部）、西北、华东（含福建）、华中（含重庆、四川）五个区域电网有限责任公司或者股份有限公司，代管西藏电力。中国南方电网有限责任公司由广东、海南和国家电力公司在云南、贵州、广西的电网资产组成，按照各方拥有的电网净资产比例，由控股方负责组建。

（三）"厂网分开"体制改革的效果

电力市场引入竞争机制首要的问题在于"厂网分开"，通过"厂网分开"把垄断性环节与竞争性环节予以分离，构造有利于市场竞争的组织结构，从而可以培育有效竞争的电力市场。通过引入竞争机制，激励企业降低成本、提高效率，为其他产业和国民经济的发展搭建较低成本的平台。"厂网分开"体制改革后，电力产业的发展进入新的阶段。2004 年，国家发展和改革委员会核准江苏如东一期 10 万千瓦风电特许权项目①，作为首个国家特许权示范风电项目，民营企业华睿集团取得建设运营权。2006 年，国家电力监管委员会向国家电网公司颁发全国第一张输电类电力业务许可证，向华能集团所属的华能国际电力股份有限公司大连电厂、上海石洞口第二电厂分别颁发全国第一张、第二张发电类电力业务许可证，表明电力市场准入许可工作全面启动②。2006 年，国家发展和改革委员会核准的国家电网公司所属国能生物发电有限公司单县生物质发电工程 1 × 2. 5 万千瓦机组，作为首个国家级生物质发电示范项目正式投产③。2007 年，由国务院和中国核工业集团公司、中国电力投资集团公司、中国广东核电集团有限公司、中国技术进出口总公司四个国有企业共同出资组建的国家核电技术有限公司成立。公司经国务院授权，代表国家对外签约，成为实现第三代核电技术引进、工程建设和自主化发展的主要载体和研发平台④。

　　与进入管制相对应，对退出管制，"厂网分开"体制改革同样取得成效。1995 年，电力工业部、国家计划委员会、国家经济贸易委员会、中国人民银行、机械工业部联合下发《关于严格控制小火电设备生产建设的通知》，要求无论新建、扩建还是技改项目，因特殊情况需要采用小火电机组设备的，必须按照投资限额和国家规定的程序提请审批，严禁生产建设冷凝式小火电机组。1997 年，电力工业部下发通知，要求供电营业机构持《供电营业许可证》办理企业登记注册，标志着供电许可制度的建立。1999 年，国务院办公厅批转国家经济贸易委员会《关于关停小火电机组有关问题的意见》。2004 年，国务院批转国家发展和改革委员会《关于坚决制止电站项目无序建设意见》。同年，根据国务院《关于投资体制改革的决定》，电力建设项目由审批制改为核准制。2005 年，由于布局不合理、用水量不足、缺水地区取用地下水、不符合产业政策等原因，国家发展和改革委员会、国土资源部、水利部、国家环保总局联合发布公告，对 32 个违

---

　　① 《江苏如东一期 10 万千瓦风电特许权项目介绍（一）》，国家发展和改革委员会网站，http：//www. sdpc. gov. cn/。

　　② 《国家电网公司、华能集团所属企业分别获得全国第 1 号输电类、第 1 第 2 号发电类电力业务许可证》，国家电力监管委员会网站电力业务许可电子政务平台，http：/xuke. serc. gov. cn/。

　　③ 《国内首个国家级生物质发电示范工程正式竣工投产》，中央人民政府网站，http：//www. gov. cn/，2006 年 12 月 7 日。

　　④ 《国家核电技术有限公司成立》，中国电力企业联合会网站，http：//www. cec. org. cn/，2007 年 5 月 23 日。

规电站项目予以停止建设，涉及装机总容量 1 711.4 万千瓦[①]。2007 年，全国电力工业"上大压小"节能减排会议确定，今后四年全国关停小火电机组 5 000 万千瓦以上。五大发电集团公司、两大电网公司及 30 个省（市、自治区）人民政府与国家发展和改革委员会签订目标责任书。当年，全国关停机组 553 台，涉及装机容量 1 438 万千瓦，超额 43% 完成任务[②]。

三、实行投资体制改革，实现投资主体多元化

作为我国较早利用外资的行业，电力产业通过吸引外资进入，对于加快发展、推动市场化改革发挥重要的作用。利用外资主要包括间接融资、直接融资和项目融资三种形式。

（一）间接融资

电力产业影响国家能源安全，具有国家安全的战略意义。为了保证对电力产业的有效控制，同时能够发挥外资对投资不足的补充作用，我国对利用外资采取以间接融资为主的方式，其中，以利用世界银行、亚洲开发银行和外国政府贷款为主。1984 年，作为我国首个利用外资建设的电力工程项目，云南鲁布革水电站利用世界银行贷款 1.454 亿美元[③]。1988 年，浙江北仑港电厂一期工程利用世界银行贷款 3.9 亿美元[④]。1991 年，四川二滩水电站工程利用世界银行贷款 9.3 亿美元[⑤]。1993 年，浙江天荒坪抽水蓄能电站利用世界银行贷款 3 亿美元[⑥]。1994 年，河南小浪底水利枢纽工程利用世界银行贷款 10 亿美元[⑦]。1998 年，华东/江苏 500 千伏输变电工程项目利用世界银行贷款 2.52 亿美元[⑧]。2001 年，湖南耒阳电厂二期扩建项目利用世界银行贷款 2 亿美元[⑨]，等等。对于电力产业的

第二辑

政府管制与公共经济研究丛书（第二辑）

---

①② 《2008 年专题回顾：中国电力工业改革开放大事记（1999～2008 年）》，中国电力企业联合会网站，http://www.cec.org.cn/。

③ 《鲁布革水电站》，国家电力监管委员会大坝安全监察中心网站，http://www.dam.com.cn/。

④ 浙江省电力局：《北仑港发电工程使用世行贷款采购（招标）设备的回顾》，载《中国投资》，1996 年第 6 期。

⑤ 孙中弼：《二滩水电项目利用世界银行贷款的分析与探讨》，载《水力发电》，1997 年第 8 期。

⑥ 《世界银行执行董事会审议通过天荒坪抽水蓄能电站工程获得 3 亿美元贷款》，武汉大学图书馆中国水力发电工程特色资源数据库，http://www.lib.whu.cn/slgc。

⑦ 司南：《浅析世界银行贷款对小浪底工程的影响》，载《水力发电》，2003 年第 9 期。

⑧ 华东电力集团：《华东/江苏 500kV 输变电工程利用世行贷款情况》，载《华东电力》，1999 年第 1 期。

⑨ 胡作华：《世行贷款耒阳电厂二期扩建工程锅炉岛合同签订》，新华网湖南频道，http://www.hn.xinhuanet.com/，2001 年 6 月 12 日。

间接融资，国家一直予以鼓励和扶持，在实际运作中取得较好的成效，但近年来，这些国际组织的贷款数量逐步减少。

（二）直接融资

1987 年，国务院会议决定发行 30 亿元电力建设债券，解决电力建设资金短缺的问题。为了从国际资本市场直接筹集资金，从 20 世纪 90 年代起，电力产业开始尝试境外发行股票。1993 年，国务院证券委员会批复电力工业部，同意山东华能发电股份有限公司、华能国际电力股份有限公司到美国发行股票。1994 年，两公司的股票分别在纽约证券交易所挂牌上市，融资 3.33 亿和 6.25 亿美元，成为内地最早在美国上市的企业。1995 年，电力工业部下发《关于加强电力企业股票发行工作的通知》，提出根据国家计划，今后一段时间将有步骤地推荐部分企业以 A、B 股的形式在境内上市，筹集资金用于电力建设。1997 年，北京大唐发电股份有限公司在香港联合交易所、伦敦证券交易所挂牌上市，融资 31.35 亿港元，成为内地最早在香港地区上市的电力企业、最早在英国上市的企业①。同年，国务院证券委员会批复电力工业部，同意华能国际电力股份有限公司境外发行 2.3 亿美元可转换债券。1998 年，华能国际电力股份有限公司的股票在香港联合交易所挂牌上市；其后，在全球市场进行 2.5 亿股 H 股快速配售，融资 1.42 亿美元。这些直接融资为电力产业的发展筹集必要的资金，上市公司取得较好的收益。

（三）项目融资

作为国际通行的基础设施建设投资方式，电力产业的 BOT 项目②完全依靠国外资本，外国企业通常在 15 ~ 20 年的期限内控制所有的收入，然后根据协议交回产权，其实质在于国外资本对电力产业的有限扩张。1985 年，由深圳经济特区电力开发公司与香港合和电力（中国）有限公司合作投资 40 亿港元、合同期 10 年的广东沙角 B 电厂项目开工；1987 年，实现机组并网发电；1999 年，电厂移交于当地政府，成为内地首个成功移交的 BOT 项目。1995 年，国家计划委员会批准首个 BOT 试点项目广西来宾 B 电厂。1997 年，电厂由法国电力公司

---

① 人民网资料：《1997 年 3 月 24 日：北京大唐发电公司成为首家在伦敦上市的中国公司》，人民网，http://www.people.com.cn/。

② BOT（build-operate-transfer）即建设—经营—转让，是指政府通过契约授予包括外国企业在内的私营企业以一定期限的特许专营权，许可其融资建设、经营公用基础设施，并准许其通过向用户收取费用或者出售产品以清偿贷款、收回投资、赚取利润。特许权期限到期后，基础设施予以无偿移交。

第二辑　政府管制与公共经济研究丛书（第二辑）

（EDF）与通用电气阿尔斯通公司（GEC Alsthom）分别占股 60%、40% 共同建设，总投资 6.16 亿美元。电厂于 2000 年投产，将于 2015 年移交于当地政府。

此外，为了保障电力市场的公平竞争，2008 年，国务院国有资产监督管理委员会、国家发展和改革委员会、财政部、电力监管委员会联合下发《关于规范电力系统职工投资发电企业的意见》，规定国有电力企业不得以企业的名义组织职工参与各类投资活动。一方面，规范电网企业的职工持有发电企业股权的行为。地市级电网企业的领导班子成员和省级以上电网企业的电力调度人员、财务人员、中层以上管理人员，不得直接或者间接持有本省（市、自治区）电网覆盖范围内发电企业的股权，已持有股权的，限期全部予以清退或者转让。另一方面，规范发电企业的职工投资发电企业的行为。发电企业的职工不得直接投资于共用同一基础设施或者同一生产经营管理系统的发电机组，不得在水坝溢流洞、泄洪洞投资安装发电机组。已持有股权的，逐步予以清退或者转让。

·········· 第三节 ··········

电力产业价格管制的变革

价格管制是指对电价的申报、审批、批准执行以及调整的程序实行管制的行为。我国对电价一直实行政府管制，其目的在于使得电价能够反映实际成本，改善企业的财务状况，为投资办电提供必要的激励。不同的国家实行价格管制的效果与效率由于产业基础、市场化程度、目标导向、供需状况、制度环境和技术特点的差异而有所区别，但总的来看，电力产业作为国民经济的基础产业，需要采用合适的模式对电价进行管制。当电力产业处于成长、扩张时期，供不应求的现象往往比较普遍，此时适于采用投资回报率管制模式，有助于筹集资金，扩大生产规模，满足市场需求。虽然这种管制模式对提高资源配置效率的作用相对轻微，但激励产业快速发展的效果比较明显。当发展到成熟阶段，市场需求得到比较充分的满足后，市场竞争趋于激烈，此时适于采用价格上限管制等激励性管制模式，引导市场机制发挥更大的作用，激励企业进行技术创新和管理创新，从而降低成本，提高生产效率、资源配置效率和利用效率。我国的工业化尚处于发展时期，电力能耗成本在总成本中的比重较高，电价水平与电价结构对经济增长的影响较大。电价需要实行投资回报率管制或者类似的模式，电价结构合理、水平适中，具有重要的意义。

一、全国统一电价制度时期（1952～1978 年）的价格管制[*]

　　新中国成立之初乃至其后一段时间，国家对电价实行管制，相当大的程度出于政治考虑而非经济原理。政府为了控制通货膨胀，使得多数的公众在工资增长速度较低的情况下仍能相对地提高生活水平，不得不实行较低的电价。这种较低的电价有利于其他上、下游产业降低成本，加快发展。从电价水平来看，电价不但低于平均成本，而且经常低于边际成本，政府实际担负巨额的亏损。这种电价管制体制不仅对企业缺乏提高生产效率的刺激，而且政府作为唯一的投资者和所有者，由于受财政支出的限制，无力进行大规模的投资，难以满足电力产业的发展需求，造成在较长的时间内电力供需失衡，存在较大的缺口。直到 1992 年，填补电力供给缺口的主要措施仍是拉闸限电。

二、调整电价制度时期（1979～1984 年）的价格管制

　　随着煤炭价格、运输价格的向上调整，电力企业的利润水平下降较大。对此，国家开始实行"燃运加价"，使得电价水平能够随着燃料与运输价格的上升而相应地得以提高。通过这些局部调整的政策，电力企业的效益水平得以改善。电力产业当时仍然实行垄断经营，国家负责全部投资，电价管制规则相对比较明确而稳定。电价改革始于 1980 年。电力工业部、国家物价总局联合下发《关于停止扩大工业优待电价范围的通知》，取消对关内电解铝，电石，电炉铁合金，电炉黄磷，电解烧碱，电炼镁、钛、硅、钠，电炉钙镁磷肥，合成氨十一种工业产品用电的优待电价。1982 年，国务院批转水利电力部、国家物价局《关于调整东北部分电价和取消华北、华东部分优待电价问题的报告》，对东北地区部分工业用户的用电价格实行调整，使其与华东地区的电价水平保持一致。同时，取消或者降低部分省（市）的部分工业的优待电价。1983 年，水利电力部、国家物价局联合发布《功率因数调整电费办法》，要求电费随着用户的用电功率因数而作出调整。1984 年，水利电力部批准福建省、西南地区、华中地区试行峰谷电价。同时，根据西南地区水电较多、丰枯季节发电相差较大的特点，试行丰枯季节电价。1980～1984 年，电价改革主要进行电价结构的调整，试图缓解其中的

第二辑

政府管制与公共经济研究丛书（第二辑）

---

　　[*]　王俊豪：《政府管制经济学导论》，商务印书馆 2001 年版。

不合理问题。1985 年之前，政府对电价实行严格的统一管制，电价管制以满足社会公益事业的需要为原则①。

三、多种电价制度时期（1985 年至今）的价格管制

1985 年，国务院批转国家经济委员会等部门《关于鼓励集资办电和实行多种电价的暂行规定》，对不同的投资主体执行不同的电价管制规则，打破几十年一贯制的全国统一电价。1987 年，水利电力部、国家经济委员会、国家物价局联合下发《关于多种电价实施办法》，制定两项电价管制规则。其一，对新建电力项目实行还本付息电价，使得新建电厂具备偿还贷款本息的能力，鼓励社会各方集资办电。其二，实行燃运加价，随着燃料和运输价格的提高相应地提高电价，保证电力企业的再生产。

（一）多种电价制度的主要内容

从 1985 年起，开始实行多种电价并存的管制模式，其特点在于"调放结合"，调整目录电价，增加基本加价，下放收取附加费的权利。其一，实行峰谷电价。为了充分利用电网低谷电量和控制高峰负荷，电网对具备调整用电负荷能力的用户实行高峰低谷电价。其中，低谷电价可以比现行的电价低 30%～50%，高峰电价可以比现行的电价高 30%～50%。电网企业对直接管理的发电、供电企业同样实行内部高峰低谷电价。其二，实行丰枯季节电价。对水电比重较大的电网，实行丰水的弃水期、枯水期电价。其中，丰水的弃水期电价可以比现行的电价低 30%～50%，枯水期电价可以比现行的电价高 30%～50%。其三，市场调节定价。中外合资办电企业或者利用外资办电企业，在还本付息期间的发电量全部进入市场调节，可以按照成本、税金和合理利润核定售电价格。其四，浮动电价。独立经营的集资电厂，凡属使用议价燃料、议价材料和设备，或者引进外资的，其售电价格允许作出相应的浮动。其五，供电价格。供电部门采用代售制的办法，收购集资电厂的电量需要签订合同，并按照购电价格与平均供电成本、线损、税金、手续费加成的办法确定电价。

其后，适应电力市场的要求，国家对电价管制模式作出调整。1998 年，国务院办公厅转发国家计划委员会《关于改造农村电网改革农电管理体制实现城乡

① 王俊豪：《政府管制经济学导论》，商务印书馆 2001 年版。

同网同价的请示》，"两改一同价"正式启动。同年，国家计划委员会等六部委办联合下发《关于整顿电价秩序坚决制止乱加价乱收费行为的通知》，要求立即取消违反规定的 560 项加价，全国性电价整顿工作开始展开。2003 年，国家发展和改革委员会会同有关单位提出的《电价改革方案》由国务院办公厅予以印发。《方案》将电价划分为上网电价、输电价格、配电价格和终端销售电价。其中，发电、售电价格由市场竞争形成；输电、配电价格由政府制定；同时，建立规范、透明的电价管理制度。2004 年，国家发展和改革委员会下发《建立煤电价格联动机制的意见》。2005 年，国家发展和改革委员会印发《上网电价管理暂行办法》、《输配电价管理暂行办法》、《销售电价管理暂行办法》。同年，国家发展和改革委员会发出通知，公布煤电价格联动实施方案。2006 年，启动第二次煤电联动。同年，召开 2007 年煤炭产运需衔接电视电话会议，标志着延续 50 多年由政府直接组织的全国煤炭订货会结束使命；在国家宏观调控指导下，由企业自主衔接资源、协商定价的新机制开始确立。2008 年，为了缓解电煤价格大幅上涨对火电企业带来的亏损和电力供应紧张的局面，国家发展和改革委员会下发《关于提高火力发电企业上网电价有关问题的通知》。

　　《电力法》规定，电价由基价和各种收费项目构成。其中，基价包括成本、费用、税金和利润，附加费包括公用事业附加费、电网建设基金等。按照规定，电价可以分为发电侧的上网电价与需求侧的用户电价两类。

1. 发电侧的上网电价

　　发电侧的市场主体包括省（市、自治区）电力公司直属的发电企业以及其他独立电厂。省（市、自治区）电力公司根据购电合同从独立电厂购电，同时传输直属发电企业的电力，这种电价称为上网电价。根据发电厂的投资来源和投资日期，发电侧的上网电价对应几种形式。其一，1985 年以前利用政府拨款建设的所有电厂，以及 1985～1992 年期间利用补贴的政府贷款形成的发电能力，其供电价格依据电力工业部和国家计划委员会每年公布的目录电价确定。这些电价包括工资、燃料和维修费用等运行成本，但不包括折旧、利息和资本金等投资建设成本。电价按照定额发电单位成本、发电单位利润加上发电单位税金的方法予以核定，实行一厂一价、一次核定多年有效。其二，对于 1986～1992 年期间非中央政府投资建设的电厂，以及 1992 年以后建设的所有电厂，根据"新电新价"或者还本付息电价进行购电。按照这种电价管制规则，供电价格在财务上可以保证还本付息、偿还贷款。电价按照"电价＝电厂定额发电单位成本＋发电单位还

第二辑　政府管制与公共经济研究丛书（第二辑）

贷利润－发电单位折旧额＋发电单位投资回报＋企业留利"的方法予以核定，实行一厂一价、一年一核定。其三，独立的地方小火电、小水电和自办电厂的上网电价，按照平均成本、平均利润加上税金的方法予以核定。

对定价的程序，电价由国务院价格主管部门制定。如果由于燃料价格上涨、通货膨胀等原因导致电力成本费用提高，首先由电力企业向当地物价主管部门递交提价申请，并提供作为调价理由的账簿、文件以及其他资料。当地物价主管部门开展价格、成本调查，听取消费者、经营者和有关方面的意见，对企业上报的调价资料进行审核；由政府价格主管部门主持，召开电力价格听证会，征求消费者、经营者和有关方面的意见，论证电价调整的必要性、可行性；听取不同利益集团对调价及调价幅度的意见，然后对调价方案进行调整，上报省级物价主管部门批准。电价确定之后，由价格制定部门向消费者、经营者公布。

2. 需求侧的用户电价

用户电价包括计划内管制电价与计划外指导性电价两种类别。管制电价按照不同的用户进行分类，以目录电价为基础，不同的省（市、自治区）略有区别。在目录电价之外，还要加上省、市、县有关部门征收的各种附加费与加价。其中，允许各级部门征收附加费与加价的目的在于动员电力建设资金。为了体现不同投资来源电力的不同电价，以 1985 年的电力消费水平作为计划指标基准。在指标基准内，供电价格按照目录电价加上附加费与加价的方法予以核定；对指标之外的用电量，由用户支付指导性电价。

（二）多种电价制度的主要特点

其一，电价制定的依据、原则，由政府确定，政府拥有调整、审批电价的权力，而电力企业的定价权限微乎其微，几乎可以忽略不计。从定价的程序来看，电价的形成机制仍然带有浓厚的传统行政管理的色彩，难以适应电力产业发展的要求。其二，电价的制定以解决供给不足、激励投资者办电的积极性为出发点，采用成本加成的定价模式。其三，对不同的企业，按照统一的标准核定电价，实行一厂一价；或者基于机组投资时间的不同，实行一厂多价，企业之间实际并不存在价格竞争。其四，高度集中的电价管制权限开始放松，国家逐步下放和调整电价管制权限，省、市、县等地方各级政府开始拥有部分的电价制定、审批权限。需求侧的用户电价有所差异，存在农村与城市的地区电价差别。其五，多种电价并存与投资主体的多元化相互适应，使得中外合资、外商独资、集资等独立电厂的成本能够得以合理的补偿。

（三）多种电价制度的主要缺陷

其一，成本加成的定价模式对电力企业降低成本、提高效率形成负激励，造成电力工程造价飞速上涨，不利于电网的经济调度和商业运营，并一定程度助长大量的地方性高能耗小火电的发展，造成资源浪费和环境污染。其二，新老电价双轨运行，电价比较混乱。集资办电的电价实行按照成本推算、一报一批式的管制办法，造成一厂一价甚至一机组一价，电价复杂到混乱的地步。其三，电价大幅上涨。1996 年与 1985 年相比，供电价格由每千瓦时 0.08 元上涨到 0.33 元，上涨 313%，平均每年增长 16%。其四，由于仅凭较高的定价即可获得高额的利润，电力企业提高生产效率的动机被削弱。企业的收益取决于政府与企业之间的利润分配，以及企业利润投入再生产的比例。其五，需求侧的用户不能根据合理的电价结构公平地负担电力成本，企业的交叉补贴问题比较严重；"电霸"、"电老虎"成为消费者对当时电力企业的流行称呼。

----------------------------------- 第四节 -----------------------------------

电力产业管制法规的变迁

市场经济是法治经济，其运行从市场主体的塑造、市场秩序的维护、市场行为的规范、社会保障的建立，到国家对经济活动的宏观调控和微观管制，都需要法律的引导、规范、制约、保障和服务。可以说，市场经济的发展过程，也是法律、法规不断建立、完善的过程。社会主义市场经济尤其需要依靠法律保护公众的基本权利，维护市场秩序。我国已经建立社会主义市场经济体制，电力产业的管制体制必须符合法治经济的要求。

一、电力产业的管制立法

在法治建设中，立法是基础。管制立法在管制体制中占据基础的地位，良好的管制立法可以保证管制预期的效果与效率。

（一）管制立法的程序

管制立法是指管制规则的制定。对立法的程序，从我国经济体制改革的实践来看，管制立法表现出先行改革、其后立法的趋势。在具体的实践中，往往改革先行，然后根据改革实践取得的经验教训制定法律、法规、规章和政策。其优点在于针对性较强，缺点在于滞后性比较明显。在开始改革实践到法律、法规、规章和政策颁布的时段，缺乏改革实践赖以推行的法律依据。法律制度的缺位往往造成管制秩序的混乱，导致生产效率、资源配置效率和利用效率的损失，致使改革成本较高。

（二）管制立法的主体

从立法的主体来看，相当部分的法律、法规、规章和政策并非由专业化立法机构起草制定，而是经常授权产业主管部门甚至占据主导地位的国有企业牵头制定，往往造成法律、法规特别是规章、政策带有明显的部门利益、产业利益的痕迹，影响法律的权威性与公正性。从立法的领域来看，既有的法律、法规、规章和政策主要集中于规范供电、规范外商投资等领域，尚有部分领域存在立法的空白。这种立法领域的空白造成法律、法规、规章和政策不能完全对企业的行为发挥引导、规范、制约、保障和服务的作用，制约电力市场的发展。

（三）管制立法的主要内容

既有的部分法律、法规、规章和政策于国有国营的国家垄断体制与计划经济体制下形成，历史局限性与体制局限性较大。特别是对于普遍服务等社会管制的目标缺乏法律的约束，造成这些目标的实现基本依靠政府的行政协调，其有效性受到制约；其立法理念限于电力设施与系统的安全，对规范企业行为涉及较少。

对经济管制，1952年，燃料工业部召开全国供电会议，提出全面发挥潜在能力的任务和措施，包括推行电力统一调度，推行定期检修和统一检修制度，移峰填谷、调整电力负荷，节约用电，推行两部电价制，建立计划用电、用电监察、保证供电质量等供用电制度。1998年，国务院批转国家经济贸易委员会、国家计划委员会《关于停止执行买用电权等有关规定的意见》，停止执行若干限制用电的规定，标志着长达20年的电力短缺局面基本结束。1999年，国家电力公司下发《关于对发电企业实施"公平、公开、公正"调度原则意见》，为发电企业创造公平竞争的环境。2003年，国务院办公厅下发《关于认真做好电力供应有关工作的通知》，要求采取峰谷电价、错峰用电、加强需求侧管理等措施，最大限度地保证电力供应。全国有22个省（市、自治区）用电紧张，少数地区实行持续限电。全国用电量总计 18 910 亿千瓦时，同比增长 15.4%①。同年，国家电力监管委员会下发《关于建立东北区域电力市场的意见》、《关于开展华东电力市场试点工作的通知》，启动东北、华东区域电力市场建设试点工作。2005年，启动南方电力市场模拟运行。

对社会管制，其一，对于安全生产，1951 年，燃料工业部发布《对今后电业技术安全工作的指示》，要求以充实技术安全检查机构、严格贯彻规程制度、有重点地解决影响安全生产的技术问题为中心环节，积极进行反事故斗争。1963年，水利电力部召开全国电力工业会议，提出电力工业最根本的任务是以安全生产为中心，保证安全、经济发供电，满足国民经济各部门的电力需要。1981 年，电力工业部召开电网稳定会议，对近十一年全国电网发生的 210 次稳定破坏事故进行分析，讨论制订《电力系统稳定导则》。其后一年内，全国稳定破坏等大面积停电事故减少 3/4②。1991 年，国务院颁布《水库大坝安全管理条例》、《防汛条例》。1994 年，电力工业部发布《电力生产事故调查规程》。1995 年，电力工业部发布《电力可靠性管理工作若干规定》、《电力安全生产工作规定》、《电力安全监察规定》、《电力系统多种经营安全管理工作规定》。1997 年，电力工业部发布《水电站大坝安全管理办法》、《并网核电厂电力生产安全管理规定》。其二，对于环境保护，1996 年，电力工业部下发《关于进一步加强电力工业环境保护工作若干问题的意见》。2006 年，国家发展和改革委员会等部委办联合下发《关于印发千家企业节能行动实施方案的通知》，对电力等九个重点耗能行业的 1 011 个企业提出节能要求并实行监测，其中包括 132 个电力企业。其后，华能集团公司等五个电力企业与国家发展和改革委员会签订节能目标责任书。同年，国家发展和改革委员会等八部委联合下发《关于加快电力工业结构调整促进健康有序发展有关工作的通知》，要求电力产业进一步调整电源结构，优化发电节能和环保经济调度，加大关停小火电机组力度。其后，华能集团公司等六个电力企业与国家环保总局签订二氧化硫减排目标责任书。2007 年，国务院办公厅转发国家发展和改革委员会等部门《关于节能发电调度办法（试行）》，取消按照行政计划分配发电量指标的做法，优先调度可再生和清洁发电资源，最大限度地降低能源消耗，减少污染物排放。贵州省在全国率先实行节能发电调度试点。其三，对于社会责任，2006 年，国家电网公司发布企业社会责任报告，这是我国中央企业对外正式发布的首份社会责任报告。2007 年，华能集团公司发布年

---

①② 《2008 年专题回顾：中国电力工业改革开放大事记（1999～2008 年）》，中国电力企业联合会网站，http://www.cec.org.cn/。

度社会责任报告，成为五大发电集团发布的首份社会责任报告。

对技术标准管制，1950 年，燃料工业部下发《关于统一发电煤耗计算及煤质试验的决定》，确定标准煤耗率的计算方法。同年，第一机械工业部、电力工业部联合发布电力设备额定电压及频率标准。1963 年，国家经济委员会发布《单位产品耗电定额导则》，建立用电定额管理制度，对烧碱、电石、硅铁等百余种产品的用电单耗予以规定。1999 年，国家经济贸易委员会发布《电力行业标准化管理办法》。2002 年，国家经济贸易委员会批准《高压电缆选用导则》等 58 项电力行业标准。其中，水利水电工程施工安全防护设施技术规范成为强制性标准。

从立法的内容来看，既有的法律、法规、规章和政策对税收、交叉补贴、省际交易壁垒等问题涉及较少，而对管制主体的产生、权限则未加提及。作为管制核心的电价管制缺乏专门的《电价管理条例》等类似的法律法规，致使无法可依；既有的法律、法规、规章和政策作为实行管制的依据，有些已经不能适应电力产业发展的外部环境和客观情况，特别是《电力法》及有关条例制定于计划经济体制或者经济体制转轨时期，对社会主义市场经济体制和电力市场化改革表现出不相适应。随着行政管理体制改革的推进，《电力法》规定履行管制职能的政府机构已经被撤销，需要对管制机构进行重新确定，并对管制机构的权力、责任和组织结构形式作出规定，包括依照法律、法规、规章和政策设立、撤销管制机构；管制机构依据法律、法规、规章和政策，制定、执行管制规则；作为政府授权的专业化组织，管制机构拥有与履行的职能相对称的管制权力，这种管制权力在职责范围内，具有强制性与权威性，等等。总的来看，政府管制的法治建设已经滞后于电力产业的发展，特别是管制立法的内容亟需完善。

（四）电力产业的管制规则法律体系

依照适用范围的不同，法律可以分为一般法与特别法。一般法针对一般的人、一般的事、一般的时间，在全国范围内普遍适用；特别法针对特定的人、特定的事、特定的时间，在特定的区域局部地适用。电力产业管制的法律框架由三个部分组成，包括规范市场竞争行为的一般法，针对电力企业、行业和产业的专业法，规范电力企业、行业和产业行为的一般法。其中，专业法即为特别法。

1. 规范市场竞争行为的一般法

这些一般法包括 1993 年第八届全国人民代表大会常务委员会第三次会议通

过的《反不正当竞争法》、2007 年第十届全国人民代表大会常务委员会第二十九次会议通过的《反垄断法》及其配套法规。在市场经济的发展过程中，各种不正当竞争的现象屡见不鲜。《反不正当竞争法》遵循平等、公平、信用的原则，着眼于保障社会主义市场经济的健康发展，鼓励和保护公平竞争，反对和制止不正当竞争的行为，保护经营者与消费者的利益。其缺陷在于对电力等自然垄断产业的管制规则制定过于简单、笼统，直接涉及的条文包括公用企业或者其他依法具有独占地位的经营者，不得限定他人购买其指定的经营者的商品，以排挤其他经营者的公平竞争以及对这些不正当竞争行为的处置。《反垄断法》着眼于预防和制止垄断行为，保护市场公平竞争，提高经济运行效率，维护消费者利益和公共利益，促进社会主义市场经济的健康发展。把垄断行为界定为三种类型，包括经营者达成垄断协议，经营者滥用市场支配地位，具有或者可能具有排除、限制竞争效果的经营者集中。《反垄断法》规定，禁止具有竞争关系的经营者以及经营者与交易相对人达成排除、限制竞争的协议、决定或者其他协同行为；禁止具有市场支配地位的经营者从事滥用市场支配地位的行为，不得滥用市场支配地位，排除、限制竞争；经营者集中具有或者可能具有排除、限制竞争效果的，国务院反垄断执法机构应当作出禁止经营者集中的决定。

2. 针对电力企业、行业和产业的专业法

这些专业法包括《电力法》及其配套法规、规章和政策。1987 年，国务院颁布并于 1998 年修订《电力设施保护条例》。1993 年，国务院颁布《电网调度管理条例》。1995 年，第八届全国人民代表大会常务委员会第十七次会议通过《电力法》。1996 年，国务院颁布《电力供应与使用条例》。同年，电力工业部发布《供电营业规则》、《供用电监督管理办法》、《供电营业区划分及管理办法》、《用电检查管理办法》、《外商直接投资电力项目报批程序暂行规定》。2003 年，国家电力监管委员会发布《关于区域电力市场建设的指导意见》。2005 年，国务院审议通过《电力监管条例》。同年，国家电力监管委员会审议通过《电力业务许可证管理规定》、《电力市场运营基本规则》、《电力市场监管办法》。这些法律、法规、规章和政策对电力企业、行业和产业的行为发挥引导、规范、制约、保障和服务的作用。

现行的电力企业、行业和产业专业法以《电力法》为基础，包括《电力供应与使用条例》、《电力市场监管办法》等其他配套法规、规章和政策。其中，《电力法》居于核心地位，具有最高的法律效力。由国务院颁布的《电力调度管

第二辑

政府管制与公共经济研究丛书（第二辑）

理条例》、《电力供应与使用条例》、《电力监管条例》作为法规，具有较高的法律效力，虽然次于法律形式的《电力法》，但在实践中仍然可以作为司法的依据。电力工业部等行政管理部门或者国家电力监管委员会等专业化管制机构发布的部门规章，其法律效力的等级较低，在实践中仅仅可以作为司法的参考。其他政府部门特别是较低层级的地方政府制定的"红头文件"作为政府管制的区域性政策，可以视为政府管制在特定时期、特定区域的特殊产物，在实践中具有即期的作用，但这种作用通常表现出地方利益、短期行为的特点。

3. 规范电力企业、行业和产业行为的一般法

这些一般法包括《民法通则》、《刑法》、《公司法》、《合同法》、《会计法》、《价格法》、《招标投标法》、《担保法》、《土地管理法》、《行政许可法》、《行政处罚法》、《行政复议法》、《行政诉讼法》等普遍适用、具有普遍约束效力的法律。随着竞争机制的引入，电力企业、行业和产业的行为更多地依据适应市场经济体制要求的法律关系予以引导、规范、制约、保障和服务。在实践中，《合同法》对合同的成立、合同的变更与解除、合同的履行、违约责任等行为作出规定，对电力企业、行业和产业的合同关系进行规范。《招标投标法》对电力企业、行业和产业的投资行为予以规范。《公司法》对企业的重组与规范运作予以规范。《会计法》对企业的财务关系、会计核算等予以规范。此外，对社会管制，《环境保护法》、《水污染防治法》、《大气污染防治法》、《水法》、《安全生产法》、《清洁生产促进法》、《节约能源法》、《可再生能源法》等分别对环境保护、节约能源、安全生产等行为作出规范。总的来看，这些一般法所涵盖的范围比较宽泛，对电力市场的经济活动、社会活动基本有所涉及，但作为具有普适性的一般法律法规，不可能针对电力企业、行业和产业的特点作出更加具体、更深入的规定。由于专业法的缺位，一般法与专业法未能形成协同效应，对电力产业的行为予以规范的法律框架尚不健全。

二、电力产业的管制执法

立法是执法的基础和依据，执法是立法得以施行的保证。只有立法、执法并举，才能实现政府管制预期的效果与效率。如果缺少必要的立法，则管制的行为无法可依，执法的效果与效率无从谈起。如果缺少严格的执法，则管制规则仅仅限于文字的表达，只能是一纸空文，不能发挥调节经济社会关系的作用。管制执

法是指法定或者法律授权的管制机构，依据既有的法律、法规、规章和政策，对电力企业、行业和产业的各种经济社会关系，通过直接或者间接的方式予以规范，从而对其权利、义务、责任等行为产生影响。管制执法作为依法管电的基本方式，是保障《电力法》得以实施的首要手段，通过对违反法律、法规、规章和政策的行为予以及时、有效地制止，从而维护投资者、经营者、消费者的利益，保障电力产业的发展。其缺陷主要在于现行的法律、法规、规章和政策对独立的专业化执法主体缺乏明晰的界定和法定的授权，造成行政部门选择性执法，对己有利的管制规则，则纳入部门利益之中；对己无利的管制规则，则相互推诿、无人问津，造成管制规则在执法层面的冲突。这种冲突既表现为重复执法、多头执法，也表现为执法缺位、管制空白，影响法律的统一性与执法的公正性。在政企不分乃至政企合一的情况下，管制机构与被管制企业的利益紧密结合，成为实际的利益共同体。当其直接管理的企业与其他独立企业在进入市场、生产经营发生冲突时，管制机构往往难以公正地执行管制规则。即使其后政企分开，由于政府部门与被管制企业之间存在的这种渊源及其衍生的其他藕断丝连的种种联系，管制机构同样难以公正地执行管制规则。管制执法的任务在于保障和维护电力市场秩序。如果缺乏管制执法或者执法不力，市场将不可避免地陷入无序的混乱状态，造成市场主体的利益损失。着眼于法律、法规、规章和政策得以公正地执行，需要对管制机构执法的法律依据予以明确，对管制机构在执法中的地位与作用作出清晰的界定，提高执法的效果与效率，确保公共利益和社会福利得以维护。

三、《电力法》的主要缺陷

《电力法》作为改革开放以来对电力产业的建设、生产、供给与管理诸多经验进行系统总结，是适应社会主义市场经济体制的要求，适当地吸收借鉴国外电力立法的经验而制定的第一部规范专业化法律，对于保障电力产业的发展曾发挥重要的作用。

（一）《电力法》出台的背景

这部法律出台之前，电力体制改革通过集资办电初步放松进入管制，电力短缺的局面初步得以缓解，而政企分开、厂网分开尚未推行，电力市场化改革尚未开始。在这种情况下，《电力法》诞生于特定的历史环境与经济体制之中，基本沿用传统的以行政管理、行业管理为主的管制模式，带有浓厚的计划经济色彩；受当时客观形势的限制，对其后进行的电力市场化改革所涉及的核心问题未能加以规定。随着电力体制改革的推进，这部法律越来越不能适应发展的要求。

(二)《电力法》的主要缺陷

作为制度创新，《电力法》颁布以来，适应当时的客观条件和外部环境，对于保障电力产业发展，满足用电需求，维护投资者、经营者和消费者的利益产生积极的影响。但随着社会经济条件的变化，这部法律与电力体制改革的要求已经不相适应，对管制定位、立法理念、制度安排、立法主体表现出制约发展的滞后性和局限性。

1. 管制定位的缺陷

在法律出台之前，电力供给短缺成为制约经济社会发展的瓶颈问题。因此，法律的基本定位在于发展电力产业，其制度安排集中于开发电力资源与振兴电力产业两个方面，包括电力建设与生产、电网管理、电力供应与使用、电价与电费、农村电力建设与农业用电、电力设施保护，而对适应国民经济发展的电力产业适度超前发展，缺乏全面、综合、宏观的规定，对管制机构的设置、职能、性质和地位未能加以规定，致使其后的专业化管制缺乏法律依据。

2. 立法理念的缺陷

在当时，国有国营的理念及其实践仍然占据主导地位，电力企业、行业和产业呈现出显著的垄断经营特征。在这种背景下，《电力法》的立法理念在于对既有的管制体制作出解释，并在体制的约束下对电力企业、行业和产业的行为予以规范。因此，垄断经营受到保护，政企不分仍然存在，引入竞争机制、培育电力市场的理念未能提及，引入竞争机制后的电力市场交易规则、交叉补贴、普遍服务的行为未能予以规范、环境保护、可再生能源的利用、消费者利益保护、可持续发展等社会管制的行为缺乏法律依据，电价实行统一定价、分级管理的管制规则与其后"厂网分开、竞价上网"的电力体制改革目标之间存在冲突。

3. 制度安排的缺陷

这部法律对管制机构的设置存在政企不分、政监不分的缺陷，法律条文对管制规则执行的主体、执行的程序、执行的手段、工具与方法等缺乏清晰的规定。

对笼统的"电力管理部门"没有作出具体的界定，不能确定电力管理部门单纯是指电力企业、行业和产业的行政管理部门，还是包括行政管理部门、价格主管部门、工商行政管理部门、质量技术监督部门、安全生产监督部门等在内的所有政府部门。在制度设计上，法律关系的性质未能予以清晰的区分，行政法律关系与民事法律关系相互交织，造成法律规定主体的利益关系相应地混乱。对监督检查部门的权力界定、执法的内容、手段与工具未能予以界定，造成执法主体缺位、职能混乱，难以适应电力市场化改革对改进管制的要求。

4. 立法主体的缺陷

《电力法》的起草以当时的电力工业部为主，无论体例设计还是制度安排都表现出浓厚的保护部门利益、产业利益的色彩。对被管制企业与消费者的利益关系调整、政府部门之间的利益冲突缺乏相应的制度安排。作为调整发电、输电、配电和供电各个环节相互关系的法律规范，未能对这些相互关系的法律调整作出针对性的规定。电力作为基础产业，其发展涉及产业政策、能源政策、宏观调控政策，涉及《反不正当竞争法》、《反垄断法》、《公司法》、《合同法》诸多的法律法规，涉及消费者利益保护、消除城乡差别、区域平衡发展等公共利益，需要作出全面、综合、系统的平衡。由此可见，即使作为电力产业的专业法，《电力法》也不应单纯地由行政管理部门负责起草制定。

第五节

电力产业管制机构的变革

政府管制包括管制的主体、对象、目的、依据与性质。在具体操作中，还包括管制的程序、标准、理论、手段、工具与方法。作为专业化管制机构，国家电力监管委员会及其向区域电网公司交易调度中心派驻的代表机构履行管制职能。电力市场的各个主体及其相互关系，发电、输电、配电和供电各个环节涉及的资源调度、市场交易、电价、发电装机容量、上网电量、发电量、环境保护、安全生产等构成管制的对象。管制的目的在于引入竞争，消除垄断，降低成本，提高效率，促进电力产业发展。其依据包括理论依据、一般法依据和专业法依据。其性质在于对电力企业、行业和产业实行限制，规范其行为。管制的程序是指在管制规则的制定、执行过程中，按照步骤、划分阶段、前后承继、有条不紊地对管制规则予以操作，使得管制规则的制定、执行前后衔接，按部就班、循规蹈矩地有序进行。管制的标准包括进入市场的标准以及额定电压与频率标准、标准煤耗率、用电单耗等技术指标。管制的理论涉及经济学、法学及工程技术等理论。管制的手段、工具和方法可以分为行政手段、经济手段和法律手段，包括投资审批、环境评估、电价调整、罚款、信息披露、规则修改、诉讼等。总而言之，作为称职的管制机构，需要具备足够的业务素质和专业能力，对管制过程中所涉及的这些复杂的内容做到心中有数、得体适度，从而按照既定的目标，依据法律法规，遵循法定的程序，对照既定的标准，运用相关的理论，采用适当的手段、工具和方法，对电力企业、行业和产业的行为实行限制。

一、计划经济体制下的电力产业政府管制模式

在计划经济体制下，政府管制与行政管理、企业管理和行业管理合而为一，统一由政府行政管理部门进行管理。1997～1998年，电力产业实行政企分开时，行政管理部门的管理职能被分解为行政管理、企业管理与行业管理三个部分，但管制职能未能单独予以剥离，仍然分散于三个部分之中，从未使得管制职能实际仍然被并入行政管理职能中。在这种政企分开的模式下，管制预期的效果与效率难以得到保证。投资管制、进入管制和价格管制成为管制的主要手段。

(一) 管制机构传统的政企合一行政管理方式

新中国成立以来，电力企业、行业和产业长期沿用传统的政企合一行政管理方式。这种方式在适当的时期能够促进电力产业发展，但同时带来种种的弊端，致使投资者与消费者的利益难以得到保障。在这种方式下，无论当时的电力工业部、水利电力部还是能源部，都对国有电力企业实行直接的管理。同时，这些部门作为国务院的政府序列部门，对电力企业、行业和产业实行行政管理，履行产业政策制定、行业规划、行政执法等多重的职能。这种政企合一的方式使得行政管理部门置身其中，对内在的缺陷难以认清庐山真面目，或者即使认清也无法克服，既造成电力企业、行业和产业在垄断体制下生产效率、资源配置效率和利用效率的损失，也造成公共利益和社会福利的损失。其后，国家电力公司的成立，对计划经济体制向社会主义市场经济体制转轨条件下的管制体制进行探索，但仍然未能根本打破这种垄断体制，而是构建发电、输电、配电和供电垂直一体化的组织结构以及与之相适应的管制体制。国家电力公司与省（市、自治区）电力公

司在计划经济体制时期形成的思维方式和行为模式的惯性作用下，实际替代政府履行行政管理职能与政府管制职能。计划、经济、财政、税收、金融、价格、贸易、建设、规划、交通、资源、资产等诸多的行业管理、专业管理、综合管理部门按照国务院或者最高立法机关的授权，分别履行基建、技改、财务、投资、融资、电价等管制职能，实际仍然沿用计划经济体制下传统的行政管理方式。随着社会主义市场经济体制的逐步确立，这种管理方式已经越来越难以适应产业发展的需要。由此可见，如果严格地按照政府管制的范畴来看，实际从未设立专业化管制机构，也并非管制职能分散于各个政府部门，而是一直沿用计划经济体制下的行政管理模式。

（二）传统行政管理方式的主要缺陷

在计划经济体制下，通过传统的行政管理方式，对市场进入、价格制定、投资融资等行为实行严格的政府管制。由于电力企业全部属于国有国营，作为管制者的行政管理部门或者地方政府与企业之间政企不分甚至政企合一的特点比较明显。行业管理部门既是管制规则的制定者与执行者，又对发电、输电、配电和供电各个环节行使行政管理权，并对企业生产经营的效果与效率最终负责，行政垄断的特征比较突出。由于缺乏外在的约束与监督，企业往往利用行业垄断、地区垄断的优势和地位，制定垄断价格，侵占消费者利益，最终损害公共利益和社会福利。在长期实行的计划经济体制所造成的政企不分的惯性作用下，试图在较短的时间内打破政府与产业之间千丝万缕的利益关系的探索往往难以立竿见影、取得实效。

二、国家电力监管委员会的设立与职能设置

管制机构实质作为政府部门与政府职能的延伸，是行政、执法、监管等工作实行专业化分工与协作的结果。专业化管制机构的设立具有必要性，其原因在于对相同或者相近的问题，如果都通过法律的途径作出裁定，则其成本较高；而借助于管制机构，通过制定、执行管制规则的形式予以解决，则可以产生规模效益。立法机构或者行政机构对管制的目标确定之后，授予管制机构履行职能所必需的管制权力，这种权力的集中运用有利于管制目标的实现。管制机构作为官僚体系的科层组织，具备完整的组织结构，可以获得专业化分工与专业化决策、执行的收益。管制机构作为专业化组织，具备实行专业化管制的潜在能力。通过收

第二辑

政府管制与公共经济研究丛书（第二辑）

集、获取、传播、使用和存储信息，可以有针对性地对被管制企业的行为予以规范，从而使得重复执行管制规则的效率较高。然而在现实中，管制机构的设立面临双重目标的冲突。一方面，作为层级管理的基本准则，管制机构必须对授予其管制权力的政府负责，并替代政府履行管制职能；另一方面，管制机构必须依据法律法规，公正地制定、执行管制规则，并保证其行为与法律法规保持一致。在双重目标的冲突下，管制机构往往难以兼顾对政府负责与依法管制，导致管制规则制定、执行的效果与效率降低，公共利益和社会福利受损。总的来看，管制机构的职能设置既要体现强制性与权威性，保证管制预期的效果与效率，又要合理区分行政管理与政府管制，避免行政管理对政府管制的替代。

(一) 政监分离模式的管制机构设立

2002 年，国务院颁布《电力体制改革方案》，规定国务院下设国家电力监管委员会，委员会按照国家授权履行电力监管职责。电力监管委员会按照垂直管理的体系予以设置，向区域电网公司电力调度交易中心派驻代表机构，从而实现政监分离。这种模式既可以避免计划经济体制下传统的政企合一行政管理方式的弊端，又可以依据法律、法规、规章和政策，通过政府授权，由较高规格的国家级事业单位履行政府管制职能，保证管制的效果与效率。管制机构按照垂直管理的体系予以设置，可以相对降低其他利益集团的制约，相对减少管制规则制定、执行过程中的阻力。政府管制的主要目标在于电网及其调度机构，按照公开、公正、公平的原则，对电力生产中具有指挥权的电网及其调度机构予以管制，抑制不正当竞争和垄断行为，维护电力市场秩序，规范厂网分开之后电力企业的竞价上网、公平竞争。

2003 年，国务院批准《国家电力监管委员会职能配置内设机构和人员编制规定》，国家电力监管委员会挂牌，履行专业化管制的职能。作为基础产业领域设立的首家政府管制机构，委员会的成立标志着电力产业管制体制由传统的行政管理向适应市场经济要求的专业化依法管制实现重大转变。需要明确的是，国家电力监管委员会并非电力产业的行政管理部门。从职能设置来看，政府通过财政、税收、金融和法律等手段进行宏观调控，并制定能源生产、环境保护、资源利用等宏观政策；管制机构则在微观层面依据法律、法规、规章和政策，制定、执行管制规则，监督宏观调控政策在电力企业、行业和产业的落实，从而构建政府宏观调控、管制机构依法管制、行业协会严格自律、企业自主经营的基本格局。适应经济发展的进程，"政监分离"模式并非政府职能与管制职能的简单分割，而是在电力市场化改革中，在管制职能相对集中的基础上，通过提高产业政策的效果与效率，从而增强微观经济的活力与市场竞争能力。由于电力市场化改革尚处于起步阶段，法治建设相对滞后，法律基础相对薄弱，社会功能还不完善，因此，政府管理与政府管制职能还不能实现完全的分离，真正独立、公正的管制机构的设立尚需时日。

(二) 管制机构的职能设置

管制机构的基本任务包括建立组织体系，制定制度体系，建立工作体制与运行机制。《电力体制改革方案》提出，国家电力监管委员会的职责包括制定电力市场的运行规则，监管市场运行，维护公平竞争；根据电力市场的情况，向政府价格主管部门提出调整电价的建议；监督检查电力企业的生产质量标准，颁发和管理电力业务许可证；处理电力市场的纠纷；负责监督社会普遍服务政策的实施。2005 年，由国务院审议通过的《电力监管条例》对此予以细化，并通过法规的形式固定下来。电力监管的任务在于维护电力市场秩序，依法保护投资者、经营者、使用者的利益和公共利益，保障电力系统的安全稳定运行，促进电力事业健康发展。管制机构的职责包括制定并发布电力监管规章、规则；颁发和管理电力业务许可证；对发电企业在电力市场中所占份额的比例实施监管；对发电厂并网、电网互联以及发电厂与电网协调运行中执行规章、规则的情况实施监管；对电力市场向从事电力交易的主体公平、无歧视开放的情况以及输电企业公平开放电网的情况依法实施监管；对电力企业、电力调度交易机构执行电力市场运行规则的情况，以及电力调度交易机构执行电力调度规则的情况实施监管；对供电企业按照国家规定的电能质量和供电服务质量标准向用户提供供电服务的情况实施监管。对安全生产，管制机构具体负责电力安全的监督管理工作；电力监管机构经与发展改革部门、安全生产监督管理部门会商，制订重大电力生产安全事故处置预案，建立重大电力生产安全事故应急处置制度。对电价管制，价格主管部门、电力监管机构依照法律、行政法规和国务院的规定，对电价实施监管。对垄断行为，国务院设立反垄断委员会，负责组织、协调、指导反垄断工作。

从职能配置来看，管制机构的职能涉及多个方面。其一，政府管制首要在于对电力市场实行管制，电力市场管制首要在于制定市场运行规则，制定运行规则首要在于保障电网安全，确保生产安全，保证运行规则公开、公正、公平。其二，安全生产作为电力企业的生命线，必须予以严格管制，确保电力企业的生产质量标准。其三，对电力企业的投资行为和财务状况予以管制。其四，根据企业成本状况和市场供需情况，向价格主管部门提出电价调整的建议。

（三）管制机构的工作重点

着眼于提高管制的效果与效率，管制机构对管制的范围予以界定，确定管制的内容，突出管制的重点，维护被管制企业和需求侧用户的利益，提高公共利益和社会福利。

1. 政府管制的主要内容

包括对具有自然垄断性的输电、配电环节实行进入管制、退出管制和价格管制；对具有竞争性的发电环节实行反垄断管制，维护公平竞争的电力市场秩序；对具有可竞争性的供电环节实行放松管制，培育可竞争电力市场；对发电、输电、配电和供电各个环节实行环境保护、安全生产等社会管制。

2. 政府管制的主要范围

政府管制的范围既包括电力市场，也包括发电、输电、配电和供电各个环节。由于电力不可存储，发电、输电、配电和供电各个环节需要瞬间协同，作为电力系统的节点，任何一个被管制企业的安全生产、经济收益、社会收益将对整个系统的协调运作产生影响。由此可见，政府管制预期的效果与效率不能仅仅限于电力系统中的某个节点或者某个企业，管制范围的界定需要充分考虑电力系统的整体性、协调性特征。

3. 政府管制的工作重点

政府管制的工作重点在于电网企业的垄断行为。随着垂直一体化垄断结构的分解，输电、配电环节仍然具有不同程度的自然垄断性，初步实现有效竞争的发电环节需要借助电网向需求侧用户提供电力供给，具有可竞争性的供电环节实行放松管制需要打破配电网的地区垄断。如果缺乏政府管制，电网企业可能凭借垄断优势和垄断地位，实行不正当竞争。制止和惩罚这种不正当竞争行为、确保电网的开放和自由接入成为管制的重点。由于电网具有生产指挥权，电网企业可以凭借其对电网的垄断，利用发电、输电、配电和供电各个环节协调性高的特点，对与其形成利益冲突的发电企业、供电企业实行差异化接入电网，导致这些发电企业、供电企业效率的损失，最终造成公共利益和社会福利的损失。在强制性与权威性的作用下，政府管制可以保障发电企业、供电企业按照合理的费率水平和规定的技术标准自由接入电网。同时，管制机构需要保证电网之间的互联互通。这种互联互通可以保证电力的自由流动，从而提高电力能源的资源配置效率，相对增加所有电网的总价值。由于新建电网的规模通常较小，既有占据支配地位的电网企业在与这些较小的电网实行联接时，其收益较少，因而对电网之间的互联互通并不如较小的电网那样迫切，甚至有时还依靠电网的规模优势和所联接需求侧用户的数量优势，对互联互通的要求予以拖延甚至拒绝，从而达到排挤、打击竞争对手的目的。如果单纯依靠电网之间的对等谈判，实现互联互通的可能性较小，此时政府管制的强制性与权威性可以保障电网之间互联互通的实现。对电网的过网费用，管制机构需要予以管制。由于电网具有自然垄断性，使得其保持垄断结构具有合理性，而市场机制对这种垄断结构下合理的过网费用水平的确定无能为力，此时管制的强制性与权威性可以保证相对合理的过网费用水平。这种费用水平既要防止电网企业获取垄断租金，又要保证电网企业在补偿资本成本与运营成本基础上获得合理的利润，从而引导电网得以充分的利用，激励电网企业增加投资、加强管理、降低成本、提高效率。

（四）管制机构的准确定位

作为依据法律、法规、规章和政策，通过制定、执行管制规则，对被管制企业的行为实行限制的管制者，管制机构在履行职能的过程中，需要界定与政府宏观调控部门、产业政策制定部门和行政管理部门之间的相互关系，防止机构重叠、职能冲突，影响管制预期的效果与效率。管制机构的定位需要依法有据、合理有利，既不能缺位，也不能错位和越位。

1. 管制机构的职能设置与国家综合部门、专业部门之间的关系

这种关系包括国家电力监管委员会与国家发展和改革委员会、国有资产监督管理委员会、财政部等综合经济部门之间的职责分工及权力制衡关系，管制机构与环境保护、技术监督、质量监督、安全生产监督等社会管制专业部门之间的职责分工及权力制衡关系，管制机构与工商行政管理、反垄断委员会等反不正当竞争专业部门之间的职责分工及权力制衡关系，管制机构与电力行业协会等自律性中介组织之间的职责分工及权力制衡关系。

2. 管制机构与政府宏观调控部门之间的联系与区别

两者之间的联系包括其实施主体都是政府，代表政府履行职能；两者形成互

补关系，弥补不同类型的市场缺陷；两者的效果与效率相互影响。其区别在于职责不同，宏观调控部门的职责在于调节总供给与总需求，维持供需总量平衡；调节总投资，抑制投资的波动；调节总消费，抑制消费的波动；刺激经济发展，促进就业，维持物价总水平的稳定；调节国内经济和汇率，实现国际收支平衡；逆向调节国民经济运行，保障经济稳定长期增长。其目标包括经济增长率、通货膨胀率、就业率和国际收支平衡等总量目标，其手段主要包括货币政策和财政政策。

3. 管制机构与政府产业政策制定部门之间的区别

如果管制机构独立运行，则管制规则的制定与产业政策的制定通常分别属于不同的职能部门，从而实行政监分离。管制机构相对具有专业性和独立性，能够相对独立地、公正地履行职能。在这种组织结构中，西电东送、风电开发、普遍服务等产业政策的制定由政府能源政策部门承担，管制机构可以参与产业政策的制定。管制机构承担市场准入、投资审批、价格核定等管制职能，保障产业政策在被管制企业、行业和产业的落实。

4. 管制机构与原有产业行政管理部门之间的区别

两者的管理对象都是电力企业、行业和产业，分别承担各自职能。管制机构通常更加关注电力企业、行业和产业的经济效率，关注利益集团之间利益关系的协调；原有行政管理部门则更加关注国有资产的保值增值。较之原有的产业行政管理部门，管制机构与被管制企业并非政企合一的利益共同体。需要说明的是，与中国保险监督管理委员会、中国银行业监督管理委员会等其他专业化管制机构相比，国家电力监管委员会没有被管制企业的人事任免权，从而与电力企业之间没有形成委托—代理关系。

5. 管制机构与电力企业自律性组织之间的区别

1988 年，中国电力企业联合会作为电力企业的同业联合组织成立。1998 年，电力工业部印发《关于中国电力企业联合会深化改革的意见》，指出联合会作为以电力企业为主体、相关企事业单位自愿参加的社团法人，是具有行业协会性质的自律性同业联合组织。同年，联合会召开全国会员代表会议，对章程实行修订，从而实现由过去的政府办行业组织转向由电力企事业单位联合依法办行业组织、由过去主要为中央直属电力企事业单位服务转向为全社会电力行业服务、由国家批准的事业单位转向在国家民政部登记注册的社团法人的历史性转变。

第四章

中国电力产业管制体制形成的原因

我国电力产业管制体制的成因与传统经济管制理论的阐述相去甚远，在经典教科书中难以找到现成的答案。中华人民共和国成立以来，特别是在计划经济体制下，政府管制通过各种形式渗透到经济发展和社会进步的各项事业中，几乎无处不在。经典经济管制理论认为，管制的起因在于弥补市场缺陷，而我国在改革开放之前并不存在经济发达国家作为弥补市场缺陷制度安排的政府管制。在社会主义市场经济体制建立之前，电力市场从未成为资源配置的基础方式，也没有可能体验市场失灵，更遑论为弥补市场缺陷而制定、执行管制规则。我国电力产业管制体制的形成具有特殊性。

-------------------- 第一节 --------------------

计划经济体制时期电力产业管制体制形成的原因

政府管制的模式需要适应经济体制的要求。在计划经济体制时期，需要与计划经济体制相适应的政府管制模式；在市场经济体制时期，需要与市场经济体制相适应的政府管制模式。如果政府管制模式与经济体制不相适应，则将阻碍经济发展和社会进步。电力产业政府管制模式同样需要适应经济体制的要求。在计划经济体制下，政府对电力企业、行业和产业承担无限责任，实行直接、严格、笼统、滞后、不透明的管制，这种管制体制对电力产业的发展形成制约。

一、电力产业的发展要求政府管制予以引导

从 1949 年中华人民共和国成立到 1978 年党的十一届三中全会召开，我国实行了三十年高度集中的计划经济体制。在这种体制下，管制作为政府对微观经济实行全面、深入、直接干预的主要手段，对于建立什么企业、建立多少企业、在哪里建立以及企业生产什么、生产多少、如何生产、为谁生产、价格确定等无所不管。实行管制的起因在于计划经济体制，这种体制要求政府通过全面管制的形式引导电力产业的发展，保障国民经济发展和社会稳定。

(一) 政府管制电力产业的必然性

电力作为提供公共产品和服务的基础产业，与经济发展、公众生活密切相关。其自然垄断性及其在国民经济中的基础地位使得管制具有必然性。其一，输电网、配电网作为电力能源配置的载体，在独立的区域内，要求实现完整的电网和统一的市场，不能存在其他的电网与之重叠。电网这种潜在的垄断势力要求政府实行管制。其二，不同性质的发电企业具有各自的缺点，水电站影响区域生态平衡，火电厂影响生态环境和大气质量，核电厂影响公共安全。这些问题的存在要求政府通过规划、立项和市场准入的手段实行严格的安全管制和技术标准管制。其三，电力产业适度超前发展是国民经济的内在要求。我国先后提出"电力是先行工业"、"电力是先行官"[①]、"能源工业的发展要以电力为中心"、"电力工业要适度超前发展"的指导方针。政府需要通过管制保持电力产业适度的发展速度。其四，电价的杠杆作用比较重要，政府需要通过电价管制对宏观经济运行予以调控。

(二) 电力产业组织结构的合理性

在计划经济体制下，电力产业采取垂直一体化的组织结构具有合理性。其一，在发展的初级阶段，电网由国家投资建设，电网的核心地位及其生产指挥权使得政府具有以电网为中心构建垂直一体化组织结构的可能性。其二，在范围经济性带来的降低交易费用、节约成本的效益激励下，发电、输电、配电和供电各个环节具有实行垂直一体化的内在要求。其三，在既有的技术水平与管理经验

---

① 1958 年，毛泽东在最高国务会议提出发展国民经济的两个"先行官"，一个是电力，另一个是铁路。

的制约下，垂直一体化的组织结构对于保障电力安全生产、稳定运行具有支撑作用。其四，当时的经济理论和具体实践对这种垂直一体化组织结构的缺陷认识不足。

（三）电力产业实行政府管制的实践

新中国成立之后，电力企业、行业和产业全部的资产归属全民所有，国家实行中央垂直管理，各级政府通过计划直接配置资源，对电力企业的生产经营实行直接的干预。不同的行政管理部门实行分散决策，分别制定、执行管制规则。管制的手段、工具和方法主要在于审批计划和审核价格，政府对电力企业、行业和产业实行严格的进入管制和价格管制。在新中国成立初期，国民经济实力有限，这种中央垂直管理体制可以发挥集中力量办大事的优势。严格的进入管制可以保证电力企业的最小经济规模，通过垄断经营实现资本积累。电价由政府予以审核确定，严格的价格管制可以通过电价的杠杆作用实现政府调控国民经济发展的意图。政府管制可以基本相对提高公共利益和社会福利。围绕政府管制预设的目标，产业政策更加关注加快发展电源建设，解决资金和发电设备的短缺，对用电实行控制和分配，缓解缺电的局面。在这种管制体制下，电网建设滞后于电源建设，电网结构比较薄弱，致使不合理的电源分布难以通过电网进行调节，地区之间"严重缺电"与"有电送不出去"的局面并存，造成资源浪费。

二、政府的角色定位和职能设置要求管制电力产业

在计划经济体制下，政府角色错位、部门职能之间存在冲突，这也成为管制体制形成的原因之一。政府同时履行行政管理、社会管理、企业管理、国有企业所有者多重的职能，由于预定目标的不同，各项职能之间难免发生冲突特别是职能交叉。在多重职能的格局下，国有企业的生产经营服从于政府认为更加重要的其他目标，国有企业实际成为政府履行职能的工具。国有企业失去自主经营、自负盈亏的权利，但在服从政府管制的同时，实现与政府利益的结合，实际形成政府管制的既得利益集团。

（一）政府对电力产业实行垄断经营

新中国成立以来，政府对电力产业实行直接投资、垄断经营。这种体制的特征包括企业由政府直接投资建立，经营管理人员由政府直接任命，企业生产经营

第二辑

政府管制与公共经济研究丛书（第二辑）

所需资金由财政拨款，产品和服务的价格由政府确定，企业利润上缴国家，政府对企业盈亏最终负责，政府对产业进入、价格、投资、技术标准、补贴与税收等行为实行全面的严格管制。从历史的范畴来看，这种政企合一的集中管制模式在新中国成立之后的一段时期内，对于集中大量的资金建设电力产业、促进国民经济恢复性增长发挥较大的作用。但随着技术进步、市场需求增长和经济体制转轨，这种体制内在的弊端日益显露，不再适应客观形势的发展要求。

（二）政府对电力产业实行计划管理

在计划经济体制下，政府对电力产业实行严格的计划管理。企业的投资规模、投资结构、投资方向由不同层级的政府予以决定，并通过财政拨款的形式施行。企业实行国有国营，国有资本占据绝对的优势。企业的进入、退出行为取决于政府的意志，由于这些企业与政府形成利益共同体，因而实际并不存在企业的退出。产品和服务的价格、质量、产量由政府确定，企业与用户没有决策权。企业生产经营所需物资由政府予以调拨，产品和服务由政府统一实行分配。企业的生产经营计划由政府确定，上缴的利润由政府统一实行分配，成本与收益由政府予以核算。在这种严格的计划管理下，政府管制渗透到电力产业的方方面面。

（三）政府对电力产业实行指令操作

对管制的手段、工具和方法，政府以行政指令作为工具，实行以行政手段为主、法律手段和经济手段为辅的政府管制，行政指令成为管制实践的主要工具。在许多情况下，行政指令逾越法律规定，违背经济规律，通过政府权力的强制性与权威性强行予以运用。只有实践证明行政指令指挥下的制度安排可行、有效，这种制度安排才有可能以法律的形式被固定下来，并通过行政指令的形式予以推广。行政指令面向投资项目审批、价格审核、物资调拨等诸多的政府职能，对电力产业实行进入管制、价格管制。行政指令分散于以国家计划委员会为主的多个政府部门中，造成政出多门，其效果与效率难以保证。

（四）政府对电力产业实行过多的管制、过度的管制

对市场经济体制，政府管制的边界限于市场缺陷的领域；而对计划经济体制，政府管制的边界没有限制，导致管制的范围过宽，管制的程度过深，呈现出管制过度、管制过多的特征。其中，管制过多表现为管制的数量超出国民经济发展和公众生活水平所需的量度；管制过度表现为管制的程度超出被管制企业生产

第二辑

政府管制与公共经济研究丛书（第二辑）

经营所能承受的水平，两者既有所联系，又有所区别，共同作用于被管制企业、行业和产业。

三、政治因素要求政府管制电力产业

在管制体制的成因中，政治因素的作用不容忽视。新中国成立之后，政治因素对政府管制电力产业施加较大的压力，尤其表现于政府对电价的管制。

（一）通过价格管制维护社会稳定

电力能源通常作为国民经济其他产业的上游产品，电价水平与电价结构直接影响这些产业的成本与收益。电力还是公众生活的公共产品和服务，电价水平与电价结构直接影响公众的消费水平和生活质量。为了控制新中国成立之后的通货膨胀，保障多数的公众在工资增长速度较低的情况下仍然能够提高实际消费水平和生活质量，政府不得不对电力产品和服务制定较低的管制价格，试图提高公共利益和社会福利，维护社会稳定。这种关注政治因素、忽视经济原理的价格形成机制难以对电力企业形成激励，难以提高资源配置效率和社会分配效率。

（二）通过价格管制促进产业发展

在计划经济体制下，企业的价格结构普遍存在交叉补贴的现象。政府为了培育电力企业的实力，并实现政府主导的电力能源分配，往往允许企业采取"取脂"战略。在"取脂"战略的引导下，企业理性地选择利润率较高、业务量较大的地区或者项目进行生产经营，政府相应地制定较高的管制电价。为了实现有限的电力能源优先保证工业生产，政府通过城乡电价、工农电价的"倒挂"，实质形成农村地区和农业对工业生产的补贴。然而，随着这些企业实力的增强，政府并未由此推行能够提高公共利益的普遍服务义务，价格"倒挂"、"剪刀差"成为政府得心应手予以运用的工具，并在地区之间、城乡之间、工农之间长期存在。

（三）通过价格管制适应政治环境

电力产业实行全面的管制，其中政治环境的影响不可忽视。其一，政府具有提供管制的内在动力。作为万能型的强力政府，通常对政府管制的效果与效率予以高估甚至达到迷信的程度，认为经由管制可以实现社会福利最大化的目标。与此同时，对管制所发生的成本通常予以低估甚至忽略不计。其二，新中国成立之后的制度环境使得中央政府认为全面实行政府管制更有效率。其三，这种全面的、严格的管制模式来自于苏联的示范。苏联建国之前的经济基础和上层建筑较之其他经济发达国家，明显处于劣势。然而，随着全面高度集中管制模式的施行，经济社会发展在较短时间内步入正轨。这种示范效应对于我国政府的决策形成激励。其四，实行全面的、严格的政府管制具有路径依赖。新中国成立之前，解放区实行全面的、严格的军事管制体制。新中国成立之后，全面的、严格的政府管制易与战争期间全面的、严格的军事管制体制形成对接。

126

-------------------------------- 第二节 --------------------------------

经济体制转轨时期电力产业管制体制形成的原因

1978 年，党的十一届三中全会决定实行改革开放政策。1992 年，党的十四大提出建设社会主义市场经济。其后，计划经济体制向社会主义市场经济体制的转轨进程加快。这种转轨过程必然具有符合经济史一般原理的内容，同时必然内含由特定条件、生产水平、制度安排等所决定的特殊内容[1]。这种经济体制转轨具有自身的特点。1920 年，苏联学者尼古拉·布哈林（Bukharin Nikolai Ivanovich）在研究市场经济向计划经济的转型过程中，较早提出"经济转型"的概念[2]。学者厉以宁认为，中国作为转型的发展中国家，转型是指从计划经济体制转变到市场经济体制，发展是指从不发达状态迈向现代化。由于转型与发展双重的任务相互结合，这个过程中所遇到的问题尤其错综复杂，既有转型中的问题，又有发展中的问题[3]。日本学者加藤弘之认为，在计划经济体制向市场经济体制转变中，同时并存着另一个从"市场未发达"阶段向发达的市场阶段转变的任务[4]。斯蒂格利茨（Joseph E. Stiglitz）认为，在转轨时期，中国面临两个挑战，一个是转型，另一个是发展[5]。在经济转轨初期，由于模式设计与操作失误，企业避税、逃税以及在国内、国外各种"税收天堂"隐瞒利润的情况十分容易发

----

① 吕炜：《转轨时期的经济增长原理》，载《经济社会体制比较》，2004 年第 3 期，第 3 页。
② ［苏联］尼古拉·布哈林著，余大章、郑异凡译：《过渡时期经济学》，中文版，上海三联书店 1981 年版。
③ 厉以宁：《转型发展理论》，前言 1～2 页，同心出版社 1996 年版。
④ ［日］加藤弘之：《中国经济的双重转型及其特点》，载《经济学动态》，2003 年第 8 期。
⑤ ［美］斯蒂格利茨：《转型与发展：由〈经济学〉新旧版的差异说开去》，载《黄达—蒙代尔讲座》，第 1 辑，中国人民大学出版社 2003 年版，第 6 页。

生，但设计和实施新的税收机制非常困难①。这个时期的政府管制既不可避免地受到传统计划经济体制惯性作用的影响，又试图为构建社会主义市场经济体制进行制度设计。电力产业政府管制同样呈现出这个时期特有的矛盾复杂性与调和性。

127

一、电力市场的不完善要求政府实行管制

在市场经济条件下，企业追求利润最大化，消费者追求效用最大化，管制机构追求政治利益最大化。但在经济体制转轨时期，由于政治体制的制约，管制机构在管制规则的制定、执行过程中未必追求政治利益最大化。经济体制转轨使得新旧两种经济体制双轨同时并存并行，存在诸多的管制漏洞与获利"机会"。政府为了维护国有资产所有者的利益，往往形成实质的"政企同盟"，致使本不完善的电力市场更加难以发挥应有的作用，管制预期的效果与效率难以保障。履行多重职能的政府难以公正地对待所有的市场主体，非国有资本投资进入的电力企业与尚处于发展初级阶段的乡镇企业、自备电厂实际受到差别对待。"政企同盟"的形成使得管制机构无须更多地关注政治利益最大化，在管制规则的制定、执行过程中往往更加关注维护特殊利益集团的利益，侵占消费者等利益集团与非利益群体的利益，造成公共利益和社会福利的损失。

（一）电力市场的发展要求实行管制

在经济体制转轨时期，国家电力公司实行发电、输电、配电和供电垂直一体化基础上的垄断经营，独家控制全部的输电环节和大部分的配电、供电环节，造成电力企业生产效率、资源配置效率和利用效率低下。发电环节引入竞争的市场基础初步建立，但有效竞争的市场格局尚未形成。截至 1998 年底，国家电力公司所属的全资企业和控股企业其发电装机容量总计 13 833.88 万千瓦，占全国发电装机总容量 27 728.90 万千瓦的一半，加上参股企业则其装机容量超过六成②。随着一批分别属于中国华能集团公司、地方政府、中央与地方合资、中外合资的独立发电企业迅猛发展，这种垂直垄断的格局初步得以改变，发电环节引入竞争的市场基础初步建立。但发电市场实现投资多元化后，以发电企业个别生产成本

第二辑

政府管制与公共经济研究丛书（第二辑）

---

① ［荷兰］安格斯·麦迪森（Angus Maddison）著，伍晓鹰、许宪春等译：《世界经济千年史》，中文版，北京大学出版社 2003 年版，第 148～153 页。
② 有关数据参见 1999 年《中国电力年鉴》。

为基础对电价予以确定的价格形成机制与电力上网方式并未相应地作出调整，不同发电企业之间竞争的格局并未形成。输电、配电环节仍由国家电力公司垄断经营，电网之间互联互通、自由接入和商业运营的体制障碍仍未打破。国家电力公司对 500 千伏和 330 千伏的电网形成独占，对 220 千伏和 110 千伏的电网形成垄断。七个跨省大区电网以及五个独立省网相互之间不能互联互通①。与供电环节放松管制、引入竞争的国际经验不同，供电的地区垄断在法律的支持下继续予以维持。《电力法》规定，供电企业只能在批准的供电营业区内向用户供电，一个供电营业区内只设立一个供电营业机构。供电环节的地区垄断导致需求侧用户无权自由选择供电企业。

（二）电力产业的地区垄断要求实行管制

经济体制转轨时期实行的"厂网分开"改革把发电企业与电网企业从经营核算予以分开，但两者之间经由国家电力公司的资产纽带关系依然存在。"省为实体"体制造成省（市、自治区）电力市场彼此独立，相互分割，阻碍统一开放的电力市场的形成和电力资源的跨省配置，致使电价垄断在区域电力市场成为可能，特别是两起标志性的垄断事件最终引发电力体制改革。其一，投资近 280 亿元建成的二滩水电站被四川省拒绝上网，造成损失高达几十亿元②。其二，云南省水电部门提出，希望以每度 2 角钱的价格向广东省供电，而广东省宁可购买本省供电企业提供的每度 7 角钱的电力。电力产业形成的地区垄断造成资源利用效率损失，最终造成公共利益和社会福利损失。

（三）管制机构的内在缺陷要求实行管制

在经济体制转轨时期，政府管制与电力企业、行业和产业之间的关系比较混乱，管制机构仍然习惯于实行行政管理，以行政管理代替政府管制。这种传统的管制主要由国家计划委员会、经济贸易委员会等政府部门实行。这些部门往往更加关注产业政策、发展规划等宏观政策的制定，对产业管制职能主要采取行政手段，对新建企业、企业改造、进入许可和价格确定等实行行政审批，实际维护电力产业的垄断利益。在传统的行政管理思想的影响下，重视红头文件、轻视法律法规的倾向比较明显，相应地助长管制机构的不当行为。政府管制的效果与效率

第二辑

政府管制与公共经济研究丛书（第二辑）

---

① 国务院发展研究中心产业经济研究部：《中国电力改革与可持续发展战略研究》，2002。
② 从玉华：《谁是全国大面积电荒的罪魁祸首》，载《中国青年报》，2003 年 8 月 6 日。从玉华：《两种声音两大阵营电荒到底是不是垄断惹的祸》，新华网，http://www.news.xinhuanet.com/，2003 年 8 月 20 日。

需要以相对独立的管制机构作为组织保障，这些管制机构只有摆脱部门利益、产业利益的束缚，独立于利益集团与非利益群体，才能公正地制定、执行管制规则，减少管制过程中的不确定性，提高管制预期的效果与效率。

（四）管制规则制度安排的缺陷要求实行管制

129

从管制规则的制定来看，行政立法草案由政府法制部门予以审查，审查的内容包括立法的必要性、可能性，草案的内容，起草的程序等[①]。由此可见，审查的内容比较笼统，可操作性较差，对其中关键的细节问题难以及时地发现。在经济发达国家的实践中，新西兰等国家在立法建议委员会（Legislative Advisory Committee）的指导方针中，对提议的管制立法进行审核和检验的具体要求包括管制的目标是否已经明确地予以界定；是否已经考虑非立法方面的选择；管制立法是否符合一般的法律原则；既定的权力格局是否被改变；如果既定的权力格局被改变，是否需要进行改革，等等[②]。由此可见，审查的内容比较具体，可操作性较强，值得吸收借鉴。

从管制规则的执行来看，试行的电价听证制度存在缺陷。其一，难以体现不同利益集团与非利益群体的广泛性。在实践中，参加听证会的人员往往被事先指定，特别是专家代表往往选择与管制机构理念相同或者相近的，难以代表不同的利益集团与非利益群体。其二，难以体现听证制度应有的开放性。建立听证制度的目的在于保证管制机构定价行为及其决策过程的透明化、公正性，要求管制机构建立不同的利益集团与非利益群体共同参与、相互制约的机制，加强对管制规则制定、执行过程的监督，保障公共利益和社会福利，但实际实行的封闭式听证会显然对此存在背离。其三，难以体现反复博弈的反馈机制。电价听证会通常实行单向的、一次的听证，往往听证会所收集的信息尚未处理反馈，电价已经确定并予以公布。听证制度可以使得不同的利益集团与非利益群体充分表达各自的意见，从而形成不同的利益集团与非利益群体之间讨价还价的博弈机制，体现电价制定的公正性原则。规范的电价听证会实行建立于各方信息双向反馈基础上的重复博弈，这种重复听证的动态博弈过程可以保障电价形成机制的公正性。

（五）维护消费者等利益集团与非利益群体的利益要求实行管制

综合性的全国消费者协会与地方消费者协会虽然得以设立，但针对电力用户

第二辑

政府管制与公共经济研究丛书（第二辑）

---

① 罗豪才：《行政法学》，中国政法大学出版社 1996 年版，第 167 页。
② Bryce Wilkinson, 2002. *Improving the Quality of Government Regulation*, The Treasury Guest Lecture Series, Wellington, New Zealand, 7, P. 1.

的专业化消费者组织并未建立。由于既有的消费者协会对电力专业知识的掌握相对不足，往往难以有效地维护消费者利益。在经济发达国家的实践中，英国在英格兰、苏格兰、威尔士建立 14 个电力消费者委员会（Electricity Consumers' Committee）。委员会代表消费者利益，独立于电力管制办公室（OFFER）和电力产业①。在制定、执行管制规则特别是直接涉及电力产业、消费者等利益集团与非利益群体时，需要规范地实行听证制度，加强社会监督。管制机构可以把管制规则草案在各种公共媒体予以公示，广泛征求消费者协会等不同的利益集团与非利益群体的意见。管制机构对收集的意见，在双向反馈的基础上进行反复论证，并对管制规则草案予以相应地修正，从而维护不同的利益集团与非利益群体的利益。

二、行政垄断要求政府实行管制

从形成的原因来看，垄断可以分为三类，包括自然垄断，在市场竞争过程中凭借技术、资本、管理和信息的优势所形成的竞争垄断，政府依托行政权力的强制性与权威性获取排他性权利而形成的行政垄断。对于行政垄断的行为，《反垄断法》给予界定，包括行政机关和法律、法规授权的具有管理公共事务职能的组织滥用行政权力，排除、限制竞争；滥用行政权力，限定或者变相限定单位或者个人经营、购买、使用其指定的经营者提供的商品；滥用行政权力，妨碍商品在地区之间的自由流通；对外地商品设定歧视性的收费项目、实行歧视性的收费标准，或者规定歧视性的价格；对外地商品规定与本地同类商品不同的技术要求、检验标准，或者对外地商品采取重复检验、重复认证等歧视性的技术措施，限制外地商品进入本地市场；采取专门针对外地商品的行政许可，限制外地商品进入本地市场；设置关卡或者采取其他手段，阻碍外地商品进入或者本地商品运出；妨碍商品在地区之间自由流通的其他行为；滥用行政权力，以设定歧视性的资质要求、评审标准或者不依法发布信息等方式，排斥或者限制外地经营者参加本地的招标投标活动；滥用行政权力，采取与本地经营者不平等待遇等方式，排斥或者限制外地经营者在本地投资或者设立分支机构；滥用行政权力，强制经营者从事垄断行为；行政机关滥用行政权力，制定含有排除、限制竞争内容的规定。由此可见，除基于技术经济特征而形成的垄断外，电力产业的垄断主要表现为行政

---

① 王俊豪：《中英自然垄断产业政府管制体制比较》，载《世界经济》，2001 年第 4 期，第 58 ~ 61 页。

垄断。

(一) 电力产业行政垄断的影响

电力体制改革与管制体制改革的目标应定位于打破行政垄断。在计划经济体制下，政府依托行政权力给予电力企业、行业和产业排他性的垄断经营权利，保护产业利益，形成垄断格局。在经济体制转轨时期，电力企业、行业和产业利用新旧经济体制双轨同时并存并行的体制性缺陷，维持并强化既有的垄断格局。着眼于维护国有电力企业的利益，政府依托行政权力的强制性与权威性，借助于法律、法规、规章和政策，对电力产业实行行政垄断，乃至授权国家电力公司这样的国有垄断企业替代政府履行管制职能。借助于行政垄断，国家电力公司可以对电力体制改革制定"红头文件"等形式的管制规则，制定产业发展规划，管制电力企业、行业的行为。在行政垄断的作用下，电力行政管理部门与电力企业、行业和产业结成利益共同体，高度关注部门利益与产业利益，通过各种形式侵占用户利益与其他企业的利益。在供需双方不对称的格局中，管制机构制定、执行的管制规则多数用于约束用户，形成所谓的"霸王条款"。这种经由政府管制，利用利益格局中的优势地位侵占其他市场主体利益的行为，阻碍电力市场的发展，最终造成公共利益和社会福利的损失。在经济体制转轨时期行政垄断的制度安排下，电力产业的发展得益于行政权力，通过行政垄断获取产业垄断利润，巩固并加强以利益为纽带的既得利益集团。归根到底，行政垄断的实质在于滥用行政权力，借以获取不当利益。

(二) 电力产业行政垄断的特征

由于行政垄断经由法律、法规、规章和政策的规定，以合法的形式取得垄断权力，因而也被称为法定垄断。行政垄断作为滥用行政权力，限制、排斥市场竞争，获取排他性权利的行为，其特征表现于多个方面。其一，行政垄断具有源自于政府行政权力的强制性与权威性。行政垄断源自于电力市场之外，与市场的运行机制、组织结构和构成要素并没有直接的联系。这种行政垄断依托政府行政权力的强制性与权威性，对市场实行垄断。其二，行政垄断的主体通常为产业行政管理部门或者具有行政管理职能的机构。前者可以直接履行管制职能，后者需要借助于政府授权，实际履行管制职能。其三，行政垄断的目的在于获取利益。通过限制、排斥市场的公平竞争，行政垄断破坏市场的公平交易，获取排他性的不当利益。其四，行政垄断的作用范围广泛。行政垄断不仅对具有自然垄断性的输电、配电环节发挥作用，还延伸到具有可竞争性的供电环节，以及已经放松管制的发电环节，并通过行政审批等手段予以维持甚至强化。其五，行政垄断的打破具有长期性。经济体制转轨时期形成的行政垄断，依托资源配置的行政化与计划性，发展并加强既得利益集团，营造有利于既得利益集团的外部环境，成为电力产业发展和国民经济发展的最大制度性"瓶颈"障碍。行政垄断具有较强的惯性，打破行政垄断尚需时日。

（三）电力产业行政垄断的起因

行政垄断的产生源自于行政权力，既包括地方垄断、部门垄断之类的行政垄断，也包括烟草、酒类、食盐专卖和粮食、棉花统购统销之类的行政管理。行政垄断往往依据法律、法规、规章和政策特别是地方性、部门性、行业性规章与政策而产生。地方政府、政府部门和履行部分管制职能的产业基于维护地方利益、部门利益和产业利益，以滥用行政权力为手段，实行进入管制、退出管制、技术标准管制、价格管制、质量管制，机械地割裂市场的统一性与开放性，限制、排斥公平竞争，损害经济效率。对于电力产业而言，行政垄断的目的在于维护行政管理部门与电力产业的利益。在计划经济体制向社会主义市场经济体制转轨的时期，特别易于形成并强化这种行政垄断。行政垄断作为计划经济体制下的国家高度集中垄断在经济体制转轨时期的延续与深化，带有明显的旧的经济体制的特征。在计划经济体制下，计划控制一切，政府对电力企业、行业和产业的进入、退出、原料供给、价格制定、产能产量全面实行管制，形成高度集中垄断的格局。1979 年之后，对多数产业的管制逐步放松甚至放弃，有效竞争的局面逐渐形成。但对于电力等自然垄断产业，政府继续实行垂直垄断结构下的严格管制。在经济体制转轨时期，由于适应这个时期的制度安排的缺位及新旧经济体制的双轨并存并行，使得产业获取行政垄断的手段。

（四）电力产业行政垄断的对策

在实行市场经济体制的国家，反垄断的对象在于具有垄断优势、处于垄断地位企业的反公平竞争行为。而对于经济体制转轨时期的国家而言，对公平竞争危害最大的并非垄断企业的垄断行为，而是不同层级的政府及其部门与相关企业、行业和产业在利益纽带的结合下，施行的各自为政、割据市场的行政垄断行为。随着中央与地方权力分配的调整，地方垄断得以强化，而部门垄断、产业垄断则直接源自于计划经济体制下的部门利益、产业利益。在长期实行的计划经济体制的作用下，行政垄断的思想演化成为具有普遍影响的思维模式与社会心理，从而以执政理念、价值标准确立行政垄断的合理性。经济体制可以通过改革实现计划经济体制向社会主义市场经济体制的转轨，而思想的连续性和沉淀性使得思想的转变和解放需要较长的时间。时至今日，在有些部门以及企业、行业和产业那里，仍然可以看到计划经济体制的影子。政府部门或者企业、行业和产业动辄以维护市场秩序或者实行行业管理为名，依据法律、法规、规章和政策，运用行政手段，对经济活动进行直接的干预，扰乱市场运行，限制、排斥公平竞争。打破行政垄断需要拿出壮士断腕的勇气与力量，推进行政管理体制改革，敢于打破既得利益格局，规范政府管制行为，维护公共利益和社会福利。

三、经济体制转轨过程中的寻租行为要求政府实行管制

在经济体制转轨时期，旧的制度安排基本已被打破，而新的制度安排尚未建立起来，出现制度安排的缺位和管制的空白，从而为大量的获利"机会"提供可能性，各种利益集团不可避免地对管制权力采取寻租行为。

（一）政府管制寻租理论的一般分析

1967 年，美国学者图洛克（Gordon Tullock）较早提出寻租理论①，认为完全竞争理论对于偏离竞争所导致的社会福利损失估计不足，税收、关税、垄断实际造成的社会福利损失远远超过估算，其原因在于市场主体通常选择游说、疏通关系等寻租的活动，获取对己最为有利的收益。而在竞相寻租的条件下，每个市场主体都认为值得付出与期望的收益相近的成本。1974 年，美国学者克鲁格（Anne Krueger）较早提出"寻租"（Rent-Seeking）的概念②，认为基于获取租金而围绕进口垄断权展开的竞争，实际造成社会的损失。1980 年，美国学者布坎南（James M. Buchanan）等提出两个基本观点，一个是寻租行为基本通过政治活动进行，另一个是限制寻租行为就要限制政府③。由于政治活动中的经济人动机，寻租的行为实际不可避免，公共决策因为利益集团的集体行动而被扭曲。1982

---

① Gordon Tullock, 1967. *The Welfare Costs of Tariffs, Monopolies, and Theft*, Western Economic Journal, 5, P. 224.

② Anne Krueger, 1974. *The Political Economy of the Rent-Seeking Society*, American Economic Review, 64, P. 291.

③ James Buchanan, Gordon Tullock, Robert Tollison, 1980. *Toward a Theory of the Rent-seeking Society*, College Station, Texas A & M Press.

年，印度学者巴格瓦蒂（Jagdish N. Bhagwati）提出"直接非生产性寻利"（Directly Unproductive Profit-seeking，简称 DUP）活动，既包括在政府干预条件下的被动寻租活动，也包括寻求政府干预的主动寻租活动①。寻租理论认为，政府活动无论无意地、被迫地，还是有意地影响资源配置，都会创造额外的收益，从而引发相应的寻租行为。

布坎南（James M. Buchanan）等公共选择学派的学者对寻租产生的条件与寻租的层次进行探讨②，对寻租与寻利予以界定。通常认为，寻利行为产生于充分竞争的市场中，市场经济中的寻利行为能够激励资源实现更为合理的配置，有利于社会福利的增加。而寻租行为的产生往往与政府干预的特权有关，其条件是存在限制进入市场或者市场竞争的制度。在政府干预的条件下，试图寻利的主体发现寻利存在困难，转而进行寻租活动，从而获取额外的收益，其结果导致社会福利的损失。寻租行为通常在三个层次进行。其一，对政府活动所产生的额外收益进行的寻租。其二，对政府肥缺的寻租。其三，对政府活动所获得的公共收入进行的寻租。以出租车执照为例，第一个层次表现为直接获取执照的寻租。如果采用竞争性拍卖的方式出售执照，则执照的数量限制所产生的额外收益可以通过市场竞争的方式体现到执照的价格中。第二个层次表现为对出租车管理部门职位的寻租。由于第一个层次所产生租金的减少，市场主体转而寻求对更高层次进行寻租。第三个层次表现为对政府收入的寻租。拍卖执照所得收入成为公共财政的来源，对财政支出的寻租成为有利可图的行为。这些分析套用到电力产业中同样适用，寻租行为分别在对电力市场进入的行政许可进行的寻租，对电力企业、行业和产业的行政管理部门职位的寻租，对政府投资等财政支出的寻租三个层次进行。只要政府的行为超出保护产权、保障个人基本权利、确保合同履行的职能范围，则不论政府采取何种资源配置方式介入经济活动，都将产生额外的收益，造成市场主体追逐政府行为所带来的租金，导致资源的非生产性耗费。

（二）政府管制条件下寻租行为的起因

在市场经济充分竞争的条件下，资源配置经由市场竞争实现，从而可以动态地实现帕累托最优。在政府管制的条件下，管制机构运用管制权力对资源予以配置，从而产生各种潜在的额外收益的机会，诱使各种寻租行为的发生。行政审

① Jagdish N. Bhagwati, 1982. *Directly Unproductive Profit-seeking（DUP）Activities*, Journal of Political Economy, No. 5, Vol. 90.
② James Buchanan, Gordon Tullock, Robert Tollison, 1980. *Toward a Theory of the Rent-seeking Society*, College Station, Texas A&M Press.

批、配额、许可证、特许权等管制手段、工具与方法都将影响资源配置效率。政府的干预行为相当于创造一个短缺的市场，只要拥有市场的相应份额，即可相应地拥有获取额外收益的特权。对这个短缺的市场，不同的市场主体总会试图利用各种资源通过交易获得这种特权，从而取得对己有利的分配权力。有的通过谈判、交易等手段获得特权，有的通过威胁、欺骗等手段获得特权，有的通过行贿、游说等手段获得特权，有的通过规避、逃脱等手段获得非法的"特权"，等等。对于已经拥有这种特权的市场主体而言，首要的在于保护、利用这种特权，攫取最大化收益。无论获取特权还是保护、利用这种特权，都需要付出相应的费用，这种费用支出并不能减少乃至消除政府干预实际造成的短缺，因而寻租行为最终导致社会福利的净损失。从理论分析来看，并非所有的政府行为都必然导致寻租活动，通过合理的制度安排对资源实行配置，可以使得寻租行为难以发生或者无利可图。这种制度安排允许政府干预所产生的租金收益由社会全体成员通过均等的分配而获得。然而在现实中，这种理想的制度设计很难做到，即使制度设计做到完美无缺，往往也难以得到不折不扣的执行，何况平等分配这种理想的"大同"思想未必有益于资源配置效率的提高。

（三）电力产业政府管制中的寻租行为

管制行为可以引发寻租行为，寻租行为表现为利益集团为了获取利益而通过施加压力、游说、行贿等方式对管制规则的制定、执行施加影响，从而获得对己有利的政策。管制对产业利益的保护并非免费提供，政府通常要求获益的利益集团通过各种形式支付成本，由此形成管制与寻租相互加强的循环机制，从而使得管制的过程与寻租的行为相伴而生。在经济体制转轨过程中，既得利益集团基于保护既得的利益，极力维护、巩固旧的经济体制，阻碍经济体制的转轨，造成改革难以取得进展。从实际情况来看，在被管制企业的寻租过程中，管制机构未必甘心被动地创租。为了解释这种现象，1987 年，美国学者麦克切斯尼（F. S. McChesney）提出"政治创租"（Political Rent Creation）和"抽租"（Rent Extraction）的概念①。前者是指管制机构利用行政干预的手段增加被管制企业的利润，实行人为地创租，从而诱使被管制企业向其寻租。后者是指管制机构故意提出某项将使产业利益受损的管制规则作为威胁，实行人为地抽租，迫使

---

① Fred S. McChesney, 1987. *Rent Extraction and Rent Creation in the Economic Theory of Regulation*, Journal of Legal Studies, No. 1, Vol. 16. 参见陆丁：《寻租理论》，载汤敏、茅于轼主编：《现代经济学前沿专辑》，第 2 辑，商务印书馆 1993 年版，第 153 页。

被管制企业与管制机构分享既得的利益，从而换取管制机构放弃制定、执行这项规则。基于寻租的性质，管制的行为呈现出强化的特点，管制规则造成的市场扭曲越严重，利益集团获取的租金越多，则这些管制规则越难以得到矫正。

136

（四）电力产业政府管制中的创租行为

从租金的来源来看，政府的租金收益可以分为无意创租、被动创租和主动创租三类[①]。其中，无意创租是指政府基于良好的目标，对经济活动进行干预，却无意中设立租金，从而为寻租行为创造机会。随着执政理念的成熟、管理知识的积累和行政经验的增加，这种无意创租的行为将逐渐减少。但只要政府不取消对经济活动的直接干预，则创租行为不会消亡，何况有时政府并非无意创租，而是被动创租甚至主动创租。创租往往给寻租者带来寻租机会，一旦这些寻租者拥有政府创设的租金，则寻租者形成特殊利益集团。这些利益集团基于保护、利用既得的利益，竭力反对制度安排的改变。如果利益集团实行渗透、拉拢、演变，政府实际被这些利益集团所"俘虏"。在此之前，政府也许无意创租，但被"俘虏"之后，为利益集团所迫，政府不得不被动创租。在有些情况下，政府官员也会加入利益集团，以权谋私、损公肥私，此时出现主动创租。在经济体制转轨时期，管制的权力往往被用于设置租金，吸引寻租者，从而为管制机构谋取利益。在现实中，不同层级的政府无意创租、被动创租和主动创租的行为都不同程度地存在，特别是被动创租和主动创租的行为尤其需要引起密切的关注。

四、管制变迁要求政府调整管制结构

在管制规则的制定、执行过程中，市场的需求变化引起市场结构的变化，发电环节的放松管制导致发电企业形成市场势力，管制规则的执行具有动态性，这些管制变迁要求政府对管制结构作出适应性的调整，使得管制结构与市场结构保持协调，保证政府管制预期的效果与效率。

（一）电力市场结构的变化要求政府调整管制结构

在经济体制转轨时期，随着经济发展与公众生活水平提高，电力供给的需求得以增长，市场出现供不应求的局面。国有资本独家办电的模式限制其他投资主

① 贺卫：《寻租经济学》，中国发展出版社 1999 年版，第 206~242 页。

体的积极性，影响资源配置效率。面对市场供不应求的局面，由于发电环节存在进入管制，潜在的进入者不能及时进入市场平衡需求，管制不再提高公共利益和社会福利，此时管制结构的调整势在必行。管制结构需要适应市场结构的变化，并随着这种变化而相应地作出动态的调整，从而适应变化的市场结构。管制结构调整的措施在于适度地放松管制。在具体实践中，"电网统一管、电厂一起办"的政策激励不同性质的投资主体进入市场，民营资本、国外资本开始以各种形式进入电力企业、行业和产业，市场结构相应地实现从完全垄断向国家电力公司单一购电垄断的转变，尤其在发电环节引入竞争，实现管制结构与市场结构的再平衡。

（二）管制规则执行的动态变化要求政府调整管制结构

随着发电环节放松进入管制，引入市场竞争，电力短缺的局面初步得以改观，但对电网仍然实行严格的管制。由于禁止潜在的企业进入电网环节，国家电力公司控制全部的电网。国家电力公司利用对电网严格的进入管制，实际支持所属发电企业与体制外的独立电厂进行不公平竞争，从而使得管制规则在执行中发生动态的变化，导致独立电厂以及消费者的利益受损，二滩水电站即为典型的案例。二滩水电站作为独立电厂，没有自己的电网，更没有生产调度权，只能接入国家电力公司所属的电网。国家电力公司拥有直属发电企业，理性地优先输送这些企业生产的电力。在这种不公平竞争的格局下，二滩水电站深受其害。2000年，电站按照购电合同核定的上网电量为 93.1 亿千瓦时，实际实现上网电量为45.14 亿千瓦时，占合同电量的 48.5%，仅占电站可发电量的 31%，造成极大的资源浪费和经济损失。1998 年投产以来，该电站一直执行每千瓦时 0.18 元的临时电价，远远低于川渝电网的平均上网电价。1998、1999 两年，二滩水电站累计亏损 12.5 亿元[①]。从另一个角度来看，电网的进入管制使得国家电力公司所属发电企业只要发电即有利润，从而抑制这些企业降低成本、提高效率的激励与动机。国家电力公司利用政府授权的垄断地位，以所属发电企业的利润最大化为目标，对电价予以控制，造成其他独立电厂的利益损失，影响社会福利最大化目标的实现。针对这种情况，需要及时对管制结构作出调整，保证管制结构与市场结构的相互适应，实现管制结构与市场结构的平衡。在具体实践中，面对发电环节引入竞争的市场结构变化，管制结构的调整首要在于对"厂网公开、竞价上网"

---

① 白天亮：《二滩水电为何卖不掉》，载《人民日报》，2000 年 7 月 10 日。

进行试点。然而，试点的结果不尽如人意。这种由管制规则的调整而产生的利益未能让渡于消费者，反而因为销售电价不变而实际增加国家电力公司的收入。其原因在于电网的制约，在电网仍然实行高度垄断的情况下推行"厂网公开、竞价上网"，实际使得管制规则的调整成为国家电力公司内部的制度调整，而非完全适应市场的需求对管制规则作出根本性的调整，从而造成管制结构与市场结构发生偏离，影响管制的效果与效率。

（三）发电企业形成的市场势力要求政府调整管制结构

随着发电环节进入管制的放松，国家电力公司在发电市场的势力越来越大，从而对其他发电企业的发展形成抑制。管制结构与市场结构的平衡再次被打破，需要管制结构再次作出相应的调整。这次管制结构的调整在于分割国家电力公司，限制发电企业的市场势力，市场结构从国家电力公司单一购电垄断模式向多个大型电力企业的寡头垄断模式转变，管制机构的工作重点相应地转向对发电企业的市场势力实行管制。管制结构的调整不仅在发电环节加强市场竞争，而且在供电与配电环节开始探索适度引入竞争。

影响发电企业市场势力的因素包括发电企业的市场份额、用户的需求价格弹性、电力系统的备用容量、市场信息的公开程度、电网阻塞的程度。

1. 发电企业的市场份额

在管制结构作出调整之后，由于发电企业的数量有限，市场结构接近于寡头垄断市场。对于自然垄断企业，市场份额与其市场势力通常具有正的相关性。如果其中一个发电企业的市场份额较大，往往造成其他发电企业的机组闲置，形成效率损失。如果较大的发电企业抬高报价，其损失的发电量较少，而市场的电价升高的可能性较大，则其市场势力较强。在这种情况下，市场份额较小的企业只能跟随报价。如果发电企业在某种类型的机组中拥有较大的市场份额，则其市场势力同样较强，原因在于市场运行规则规定，企业报价的依据在于替代机组的变动成本，而非报价机组自身的变动成本。因此，如果企业的发电机组类型唯一并且市场份额较大，则其选择作为报价依据的替代机组其变动成本通常较高。此时这个企业的报价高于其变动成本，形成较强的市场势力。

2. 电力用户的需求价格弹性

对短期电力批发市场，用户的需求价格弹性较小，发电企业提高报价之后的需求变化较小，企业的市场势力相对较强。对长期电力批发市场，用户的需求价格弹性较大，企业的高价策略往往难以成功。从市场的细分来看，不同需求价格弹性的用户对发电企业的市场势力影响不同。钢铁、电解铝等行业的生产需要不间断的电力供应，其需求价格弹性几乎为零，电力需求基本不受电价的影响，从而发电企业的市场势力较强。汽车生产、机械加工等依靠电力作为能源进行生产的企业，其需求价格弹性比较合乎理性，对电价的调整能够作出适当的反映，发电企业的市场势力相对中性。居民生活用电、服务业用户等需求价格弹性较大，发电企业的市场势力较弱。

3. 电力系统的备用容量

基于保证电力系统安全、可靠、稳定地供给电力，必须设置足够的备用容量。着眼于负荷备用、检修备用和事故备用，发电企业的装机容量必须大于最大负荷，两者之间的差额即为备用容量。在备用容量的规划确定之后，当电力需求接近于电力系统总的发电容量时，市场结构接近于垄断。此时，发电企业提高报价之后，由于没有足够的替代容量满足需求，市场只得接受这一较高的报价。在这种情况下，即使市场份额较小的发电企业同样可以拥有较强的市场势力。

4. 市场信息的公开程度

如果电力市场公开的信息不足，较大的发电企业拥有较强的势力，可以通过多种途径收集、获取、传输、存储和使用较多的信息，甚至获得被刻意隐瞒的内部信息，从而在报价时处于有利的地位。较小的发电企业由于信息不足，甚至被竞争对手故意散播的虚假信息所蒙蔽，报价趋于保守，只能跟随较大的企业进行报价，相应地增强较大发电企业的市场势力。

5. 电网阻塞的程度

随着电力市场的完善，输电网对发电企业逐步公平地开放，更大范围的电力资源配置成为可能。然而，跨区域的电力能源交易增多，经由电网传输电能的不确定性同样相应地加大，从而使得违反输电系统安全性限制的输电阻塞对发电企业市场势力的影响增大。在市场交易或者电网运行过程中，输电阻塞的产生使得市场的供需平衡点发生变化，造成发电企业在缺电地区的市场份额相对增大，从而可以控制区域市场电价，增强市场势力。

政府管制应综合考虑影响发电企业市场势力的诸多因素，并以此为基点，制

第二辑

政府管制与公共经济研究丛书（第二辑）

定、执行相应的管制规则，对发电企业市场势力的作用范围和程度予以制约，维护电力市场的公平竞争和经济效率。

第三节

社会主义市场经济体制下政府管制电力产业的原因

在社会主义市场体制下，经典经济管制理论的"弥补市场缺陷"分析具有借鉴的意义，但由于这种市场经济体制源自于计划经济体制转轨，不可避免地带有旧的经济体制的痕迹，政府管制体制的成因与经济发达国家仍然有所区别。

一、电力产业实行政府管制的必要性

政府管制的实质在于利益再分配与福利转移。在市场经济体制下，无论改进管制还是放松管制甚至取消管制，都不宜以管制的主体或者管制的客体的利益作为标准，而应从市场本身寻找管制作出调整的原因。如果市场能够自动地实现社会福利最大化的目标，则政府管制并不具备必要性。实际由于电力市场的内在缺陷，使得社会福利最大化的目标难以实现，仅仅依靠市场机制的作用，难以保证电力企业、行业和产业的生产效率、资源配置效率和利用效率，难以保持可持续发展，难以推动经济社会协调发展。因此，寻找市场机制之外的其他力量，对市场缺陷予以弥补具有必要性。

(一) 第三种力量的弱势使其难以履行政府管制的职能

第三种力量通常是指除市场与政府之外的其他组织。从其功能定位区分，第三种力量可以分为准行政类、准司法类、商务咨询类、经济鉴证类、社会团体类、社会公益类六个类别。在具体实践中，具备履行管制职能条件的第三种力量，包括电力行业协会、电力企业联合会和电力企业管理协会等社会团体类；会计师事务所、税务师事务所等经济鉴证类按照政府授权，也可以部分地履行管制职能；准行政类、准司法类作为行政管理体制的特殊产物，实际替代政府履行管制职能，但随着行政管理体制改革的推进，这种管制职能将逐步予以规范甚至取消；社会公益类自发地对电力企业、行业和产业实行社会管制；商务咨询类则几乎没有管制的职能。

1. 第三种力量的发展源自于市场失灵和政府失灵

市场并非万能，市场缺陷导致市场失灵；政府同样并非万能，政府缺陷导致政府失灵。政府失灵表现于多个方面，包括决策机构由于信息不完全、信息不对称而导致决策失误；政府部门或者政府官员的目标定位于部门利益或者政治利益、个人利益，不能总是代表公共利益；各种利益集团通过寻租行为影响政府决策，经由政府的直接干预借以谋取额外的收益；执行机构拥有自由裁量权与剩余立法权，具备滥用职权的条件；政府部门的设置难以合理，官僚体系科层组织的固有缺陷造成运行效率低下；行政管理体制的决策、执行、监督、反馈和协调各个环节机械地独立，难以协调或者协调效率不高；政府绩效考核机制存在固有的内生缺陷，考核指标难以确定，考核过程流于形式，考核内容易于失真，考核结果无法运用，考核的激励导向作用难以发挥；长期沉淀、积重难返的"机关文化"、"潜规则"造成约束与监督机制难以发挥作用，等等。市场失灵使得政府干预具备可能性，而政府失灵又使得市场与政府之外的其他组织介入经济活动具备可能性，第三种力量应运而生。

2. 第三种力量的必要作用

在成熟的现代社会中，各类组织依据不同的定位，在各自的领域内分别发挥应有的作用，相互之间进行协调配合，共同促进经济社会和谐发展。其中，第三种力量具有不可替代的地位与作用。在传统的计划经济体制下，政府管制以政治管制、经济管制、社会管制和文化管制的形式统揽一切，管了很多不该管、管不好、管不了的事[①]，行政机构日益膨胀，政府职能有增无减，政府负担越来越重。当行政管理、社会管理、企业管理这些多重的管理职能膨胀到政府所能承受的极限时，不得不重新进行权力配置，增设、调整管制机构，确定职能配备、内设机构、人员编制，拨发财政资金。而增设的管制机构继续深化行政管理、社会管理、企业管理等多重的职能，导致机构重叠、职能冲突，形成政府部门、人员编制和财政资金的循环膨胀。这种对行政管理、社会管理、企业管理的深度干预造成"企业办社会"、"政府办社会"的现象，政府管制功能越强，社会功能越弱，政府管制实际抑制社会功能的发育、成长。商品经济、市场经济的发展过程，本质在于政府还权于社会、实现政府职能社会化的过程，政府向市场、社会转移社

---

① 邓小平：《党和国家领导制度的改革》，载《邓小平文选》，第 2 卷，人民出版社 1994 年版，第 342 页。

会管理、企业管理的职能，改进行政管理的效果与效率。通过把大量的社会性、市场性、公益性职能从政府职能中剥离出来，授权、委托或者下放于第三种力量予以承担，既可以使得政府轻装上阵，把该管的管好，又可以使得第三种力量发挥弥补市场缺陷与政府缺陷的作用，推动经济社会发展。

3. 第三种力量的内在缺陷

市场失灵、政府失灵对第三种力量提出勇挑重担的要求，然而，第三种力量存在先天不足的内在缺陷，难以承担这种管制的职能。从发展的历程来看，第三种力量除部分属于自然演化产生外，在市场与社会中占据主导地位的通常由原政府附属机构改制、脱钩而成。这些组织与政府存在千丝万缕的联系，剪不断理还乱，其思维方式与行为模式深深打上行政的烙印，其负责人通常由原业务管理部门或者其他政府部门的退休干部担任。对于市场与社会而言，这些组织仍然不同程度地代表政府，在准行政类、准司法类中表现得尤其突出。由此可见，第三种力量确立公正、独立的市场主体或者社会主体的地位与作用尚需时日。从这些组织来看，其职能发挥依赖于政府职能的退出进程与力度。只有政府把部分职能予以剥离，并授权、委托或者下放于第三种力量承担，这些组织才有用武之地，才能在长期的市场交易与社会服务中逐步培育力量。从实践来看，第三种力量尚处于发展的初级阶段，在激烈的竞争中求生存成为当务之急。在短期利益的驱动下，有些第三种力量摒弃长远发展的目标，急功近利，通过种种不正当竞争的手段与方法，获取非法的额外利益，造成第三种力量的地位、作用和形象受损，阻碍这些组织的健康发展。对于电力产业管制的职能，第三种力量力不从心，难当重任。

(二) 政府的强制性与权威性使其具有管制的义务与能力

市场失灵为政府管制提供必要的条件，但市场失灵并非政府管制的充分条件，其原因在于两个方面。一方面，市场机制解决不好的问题，政府管制同样未必能够解决好；另一方面，即使政府管制能够解决这些问题，其效果与效率未必令人满意。在管制规则的制定、执行过程中存在种种的问题，这些问题由于管制内在的缺陷而无法解决或者解决的效率不高，导致管制失灵。在市场失灵与管制失灵两者之间，往往需要对实行管制与不实行管制两者的效果与效率进行评估比较，然后从中作出选择。政府管制既然源自于市场失灵，其目标根本在于弥补市场缺陷，矫正市场机制的负面作用，提高资源配置效率，增进公共利益和社会福利。

政府管制具有内生性、多方位性、层次性、强制性和权威性等一般特点①。内生性源自于政府维持经济秩序、政治秩序、社会秩序和文化秩序的需要。多方位性是指政府管制诸多的方面在组织系统上构成体系。层次性表明经济管制、政治管制、社会管制和文化管制的优先次序不同。强制性源自于政府唯一的、合法的暴力机构的定位。权威性表明政府管制的效力高于非政府管制。特别是强制性与权威性使得政府具有管制电力产业的义务与能力。作为公共利益的代表，政府的存在具有合法性，拥有实行管制的义务。作为唯一的、合法的暴力机构，政府拥有实行管制的能力。由此可见，政府对电力产业实行管制具有必要性。

（三）管制行为受到边界的约束

对政府管制的作用范围与边界，应作出明确的界定，防止管制"越位"或者"缺位"，杜绝管制机构滥用权力或者行政不作为。如果政府管制的范围跨越边界，则造成管制"越位"；如果管制的范围处于边界之上，则表明管制"适位"；如果管制未能处于合理的边界内，则造成管制"缺位"。电力产业政府管制需要对管制发挥作用的边界予以明确地界定。

1. 管制行为限于市场失灵的领域

政府管制边界的划定受政府能力、管制成本与收益等诸多因素的影响，但主要还是基于弥补市场缺陷的考虑。总的来看，弥补市场缺陷是影响管制边界划定的决定性因素，而政府能力、管制成本与收益则是管制边界划定的制约性因素。从政府管制弥补市场缺陷的领域来看，政府管制的边界应限于几个方面，包括解决或者缓解被管制企业信息不对称所造成的市场失灵；保障电力市场的公平交易、公平竞争；对电力企业、行业和产业的垄断行为实行管制，提高市场的竞争性；限制电力企业、行业和产业负的外部性，激励正的外部性；规范市场交易，降低交易成本；限制电力企业、行业和产业的非理性行为；维护电力安全与国家利益，等等。

2. 管制行为受到政府能力的约束

从政府能力来看，政府能力作为社会生产能力的组成部分，受经济制度、政

---

① 曾国安：《管制、政府管制与经济管制》，载《经济评论》，2004年第1期，第96页。

治制度、社会制度、文化制度和社会主流意识的影响。经济制度不同，政府动员、集中和分配资源的能力存在差异；政治制度的性质与行政制度安排影响行政的效果与效率；社会制度对社会功能的发育形成激励，从而影响政府与社会的职能分配；文化制度通过潜移默化的教化，影响服从政府管制的效果与效率；社会主流意识影响经济制度、政治制度、社会制度与文化制度的选择，同时影响市场、社会等非政府主体对行政效果与效率的认可程度。政府能力的评估以其对公共利益和社会福利所发挥的作用为标准，可以分为强势政府与弱势政府。政府能力的强弱直接影响政府管制的力度与边界，通常强势政府实行管制的范围更为宽泛，弱势政府实行管制的范围则相对狭窄。

3. 管制行为受到成本与收益的约束

从管制的成本与收益来看，政府管制的边界应限于管制的总成本小于总收益，即净收益不能小于零。管制成本作为政府实行管制所耗费的资源与费用，应按照社会成本的概念予以核算，把所有受政府管制影响的市场主体与社会主体，在所有的环节、所有的方面所发生的成本全部核算在内，从而取得总成本的形式，既包括在管制规则制定、执行的过程中所发生的立法成本、执法成本，也包括管制规则修订或者管制机构调整所发生的成本，还包括改进管制、放松管制或者取消管制所发生的成本，等等。其中，执法成本在总成本中所占的比重最大。管制收益作为实行政府管制所带来的社会收益，可以分为生产者收益与消费者收益、期内收益与期外收益、可计量的收益与不可计量的收益等类别，从而取得总收益的形式。由于总收益的衡量涉及平等、公正等价值判断以及主观评价，因而总收益实际难以精确地量化衡量。影响总收益的因素包括管制规则制定的合理性、管制规则执行的效率、技术经济条件和外部环境等。如果政府管制的总成本与总收益相等，两者达到平衡状态，则表明管制对公共利益与社会福利没有产生影响，政府管制的边界应划定于此。如果总成本大于总收益，净收益小于零，则公共利益与社会福利受损，表明此时的政府管制已经"越界"。如果总成本小于总收益，净收益大于零，则公共利益与社会福利实现增量，表明此时的政府管制处于边界之内。

4. 管制的边界需要与电力产业垄断的边界保持一致

技术水平决定自然垄断产业的边界，在既定的技术水平下，自然垄断的形成与维持具有合理性。无论通过市场竞争自然演化还是实行政府管制，只要技术水平不发生变化，从其成因来看，自然垄断都具有合理性。技术水平制约电力产业的规模经济性、范围经济性和网络经济性，技术水平可以改变电力产业垄断的边界，从而相应地改变政府管制的边界。从发电环节而言，火力发电、水力发电和核能发电的技术水平不同，生产效率不同，政府管制的边界相应地不同。如果技术水平发生变动，则政府管制的边界同样需要相应地作出调整。对组织结构而言，发电、输电、配电和供电各个环节无论哪个的技术水平发生变动，特别是随着发电技术水平的提高，能源利用设备的改进，以计算机与电子技术为中心的系统控制技术的普遍应用，煤炭、石油、天然气以及太阳能、风力、水力、核能、地热、潮汐、生物质等其他资源的替代竞争，都将使得各个环节自然垄断程度发生变化。如果这种变动足以实现发电、输电、配电和供电某个环节或者几个环节实现从垄断到可竞争的性质变迁，则电力产业的组织结构需要相应地作出调整，从而要求政府管制的边界对应地作出调整。

二、自然垄断需要政府管制

在市场经济体制下，政府管制以制度安排外部约束的形式施加于市场机制，试图矫正市场缺陷导致的市场失灵，反垄断成为政府管制的目标之一。垄断作为市场经济中普遍存在的经济现象，深刻地影响经济运行与公众生活。由于垄断通常被认为损害经济效率，而市场机制不能解决垄断问题，因而政府承担反垄断的职责。尽管各类垄断在市场中的表现趋同、消费者对其认知趋同，但各类垄断的形成机理、对经济运行的影响并不相同甚至相去甚远，因此，对垄断不能一概而论。在经济体制转轨时期，电力企业、行业和产业的垄断表现为行政垄断，而在社会主义市场经济体制下，电力企业、行业和产业的垄断表现为自然垄断与竞争垄断。垄断对经济运行的影响不尽相同，反垄断的制度设计相应地有所区别。反垄断的基本目标在于弥补市场缺陷、促进公平竞争。需要明确的是，反垄断予以遏制的目标在于市场主体滥用垄断地位限制、排斥竞争，利用垄断优势排斥、打击其他市场主体的行为，而并非笼统地反对包括自然垄断在内的所有垄断。

（一）自然垄断性要求建立管制约束下的有效竞争

规模经济与竞争活力具有对立性，为了实现经济效率，管制需要兼顾规模经济与竞争活力，使得两者保持协调与统一，此即美国学者克拉克（J. M. Clark）

145

于 1940 年首先提出的"有效竞争"（workable competition）[1]。较之其他产业，电力产业具有特殊的技术经济特征。对产业的组织结构，既有竞争性的发电环节，也有可竞争性的供电环节，还有自然垄断性的输电、配电环节，而且输电、配电环节的自然垄断程度并不相同，这些不同性质的环节并存于电力产业。输电、配电等垄断性环节的基础设施投入产生大量的沉淀成本，为竞争性的发电环节、可竞争性的供电环节提供物质基础与物理载体。发电、供电环节依托输电、配电环节向电力市场供给电力产品和服务。电力产业的这些特性决定其最优的产业结构既不是完全垄断，也不是自由竞争，而是建立于管制约束下的有效竞争。

（二）电价形成机制要求政府实行管制

在计划经济体制下，通常以发电企业的直接运营成本作为基础对电价予以确定，造成国家投资与发电企业成本难以全部地收回。在市场经济体制下，电价管制要求在提高资金、燃料、劳动力等要素配置效率的基础上，以市场价格为导向，对电力产品和服务的供给予以分配，保证以经济效益最大化为目标并愿意支付电费的需求侧用电需求。

电价作为电力市场的核心问题，其形成机制的基本原则在于兼顾不同的利益集团与非利益群体的各方利益。其一，电价能够保证企业实现合理的利润，维护企业的利益。其二，所发生的成本能够非歧视地分摊给消费者，维护消费者的利益。其三，电价能够发挥提高资源利用效率的作用，提高公共利益和社会福利。从实践来看，电价体系混乱的根本原因在于其形成机制不尽公平合理。市场经济体制要求政府管制以电价为导向，引导电力从低价值需求向高价值需求转移，提高企业的生产效率、资源配置效率和利用效率。

电价作为市场供需关系的信号，是企业进行市场竞争的基本手段。对于竞争性的发电企业和可竞争性的供电企业，如果对其实行严格的价格管制，电价作为市场供需关系信号的功能被扭曲，实际体现政府、发电企业或者供电企业、消费者三者之间的博弈关系。由于政府和消费者对发电企业或者供电企业存在信息不对称，电价实际体现发电企业或者供电企业对政府和消费者的博弈结果。如果发电企业或者供电企业通过寻租行为"俘虏"管制机构，则电价体现发电企业或者供电企业、政府对消费者的博弈结果。需要说明的是，由于发电企业多数属于建立于公共产权基础上的国有企业，预算的软约束使得发电市场具备过度竞争的条

---

[1] J. M. Clark, 1940. *Toward a Concept of Workable Competition*, American Economic Review, 555, pp. 241 – 256.

件。因此，电价形成机制的目标应在于对发电企业、供电企业适当地放松管制，实行有效竞争下的市场价格，而对输电企业、配电企业的管制予以改进，实行平均成本约束下的管制价格。

（三）垄断性环节要求政府实行管制

输电、配电环节的输电网、配电网作为基础设施，具有投资大、资本收益率低、资金收回周期长的特点。这种网络投资的边际成本、固定成本难以补偿，平均利润难以实现。如果采用发电、输电、配电和供电垂直一体化的经营模式，企业可以采取交叉补贴的策略，通过折旧的方式逐步消化网络投资的沉淀成本。但交叉补贴在解决网络投资成本补偿的同时，却模糊了竞争性的发电环节、可竞争性的供电环节与不同垄断性的输电、配电环节的财务边界，影响价格管制的效果与效率，不利于市场的公平竞争。如果采用发电、输电、配电和供电垂直分工的经营模式，发电环节的有效竞争初步形成，供电环节的有效竞争可以形成，则管制的重点在于输电、配电环节的输电网、配电网自由接入与互联互通。尽管管制机构要求其他企业可以非歧视地自由接入电网，电网之间实行互联互通，但实际由于电网企业对网络的垄断，使得限制、排斥潜在的竞争对手具有可能性。因此，管制机构改进输电、配电环节的价格管制，关键在于改进电网接入的定价，通过采用收取过网费用的形式，维护电网企业与其他企业的利益。过网费用的确定，可以参照竞争性的发电环节与可竞争性的供电环节的平均利润率，用于补偿网络投资成本，并强制性地推进电网之间的互联互通，为建立统一开放的电力市场奠定物质基础。

三、竞争垄断需要政府管制

竞争垄断是指企业在公平竞争的市场中，利用资本、技术、管理和信息等要素的综合优势，通过竞争的手段得以形成的垄断。这些竞争的手段既包括专业化分工、技术进步、差异化的产品和服务、专利的产权保护、广告投入等提高生产效率的手段，也包括兼并、重组、价格竞争、垂直整合等市场运作的手段。竞争垄断区别于其他垄断的关键在于这种垄断在公平的市场竞争中自发地形成。因此，竞争垄断属于"结构性垄断"，企业通过公平竞争实现对市场的占据，通过公平竞争实现资源从较低价值向较高价值流动，从而发挥提高资源配置效率的作用。由于担心潜在的竞争对手以同样的成本甚至更低的成本进入市场，既有的竞争垄断企业通常对通过制定高价获取垄断利润的行为不感兴趣。如果处于垄断地位的企业利用垄断优势，采取操纵价格、划分市场、价格歧视、非法兼并等不正当竞争的手段，对公平竞争予以限制、排斥，则其行为构成"行为性垄断"，导致资源配置效率降低，造成公共利益和社会福利损失。对于这种垄断，需要管制机构实行反垄断管制。

(一) 竞争垄断的形成标准

竞争垄断可以通过市场集中度的标准，对其市场垄断程度予以衡量。市场集中度是指市场中少数几个最大企业所占据的市场份额。一般而言，市场集中度越高，少数几个最大企业支配市场的能力越强，市场的竞争程度越低。评估市场集中度可以采用绝对集中法、相对集中法两种方法。其中，绝对集中法反映领先企业的集中程度，包括产业集中度数 CR_n、赫芬达尔指数 HHI[1]、海纳—凯指数 HKI[2]、熵指数 EI[3] 等，其中 CR_n 指数是基本的市场集中度指标。相对集中法则反映企业规模的差异程度，包括洛伦茨曲线、基尼系数等。对于电力产业竞争垄断的市场集中度评估，可以采用 CR_n 指数或者 HHI 指数。CR_n 指数反映前 n 个最大企业在产业中的比重，CR_n 数值越大，表明市场的垄断程度越高。HHI 指数对市场集中度的评估，考虑企业的规模分布与市场集中度两个方面的因素，从而对 CR_n 指数予以改进，其数值等于产业中每个企业市场份额的平方和。根据 HHI 指数的大小，市场集中度可以分为高中低三类。其中，高集中度的市场可以认为存在竞争垄断。从法律界定来看，《反垄断法》对市场支配地位的认定，包括一个经营者在相关市场的市场份额达到二分之一，两个经营者在相关市场的市场份额合计达到三分之二，三个经营者在相关市场的市场份额合计达到四分之三。其中，对于后两种情况，如果有的经营者市场份额不足十分之一，则不应推定这个经营者具有市场支配地位。

(二) 竞争垄断在市场公平竞争中形成的合理性

从其成因来看，竞争垄断的产生与发展具有合理性。竞争垄断并不排除竞

---

[1] HHI 指数作为 Herfindahl-Hirshman Index 的简称，是美国司法部（Department of Justice）、联邦贸易委员会（FTC）确定市场集中程度的工具之一。依据扩大 10 000 倍的 HHI 指数，把市场划分为竞争型和寡占型。其中，HHI<1 000 为非集中的竞争型市场，1 000 < HHI < 1 800 为中度集中的低寡占型市场，HHI >1 800 为高度集中的高寡占型市场。

[2] HKI 指数作为 Hannah-Kay Index 的简称，是在 HHI 指数的基础上更为一般的测定集中度的指数。HKI 值越大，表明集中度越低，竞争性越强；HKI 值越小，表明集中度越高，垄断性越强。

[3] EI 指数是 Entropy Index 的简称。EI 指数与 HHI 指数的不同在于分配于企业市场份额的权数不同，HHI 指数的权数为市场份额的平方，而 EI 指数的权数为市场份额的对数。

争,而是与竞争形成相互依存、相互排斥、相互补充、相互转化的关系,在市场中并存。马克思认为,自由竞争产生生产的集中,而生产的集中发展到一定阶段则导致垄断[1]。列宁认为,从自由竞争中生长起来的垄断,并不消除自由竞争,而是凌驾于这种竞争之上,与之并存;竞争的结果必然导向垄断[2]。从法律规定来看,《反垄断法》对经营者集中给予认可。这种经营者集中包括经营者合并,经营者通过取得股权或者资产的方式取得对其他经营者的控制权,经营者通过合同等方式取得对其他经营者的控制权或者能够对其他经营者施加决定性影响。企业可以通过公平竞争、自愿联合,依法实施集中,扩大经营规模,提高市场竞争能力。对于能够证明对竞争所产生的有利影响明显大于不利影响,或者符合公共利益的经营者集中,管制机构不予禁止。

(三)政府管制竞争垄断的双重目标

竞争垄断企业的垄断优势与垄断地位在市场中通过公平竞争获得,同样需要在竞争中得以发展。政府管制需要兼顾维护市场秩序与保护国家利益的双重目标,在两者之间寻求平衡。对电力市场,竞争垄断企业面临各种竞争,既包括既有其他企业的竞争、国外企业的进入竞争、国际市场的竞争、潜在竞争对手的进入竞争、上游企业与下游企业垂直整合的竞争,也包括替代产品的竞争、技术进步与技术创新的竞争,等等。在社会主义市场经济体制下,竞争垄断企业所处的市场竞争环境相对完备,只要这些企业不滥用既有的垄断权力,限制、排斥其他企业的公平竞争,则管制机构没有必要对其市场行为实行反垄断管制。同时,在国际市场,国家利益至高无上。在世界贸易组织(WTO)的国际背景下,管制机构应以保护国家利益作为准则,增强竞争垄断企业的竞争优势,提高电力产业的国际竞争力。无论市场占有率还是市场集中度,都只能仅仅作为判断竞争垄断的技术指标,而非实行政府管制的绝对依据。对于竞争垄断企业的市场并购行为,既要考虑国内市场的竞争环境,也要考虑国际市场的竞争环境。在国内市场,政府管制的目标在于促进公平竞争,维护市场秩序;在国际市场,政府管制的目标在于提高产业的国际竞争力,保护国家利益。

(四)政府管制竞争垄断的工作重点

对于竞争垄断企业,政府管制的工作重点在于反公平竞争的非市场行为,即

---

① [德]马克思:《资本论》,第一卷,中文版,人民出版社 1963 年版。
② [俄]列宁:《列宁选集》,第二卷,中文版,人民出版社 1972 年版,第650、685 页。

对企业的行为性垄断实行管制，而非对其结构性垄断实行管制。竞争垄断并非天然地排斥政府管制。在市场中，为了获取最大的收益，在公平竞争的前提下开展合作或者建立联盟无可厚非，但这种合作或者联盟不能损害市场的公平竞争原则。如果少数竞争垄断企业通过卡特尔协议或者合谋的手段联合操纵市场，制定

垄断价格，获取垄断利润，降低资源配置效率，侵占消费者利益，损害公共利益和社会福利，则管制机构必须对其实行反垄断管制。在既有的垄断优势与垄断地位的作用下，竞争垄断企业可以利用垄断权力，通过各种寻租行为，对管制机构制定、执行管制规则施加压力或者利益诱导，要求管制机构设置进入壁垒，限制、排斥潜在竞争对手的进入竞争。为了提高市场占有率和市场集中度，竞争垄断企业可以依托其综合实力或者多元化经营实行交叉补贴，通过制定低于平均成本甚至边际成本的较低价格，迫使既有竞争对手退出市场，威吓潜在的竞争对手进入市场，从而强化既有的垄断优势与垄断地位。这些都是损害经济效率的反公平竞争的非市场行为。为了维护公平竞争的市场秩序，管制机构需要对此实行反垄断管制。需要强调的是，管制机构实行反垄断管制并非针对竞争垄断企业的结构性垄断，而是针对这些企业利用垄断优势与垄断地位，滥用垄断权力，危害公平竞争的行为性垄断。

第五章

中国电力产业管制体制的福利评价

1978 年以来，经过三十年的改革开放，社会主义市场经济体制得以建立，电力市场化改革取得成效。2001 年，加入世界贸易组织（WTO），逐步融入全球经济体系，电力市场化改革进程加快。在社会主义市场经济体制下，电力产业的经济管制逐步放松或者得以改进，社会管制逐步得以加强。在全球化与市场化的双重压力下，政府管制的效果与效率需要作出评估。

--------------------------------- 第一节 ---------------------------------
政府管制对电力市场的影响

在新中国成立以来较长的时期之内，电力产业实行国家垄断，发电、输电、配电和供电各个环节实行垂直一体化的垄断经营，国家对各个环节实行全面、深入、严格的管制。在计划经济体制下，这种管制模式可以促进产业的成长与发展，而随着经济体制的转轨，特别是社会主义市场经济体制的建立，既有的政府管制模式难以适应经济体制的要求，制约产业的发展，影响经济社会和谐发展。

一、政府管制对电力市场结构的影响

管制体制对于市场结构具有直接的影响，在管制规则的制定、执行过程中，市场通过结构的调整对管制体制作出适应，同时，市场结构同样要求管制体制作出适应性的调整，保持两者之间的协调一致，保证管制预期的效果与效率。如果两者发生冲突，则无论管制的效果与效率还是市场结构，将受到直接的影响。

(一) 电力市场的竞争主体难以公平竞争

适应社会主义市场经济体制的要求，实际替代政府履行管制职能的国家电力公司被分拆，但省（市、自治区）电力公司予以保留，"省为实体"的格局未能打破。在"省为实体"的体制下，省（市、自治区）电力公司仍然具有垂直一体化的垄断结构，独立发电企业与直属发电企业实际难以开展公平的竞争。这种不公平的竞争通常通过电力调度的形式得以表现。当电力供给出现过剩时，电力调度与输送往往优先照顾直属发电企业，造成独立发电企业的利益受损；当电力供给出现短缺时，电力调度与输送往往优先满足直属供电企业的需求，造成需求侧用户不得不自建发电厂，但由于资金、技术、管理、人才和信息等要素的约束，往往只能建设小型、低效、价高的发电厂，造成生产效率、资源配置效率和利用效率的损失。

(二) 政府管制预期的效果与效率未能实现

对于经济管制，由于管制缺位与管制越位并存，既造成企业的利益受损，也造成消费者的利益受损。发电环节实行放松管制后，出现管制缺位，造成发电市场的过度竞争。虽然供电环节不再具备自然垄断性，仍然实行严格的进入管制，造成资源配置效率降低。既有的供电企业较之需求侧用户其市场势力较大，电力产品和服务质量较低，造成消费者利益受损。对于社会管制，作为主要燃料的煤炭等一次能源过度开采，利用效率较低；发电企业过于关注经济效益，忽视甚至放弃生态环境保护等社会责任，造成环境污染持续恶化，生态环境遭受破坏，公众的健康与安全受到环境污染与破坏的威胁，等等。

(三) 管制产生行业租[①]

作为国民经济的基础产业，电力产业在经济社会发展中举足轻重，政府轻易不允许资不抵债的企业按照市场规律实施破产。当这些企业陷入生存的困境时，政府往往通过财政补贴、税收减免、减人增效等措施，对管制规则予以调整，不计成本地维持企业生存。这种源自于产业特性的作为管制规则调整的财政补贴等称为"行业租"。行业租的产生依赖于产业的生产技术特征与其公用事业性质。由于行业租的存在，电力市场化改革采用相对保守的渐进式方案，虽然这种改革

第二辑

政府管制与公共经济研究丛书（第二辑）

---

① 关于"行业租"的概念，可参阅叶泽方：《当前我国电力工业市场化改革的难点及对策分析》，载《中国工业经济》，2001年第9期，第22页。

模式的激励强度较低、效率较低，但有利于逐步减少行业租，防止电力企业、行业和产业以停电等增加社会成本的内耗方式要挟、胁迫、绑架管制机构。行业租的实质在于排斥市场的公平竞争，市场机制要求减少甚至取消行业租的存在。

（四）管制造成产业的效率损失

在既有的管制体制下，管制抑制非国有资本自由进入市场，制约电力产业的发展；电价管制未能激励企业降低成本、提高效率；企业缺乏技术创新、改进管理的外部压力与内在动力。总的来看，管制造成的效率损失包括几个方面。其一，生产效率降低。电力企业、行业和产业长期实行垄断经营，低效运作，未能及时建立有效竞争的市场；企业生产效率较低、服务质量较差。其二，增加交易成本。建立于市场机制之上的反复博弈可以形成信誉机制，降低交易成本，而由于政府管制对市场机制的替代，实际限制信誉机制发挥作用。管制体制下的合同签订具有复杂化的倾向，并非市场框架下交易双方真实意图的表达，而是掺杂利益集团的各种意志，导致潜在的诉讼成本增加。其三，导致寻租行为。基于维持、巩固既有的垄断优势与垄断地位，电力企业、行业和产业采取各种形式的寻租行为。为了追求利润最大化，企业通过设租获取额外的收益，侵占消费者利益，造成公共利益和社会福利的损失。其四，影响宏观经济运行。电力产业的投资占社会总投资的 6%~15%，这种较高比例的投资使得即使较小的变动也对宏观经济运行产生波动[①]。作为公共产品，电价的制定应反映供需关系，而实际电价管制以控制电价总水平与实行统一电价为主，难以对供需关系作出反应，电价在电力市场中的信号作用难以发挥。

二、政府管制对发电市场的影响

我国电力市场始于 1882 年上海第一台发电机组投入商业运行，但直到新中国成立之前，市场的规模较小。截至 1949 年中华人民共和国成立，仅有 100 多个城市建立分片垄断经营的电力市场，电力产业经历 67 年的发展，发电装机容量为 185 万千瓦。电力产业的发展实际始于新中国成立之后，特别是改革开放以来，获得长足的发展（见表 5.1）。1987 年，发电装机容量超过 1 亿千瓦。2001 年，水电装机容量达到 7 700 万千瓦，列世界第一位。2004 年，水电装机容量突破 1 亿千瓦。

第二辑

政府管制与公共经济研究丛书（第二辑）

---

① 卢现祥：《西方国家经济管制的理论与实践述评》，载《经济评论》，2000 年第 1 期，第 32~35 页。

2005 年,《国民经济和社会发展统计公报》显示,发电装机容量达到 5 亿千瓦,为新中国成立初期的 275 倍,平均每年增长超过 10%;新增发电装机容量为 6 326 万千瓦;全年发电量为 24 747 亿千瓦时,增长 12.3%。其中,火电为 20 180 亿千瓦时,增长 12.4%;水电为 4 010 亿千瓦时,增长 13.4%;核电为 523 亿千瓦时,增长 3.7%(见表 5.2)。这种快速发展对国民经济的发展形成有力的支撑(见表 5.3)。

表 5.1   1949～2005 年电力生产基本情况

时间 \ 内容	新增装机容量	全国总装机容量(万千瓦)		年总发电量(亿千瓦时)	
中华人民共和国成立(1949)		184.86	火电 168.56	43.10	火电 36
			水电 16.30		水电 7.1
国民经济恢复时期(1949～1952)	11.54	196.4	火电 177.6	72.61	火电 60.01
			水电 18.8		水电 12.60
第一个五年计划期间(1953～1957)	247.1	463.5	火电 361.6	193.35	火电 145.15
			水电 101.9		水电 48.20
第二个五年计划期间(1958～1962)	840.22	1 303.72	火电 1 065.85	457.95	火电 367.53
			水电 237.87		水电 90.42
三年调整时期(1963～1965)	203.91	1 507.63	火电 1 205.67	676.04	火电 571.9
			水电 301.96		水电 104.14
第三个五年计划期间(1966～1970)	869.37	2 377	火电 1 753.5	1 158.62	火电 954.04
			水电 623.5		水电 204.58
第四个五年计划期间(1971～1975)	1 963.60	4 340.6	火电 2 997.8	1 958.4	火电 1 482.1
			水电 1 342.8		水电 476.3
第五个五年计划期间(1976～1980)	2 246.31	6 586.91	火电 4 555.11	3 006.27	火电 2 424.16
			水电 2 031.8		水电 582.11
第六个五年计划期间(1981～1985)	2 118.41	8 705.32	火电 6 063.82	4 106.89	火电 3 183.15
			水电 2 641.5		水电 923.74
第七个五年计划期间(1986～1990)	5 083.68	13 789	火电 10 184.45	6 213.18	火电 4 949.68
			水电 3 604.55		水电 1 263.50
第八个五年计划期间(1991～1995)	7 173	21 722	火电 16 294	10 069	火电 8 073
			水电 5 218		水电 1 867
第九个五年计划期间(1996～2000)	9 775	31 932	火电 23 754	13 685	火电 11 079
			水电 7 935		水电 2 431
			核电 210		核电 167
第十个五年计划期间(2001～2005)	17 655	50 841	火电 38 413	24 747	火电 20 180
			水电 11 652		水电 4 010
			核电 685		核电 530

说明:新增装机容量的单位为万千瓦。

资料来源:据《中国统计年鉴》、《中国电力年鉴》数据整理。

表5.2   主要年份的全国发电量

年份	1952	1978	1989	1997	2003	2004	2005
发电量（亿千瓦时）	72.61	2 566	5 848	11 356	19 107.6	21 870	24 747

资料来源：据《中国统计年鉴》数据整理。

表5.3   电力产业发展与 GDP 发展的对应关系

年份	2001	2002	2003	2004	2005
GDP 增长率	7.3%	8.0%	9.1%	9.5%	9.9%
发电量增长率	9.0%	11.7%	15.5%	14.5%	12.3%
电力生产弹性系数	1.23	1.46	1.70	1.53	1.24
电力业经济贡献率	5.7%	6.4%	5.7%	5.2%	4.8%

说明：生产弹性系数 = 发电量增长率/GDP 增长率；经济贡献率 = 增加值增量/GDP 增量。
资料来源：据 2001~2005 年《国民经济和社会发展统计公报》数据整理。

（一）政府管制对投资主体的影响

改革开放以来，电力产业的投资主体逐步实现多元化。1999 年，大中型中外合资电厂共计 39 座，发电装机容量达到 2 700 万千瓦，占全国发电装机容量的 8.46%。其中，外商直接投资 23 亿美元[①]，占全国实际利用外资总量的 5.5%。2000 年，国家电力公司在发电市场中的份额由原来的一统天下降至一半，初步形成以国有经济为主、多种所有制经济并存的局面[②]。

（二）政府管制对电力供给的影响

政府管制尽管促进产业发展，但与国民经济发展的要求相比，由于管制特别是严格的进入管制造成供给短缺在较长的时期内广泛地存在，电力供给与需求之间存在总量性的矛盾，电气化水平特别是农村电气化水平较低。从总量来看，2006 年，仍有 2.9 万个村庄、3 000 万人口没有用上电[③]，分别占全国村庄总数、全国总人口和农村总人口的 4.5%、2.3% 和 4.1%。从人均水平来看，2004 年，人均发电装机容量为 0.34 千瓦，仅为世界平均水平的一半、挪威的 5.6%、美国

第二辑

政府管制与公共经济研究丛书（第二辑）

---

① 国务院发展研究中心产业经济研究部课题组：《构建电力工业新格局》，载《经济参考报》，2004 年 7 月 1 日。
② 《世界电力市场化改革启示》，载《中国电力报》，2001 年 7 月 27 日。
③ 杜宇：《中国约 3 千万农村人口尚未用上电》，人民网时政频道，http://www.politics.people.com.cn/，2006 年 8 月 16 日。

的 9.5%、俄罗斯的 21%、南非的 39%、巴西的 69%[①]。人均发电量为 1 688 千瓦时，仅为世界平均水平的一半、挪威的 7%、美国的 12%、俄罗斯的 26%、南非的 32%、巴西的 80%[②]。从电力短缺造成的损失来看，1992 年，全年缺电 1 117 亿~1 489 亿千瓦时，由此损失的工业产值高达 5 473~7 296 亿元[③]，占工业总产值的 14.8%~19.7%。2000 年，广东省对 20 个城市实行限电，损失工业产值近 200 亿元[④]，占当年工业增加值的 4.7%。

1. 电力供需矛盾未能缓解

在集资办电模式的激励下，电力生产曾经呈现供过于求的局面。然而，这种局面仅仅昙花一现，随着用电需求的强劲增长，电力短缺从局部性、地区性、阶段性、季节性向全国性、整体性、持续性、随机性转变。这种短缺不再限于部分地区的夏季用电高峰时期或者枯水时期，而是成为遍及全国大部分地区的经常性现象。2005 年，26 个省（市、自治区）经历电力短缺，原因在于连续几年电力项目投资紊乱[⑤]。从电力市场来看，由于供给与需求的相互作用，在较长的时期之内，供需之间的矛盾只能得以相对的、低水平的、短暂的、不合理的缓解。在国民经济强劲增长的拉动下，用电需求快速增长，日发电量屡创新高，导致发电能力相对滞后于需求。高能耗产业发展迅猛（见表 5.4），直接拉动用电增长；公众生活水平提高，对电力需求增长较快。较之电源建设，电网基础设施建设相

表 5.4   **2000~2005 年粗钢及钢材产量**

项目	2000 年	2001 年	2002 年	2003 年	2004 年	2005 年
粗钢产量（亿吨）	1.29	1.53	1.82	2.22	2.73	3.52
粗钢生产增速（%）	3.4	18.8	19.7	21.9	22.7	24.6
钢材产量（亿吨）	1.31	1.57	1.92	2.41	2.97	3.97
钢材生产增速（%）	11.2	19.8	19.6	25.3	23.3	24.1

资料来源：据 2000~2005 年《国民经济和社会发展统计公报》数据整理。

---

① 根据国际能源署（International Energy Agency，简称 IEA）有关数据计算。
② 根据国际能源署（IEA）有关数据计算。其中，中国的数据包含抽水蓄能发电量，其他国家的数据不含抽水蓄能发电量。因此，人均发电量占其他国家的比重实际还小一些。
③ 杨艳：《我国自然垄断产业的价格管制及其改革》，载《经济体制改革》，2000 年第 3 期，第 109~112 页。
④ 冉永平：《东西双赢的伟大工程——西电东送工程综述》，载《人民日报》，2002 年 7 月 14 日。
⑤ 刘巍：《中国如何走出电力过剩与短缺的循环怪圈》，载《21 世纪经济报道》，参见人民网经济频道，http://www.finance.people.com.cn/，2006 年 8 月 27 日。

对滞后；局部地区乃至全国范围存在电网约束，输电能力受到限制，致使电力能源不能在需求信号的引导下实现自由流动。由此可见，电力产业的主要矛盾仍是发展问题，这也是电力体制改革首要解决的问题。

2. 管制规则制度安排存在缺陷

从制度安排来看，电力供给短缺的根本原因在于投资体制。电力项目审批体制、电价形成机制明显滞后于市场发展的要求；审批体制造成电力项目建设滞后于市场需求，直接影响产业发展和国民经济发展。项目审批程序极其复杂，经常出现项目审批与市场需求脱节的现象。峰谷电价形成机制未能及时采用，缺乏对发电企业调峰、需求侧用户错峰的有效激励。

3. 外部环境发生变化

电力产业并非独立于国民经济，其发展同样需要其他产业的支撑，需要合适的外部环境。随着社会管制的逐步加强，对生态环境保护的要求越来越高，技术标准落后的企业特别是火电企业生存压力加大。煤炭价格、燃料供给等因素直接影响电力供给，随着电煤供给紧张，发电企业的用煤供给难以保证，从而影响燃煤发电企业的生产与供给。由于折旧周期较长，技术标准比较落后，发电机组的生产状况较差，特别是火电机组的故障明显增加。持续的高温干旱、降雨量大幅减少等气象变化，以及水情预报偏差较大等因素造成水电企业生产与供给不足，制约水电站的发电能力。

4. 发电市场形成过度竞争

2004 年，为了应对电力供给再度偏紧的局面，国家对第十个五年计划规划的电力目标进行调整，进一步加快电力建设步伐。其中，开工项目规模达到 2 991 万千瓦，可投产项目达到 2 900 万千瓦[①]。同时，对电力产业实行"厂网分开"体制改革，在发电环节开放市场、引入竞争，培育多元化的投资主体，试图打破发电垄断，增加装机容量，提高发电效率。在产业政策的激励、引导下，越来越多的非国有资本特别是民营资本投入电力能源建设中。2003 年，进入电力能源建设市场的资金超过 2 000 亿元，接近 2001 年与 2002 年两年的投资总和。投资主体多、投资金额多、签约项目多成为一大特点[②]。2004 年，经国家批准建

[①②] 李小宁：《2.5 万亿电力资产萌生集体上市冲动》，载《上海证券报》，2004 年 2 月 27 日。

设的电厂装机容量为 6 000 万千瓦，而实际开工建设的高达 1.5 亿千瓦①，为批准容量的 2.5 倍。众多的投资主体围绕有限的电力能源建设项目展开激烈的竞争，直接拉动发电设备价格的大幅上升。30 万千瓦发电机组设备费用提高 30% 左右，60 万千瓦的提高 40% ~ 50%，有的甚至翻番②。加快电力能源建设的本意在于希望缓解当时的缺电形势，然而，由于涉及土地、建设、规划、安全、环保、技术和资源诸多的方面，投资额巨大，一旦发电市场产生过度竞争，将直接对经济社会发展产生冲击。在具体实践中，确实出现投资过热带来的种种后果。其一，过度竞争导致有限的资源难以得到合理、高效的利用，加剧资源短缺。竞争机制可以引导稀缺性资源向能够带来更高收益的电力能源建设项目流动，从而提高资源配置效率。但这种竞争如果超出必要的限度，由于电力项目庞大的投资具有较强的沉淀性与专用性，资本一旦进入，即使市场出现投资过度的信息，往往已经难以抽身而退。政府的直接干预所创造的空间为资本的进入、退出提供寻租的机会，市场机制的调节作用被扭曲，制约资源配置效率的提高。其二，电力能源建设投资过热使得本已过热的钢铁、制造等产业加快升温，导致宏观经济过热。2004 年，在 500 万元以上的项目中，钢铁投资增长 96.6%，电解铝增长 92.9%，水泥增长 121.9%，汽车增长 87.2%，纺织增长 80.4%，煤炭增长 52.3%③。电力产业在国民经济中处于基础地位，直接为钢铁、制造等产业提供能源和动力支持。电力能源建设投资过热必然传导到这些产业中，进一步加剧全社会投资过热的趋势，影响宏观调控的效果与效率。其三，项目的集中开工也将带来集中的投产。由于建设周期相差不大，项目集中开工几年之后，将出现扎堆投产，届时电力供给可能出现过剩。总的来看，电力产业的发展关系国计民生，既不能实行严格的政府管制，影响经济效率；也不能自由放任，冲击国民经济发展与公众生活。

（三）政府管制对管制侵占的影响

以"竞价上网"为主要形式的发电市场竞争产生管制侵占④。"竞价上网"对于不同投资来源的发电企业产生不同的影响，二滩水电站即为典型的事例。这

---

① 《2008 年专题回顾：中国电力工业改革开放大事记（1999 ~ 2008 年）》，中国电力企业联合会网站，http://www.cec.org.cn/。
② 常志鹏：《缺电矛头指向电网企业》，载《新华每日电讯》，2004 年 2 月 17 日。
③ 数据来源：2004 年《国民经济和社会发展统计公报》。
④ 叶泽方：《当前我国电力工业市场化改革的难点及对策分析》，载《中国工业经济》，2001 年第 9 期，第 24 页。

个项目工程总投资约为 285.54 亿元，其中外资为 10.79 亿美元。投产之后，由于体制的束缚，年发电量不及计划的一半，年售电量不及发电能力的一半，造成巨额的亏损[1]。在原有的制度安排中，偿还银行贷款的计划以原有的上网电量与合同电价为基础。如果要求二滩水电站实行"竞价上网"，由于上网电价较高，电厂生产的电力难以销售。由此可见，二滩水电站的困境实际来自于制度安排的改变，并非企业的地区垄断或者效率较低。在"竞价上网"体制下，发电市场竞争可能产生的管制侵占遭到二滩水电站之类企业的强力抵制，管制侵占使得发电市场的竞争陷入两难困境。如果强制地执行"竞价上网"，由于集资电厂的电价在补偿固定资产投资之后，成本大幅下降，在市场竞争中将获得"不当"的价格优势。这种"不当"的价格优势源自于制度安排，而非市场竞争。在这种情况下，集资电厂在还本付息时将产生管制侵占，而完成还本付息之后又将面临管制缺位。集资办电形成的发电能力占据全国发电装机容量的半壁江山，对这些企业的管制成为两难的选择。

三、政府管制对电网建设的影响

　　政府管制需要高度关注电网作为基础设施的作用与地位，通过管制提高电网运行的安全稳定，支撑电力产业的发展，实现公共利益和社会福利的提高。参与领导英国电力市场设计的格拉汉·托马斯（Graham Thomas）认为，在中国的电力体制改革中，优先的目标不应是自由的电力市场，而是吸引投资者与改善基础设施[2]。既有的电网南北分界，只能作为区域电网，实际尚未实现全国联网，统一开放的电力市场尚未形成，电力能源不能在全国范围内自由地流动交换。联网作为统一开放电力市场的物质基础与技术支撑，可以提高电力能源的配置效率，实现覆盖范围内的电力竞价上网，为消费者提供更低成本的电力产品和服务。由于电网的分割，既有的市场平衡表现出区域性、低级化、暂时性的特点。五大发电企业及省（市、自治区）电力公司在其独立的区域之内基本实现电力供需平衡与电网布局均衡，而在这些平衡的背后，掩盖电网分割的事实，制约电力能源在更大范围内的配置，特别是难以解决能源资源分布、地区用电负荷的不均衡。

---

① 袁文平、刘恒：《体制作怪二滩水电站的成功与困惑》，载《经济理论与经济管理》，2001 年第 2 期。

② 《训练私有化的中国》（Training Private China），载《亚洲电力》（Asian Electricity），2001 年第 5 期。参见《英国专家谈对中国电力体制改革的看法》，国务院发展研究中心信息网，http://www.edu.drcnet.com.cn/，2001 年 6 月 21 日。

第二辑

政府管制与公共经济研究丛书（第二辑）

(一) 电网分割难以解决资源分布、地区用电负荷的不均衡

西部地区水电资源比较丰富，中北部地区煤炭资源比较丰富，东南地区经济比较发达但资源相对匮乏，这种资源分布决定西电东送、北电南调的供需基本格局。我国地域辽阔，决定不同地区的用电峰谷不同。如果实现全国联网，可以通过电力调度对不同地区的用电高峰错开时段，实现水火互补、互为备用和事故支援，在全国范围内对电力能源进行优化配置，解决能源资源分布、地区用电负荷的不均衡，提高电网的安全性与稳定性；有助于打破区域壁垒与省际壁垒，加快推进西电东送、北电南调战略；以全国电网为载体，可以激励竞争力较强的发电企业通过竞争增加上网电量，遏制区域电力市场的不合理电价，节约一次能源，提高资源利用效率和配置效率；可以节约备用调峰电厂和机组，减少电力投资，提高投资效率；有助于推进建立统一开放的电力市场。与这种联网相配套的电力调度还可以保证电力能源在全国范围之内自由流动，降低电力产品和服务的交易成本，提高能源配置效率。

(二) 电网分割影响电力资源配置

在电网分割的既定格局下，大区、省（市、自治区）为实现区域之内电力供需平衡，不得不大量地建设高能耗、高污染的小火电机组，而区域之外的优质、清洁电源却难以引进，既造成环境污染，又浪费煤炭、石油、天然气等稀缺的一次能源。在输电网的约束下，电力丰富的地区有电送不出去，电力短缺的地区缺电引不进来，导致电力能源配置效率降低，既损害消费者利益，又损害公共利益和社会福利。

(三) 电网分割加剧地方利益保护

在中央与地方财政"分灶吃饭"的财税体制和"省为实体"的电力体制之下，省际之间电力交换的市场壁垒、行政壁垒越来越高，日益成为西电东送、北电南调战略的障碍，制约电力产业的可持续发展与经济社会和谐发展。有的省（市、自治区）出于地方利益考虑，人为保护高成本、高能耗、高污染、低效率的小火电，而贵州、广西、四川等中西部省份（自治区）清洁、低价的水电能源，却难以为缺电的邻省所接受。电网分割支持并加剧这种人为设置壁垒、实行地方保护的行政行为，阻碍统一开放、有序竞争电力市场的形成，致使电力能源不能实现跨区自由流动，降低电力能源配置效率。

电价管制体制的缺陷及其影响

价格管制的意义在于对尚不具备实行充分竞争条件的被管制企业，通过价格管制模拟市场价格，替代充分竞争的市场对被管制企业施加竞争机制的约束，从而引导被管制企业降低成本，提高效率。电力产业存在电价大幅上涨与被管制企业生产效率较低的较大反差，表明电价管制尚未形成这种机能。

一、"新电新价"价格管制模式的主要缺陷

1985年，实行以"新电新价"为核心内容的电价体制改革，其目标包括两个方面，一方面，增加电力产业投资，缓解电力供给短缺；另一方面，优化利用既有的电力资产，实现规模经济效益，提高资源利用效率。在"新电新价"体制下，政府对上网电价、销售电价按照电力设施的投资与贷款的还本付息、成本、利润、税金等因素予以综合考虑，实行统一电价。对于电力企业而言，这样的电价形成机制有利于提高企业自我积累、自我发展的能力。由于上网电价扣除成本费用之外，还包括资本利润，保证企业的利润水平；独立老厂的电价不存在投资偿还问题；"新电新价"的还本付息部分对新建电厂的投资偿债风险予以消除；企业之间没有电价的竞争性，实际变相获取垄断价格。对于需求侧用户而言，这种电价形成机制倾向于扶持企业发展，对消费者的承受能力考虑不足；部分消费者剩余转化为生产者剩余，偏离提高分配效率的目标，降低资源配置效率，也造成公共利益和社会福利的损失。

（一）购电协议造成企业的效率损失

按照"新电新价"电价体制，独立电厂与省（市、自治区）电力公司之间根据"照付不议"条款达成供电协议。这一条款规定电厂每年一般5 000小时的最低输出电量，并确定包括可变成本、资本成本与合理利润在内的供电价格。这样签订的供电合同使得电力调度出现问题，按照经济性的原则，发电运行顺序应从较低可变成本的发电机组到较高可变成本的发电机组，而在"新电新价"体制下，尽管新建电厂的生产效率较高，但同时电价也较高。省（市、自治区）电力

公司为了降低成本，将尽量地限制合同购电量，而更多地依赖生产效率较低的老电厂，从而造成资源配置效率的损失与资源浪费。

（二）电价结构造成用户的效率损失

在"新电新价"体制下，电价形成机制未能反映效率的原则，电价差别不能反映对不同的用户供电成本的差异。需求侧用户电价的各种附加费与加价使得价格管制实际处于失控状态，造成电价水平与电价结构的扭曲，尤其突出表现为农电市场混乱的电价结构。农村电力市场的首要问题并非普遍存在的管理混乱、市场分割与投资分散，而是表现更加突出的农电价格过高的问题，这种电价普遍高于城市电价一倍以上，制约农村地区的发展。农电价格过高的根本原因在于投资管制规则，按照既有的投资规则，城市电网由国家投资，而农村电网由农民投资并承担运行与维护费用。因此，农电价格包括农民投资办电的建设费用以及电网建成之后的电能损耗与运行维护费用。这种投资管制规则的不同使得农村电价必然高于城市电价。由于农村电力市场投资不足，导致电力项目建设标准较低、发电设备技术标准落后、电能损耗较高，既造成较高的农电价格，又造成生产效率的损失与资源浪费。

二、电价形成机制的主要缺陷

国家电力监管委员会在其报告中认为，电价存在七个问题。其一，降低或者变相降低国家批准的上网电价，发电企业的利益受到影响。其二，越权制定优惠电价政策。其三，电费结算不公正，用户欠电网电费、电网企业欠发电企业电费的问题难以解决。其四，自行实施竞价上网，降低上网电价，竞价盈余用于地方企业电价优惠，侵害电力企业利益。其五，跨省跨区送受电价机制不健全，影响电力资源优化配置。其六，自行直供用电大户，干扰电力市场秩序。其七，省（市、自治区）电力公司自立名目收费，增加发电企业的负担。这些问题的原因在于电价形成机制不尽公平、合理，管制机构对电价管制不力。

（一）价格管制的程序未能予以规范

价格管制的定价标准不规范，定价程序存在随意性。对电价的审核基本以被管制企业上报的成本与价格主管部门提出的调价方案作为依据，这种成本表现为一个或者少数几个企业的个别成本，并非社会平均成本。成本审核以被管制企业上报的调价之前或者执行期之内的成本为标准，不可避免地带有主观随意性。

(二) 管制机构的信息存在不完全

1993 年之前，中央政府与地方政府分别设有物价局或者物价委员会。1993 年之后，国家物价局并入国家计划委员会，省以下地方政府仍然单设物价局。作为价格主管部门的物价局与被管制企业之间存在信息不对称，在电价审核的过程中，明知被管制企业的调价要求有"水分"，却苦于信息不完全，不能掌握被管制企业的真实成本情况，导致物价局实际只能审核被管制企业调价的合法性，而难以审核调价的合理性，通常仅凭主观判断对企业的调价幅度"砍一刀"，造成电价调整的主观随意性。

(三) 分时电价的模式过于简单

实行分时定价模式有助于电力调度机构削峰填谷，有针对性地管理电力需求，提高资源利用效率，降低平均供电成本，提高电力系统的可靠性与安全性，但由于价格形成机制、管制体制与技术约束的原因，管制机构没有长期的、大规模的负荷研究基础，不能根据负荷曲线分布确定各个时段的供电边际成本，只是简单地把每天平均划分为八个小时的高峰、平段、低谷三个时段。从 1995 年起，普遍实行峰谷电价，但这种分时电价模式的实际效果不如人意[1]。

(四) 两部制电价模式存在缺陷

从试行两部制电价模式以来，为逐步理顺两部制电价中基本电价与电度电价的比例关系，提高资源配置效率，体现"用户公平负担成本"的原则，1993 年、1997 年，国家两次提高基本电价标准，按照最大需量计费的每月每千瓦提高 38 元，按照变压器容量计费的每月每千伏安提高 54 元[2]。尽管如此，基本电价在两部制电价中的比重仍然偏低。

(五) 输电环节与配电环节的电价管制模式存在缺陷

投资回报率管制模式与价格上限管制模式各有特点 (见表 5.5)。投资回报率管制模式虽然有利于吸引投资，但易于引起管理的 X 无效率，引起电价上涨。

---

① 朱成章：《需求侧管理与电力体制改革》，中国农村水电及电气化信息网，http://www.shp.com.cn/，2003 年 7 月 24 日。

② 徐金发、朱晓燕：《中国电力管制价格形成机制研究》，载《中国软科学》，2002 年第 6 期，第 45～48 页。

电力市场化改革作为体制创新，本身即存在激励电价上涨的因素，如果采用投资回报率模式，则这种电价上涨的风险进一步加大。价格上限管制模式虽然实践中的性能较好，但电网状况却形成制约。英国等采用这种模式的国家，电网比较成熟，电网收入与电网价格保持相对稳定，电网的问题主要在于降低成本，提高效率，因而价格上限模式的采用正当其时。而我国的电网尚处于发展阶段，首要的问题仍是加快发展，采用的价格管制模式应对投资形成激励，而价格上限模式对投资形成抑制，特别是越接近于电价的调整周期，企业投资的激励与动机越小。无论投资回报率模式还是价格上限模式，电力产业特别是电网的状况均不宜于直接采用。输电环节与配电环节的电价管制模式需要综合考虑市场的发展阶段与运作模式，反映输电成本、合理回报、供需关系、吸引投资与促进电网发展诸多的因素，输电价格既要反映还本付息、利润、运行维护费用、扩大再生产的投资需求等固定成本，又要反映线路损耗、变电损耗、二次调度成本、辅助服务成本等变动成本。

表 5.5　　　　　　　投资回报率管制与价格上限管制的缺陷及其补充安排

内容　　　项目	投资回报率管制	价格上限管制
管制工具	投资回报率确定之后，收益与所投入的资本直接挂钩，相对固定。价格成为影响成本变动的主要工具。	在审核周期内，价格在限定的范围内波动或者基本固定。成本成为影响企业收益的主要因素。
投资收益	投资收益与受到管制的投资回报率直接关联，与资本规模形成比例关系同向变化。成本对投资收益的影响较小。	企业收益与成本控制直接关联。由于价格被管制，收益更多地取决于生产经营水平，与成本反向变化。
投资风险	在审核周期内，投资回报率固定，激励企业通过增加投资、扩大再生产而增加收益，产生 A－J 效应。	由于价格受限，较之投资回报率管制，投资者的风险增大，资本成本相应地提高。
激励效应	固定的投资回报率基本决定投资收益，企业控制成本的动机不足，生产效率不高，激励较弱。	在利润导向下，如果激励不当，可能导致企业过度控制成本，造成产品质量低下，职工的健康安全受损。
适应领域	需求变化不大的产业。	需求变化较快的产业。
管制周期	受供需关系、竞争对手营销策略的影响，价格不定期地发生微小的波动，但基本不受管制周期的影响。	在审核周期内，价格基本固定，但受管制周期影响较大。双方围绕管制周期、下一周期价格上限展开博弈。
补充安排	引入标尺竞争，创新成本衡量工具，建立补偿机制，激励企业降低成本，引导企业提高资本配置效率。	强化社会管制及质量、技术标准管制，规范管制程序，引导企业建立对管制周期合理的预期。

资料来源：参见周耀东：《不对称信息与激励性管制选择》，载《经济评论》，2004 年第 2 期，第 36 页。

三、电价管制对资源配置效率的影响

电价管制对经济绩效的影响可以借助勒纳指数（Lerner Index）[①]予以衡量，勒纳指数表示价格与边际成本的偏离率，其公式为

$$L = (P - MC)/P = 1 - MC/P$$

其中，P 为销售价格，MC 为边际成本。MC 与 P 两者的比值越大，则指数 L 越小，表明其经济绩效越好。指数的原理在于通过对价格与边际成本偏离程度的度量，反映企业的市场势力的强弱。L 值越大，表明企业的市场势力越强，市场垄断程度越高；L 值越小，表明企业市场势力越弱，市场竞争程度越高。实行价格管制后，价格与边际成本的偏离程度如果大于市场定价时价格与边际成本的偏离程度，勒纳指数变大，表明电价管制使得经济绩效变差，政府定价引起的社会福利损失变大；如果指数变小，则表明管制实现社会福利的增量。

（一）电价形成机制对不同环节的激励存在差异，造成资源配置效率降低

电力销售价格包括政府定价与价外加价两大部分，从其结构来看，主要由贷款还本付息、运营成本、利润、税金等部分构成。在既有的电价形成机制下，投资者无须承担投资风险，企业可以从电价收入中自然地获得利润，不同层级的政府能够按照税收分成、基金收益等增加财政收入，从而提高多家办电的激励与动机。在"谁投资、谁办电、谁受益"的原则下，不同层级的政府纷纷投资电力项目。然而，这种机制对输电、配电环节的投资缺乏激励，各个层级的政府与其他投资者把有限的资金投向发电环节，造成电网建设相对滞后，电网建设与电源建设不能相互适应，造成资源浪费与资源配置效率降低。

（二）电价管制体制存在所有权歧视，企业之间难以公平竞争

对电力项目投资，尽管电价形成机制对各个层级的政府与其他投资者产生足够的激励，但基于有限资金的约束，政府与其他投资者无力投资大型的项目，只能建设小型的发电机组。这些机组能耗较高、效率较低，加剧生态环境污染。投产之后，政府为了维护地方利益，往往对这些机组采取优先发电的保护主义政策，造成较低煤耗的大型火电机组反而开机不足，导致资源配置效率降低。对电

[①] 1934 年，美国学者勒纳（Abba Lerner）提出勒纳指数（Lerner Index），对企业的市场势力进行评估。

价的制定，经济原理要求根据企业的生产成本、供需关系进行定价。现行的电价管制体制实行一厂一价，上网电价以每个企业的生产成本、还本付息、利润加总为基础予以确定。由于企业的资本成本、生产成本不同，从而其上网电价有所差异，尤其对于不同投资主体、不同所有权的企业，其平均上网电价差别更大，最高平均上网电价为最低电价的 4.29 倍（见表 5.6）。

表 5.6　　　　　　　　第三次工业普查中各类电厂上网电价比较　　　　　　单位：元/兆瓦时

项目 类别	综合		火电		水电		火电价格与水电价格的倍数
	平均上网电价	与最低电价的倍数	平均上网电价	与最低电价的倍数	平均上网电价	与最低电价的倍数	
全国	174.03	1.21	191.06	1.11	84.93	1.08	2.25
国有经济	159.68	1.03	176.30	1.02	82.44	1.04	2.14
联合经营	249.88	1.61	287.24	1.67	200.45	2.54	1.43
中外合资	309.70	2	309.70	1.80			
纯外资	665.28	4.29	665.28	3.87			
国有电厂	155.19	1	172.03	1	78.98	1	2.18
省级电厂	229.50	1.48	258.45	1.50	146.25	1.85	1.77
地区电厂	267.39	1.72	272.65	1.58	213.74	2.71	1.28

资料来源：据 1997 年《中国经济年鉴》中第三次全国工业普查数据公报整理。

（三）电价管制体制对企业降低成本缺乏激励与约束机制，企业易于产生 X 无效率

X 效率（X–Efficiency）是指不改变要素的投入组合、通过其他途径尤其是激励个人的努力程度而得以增进的效率[①]。由于企业对成本信息不对称占有优势，产生的成本费用无论合理与否都可以通过成本加成的形式转嫁到电价中。管制机构缺少有效的手段、工具与方法对企业成本予以控制、监督，企业无须降低成本即可获取高额的利润。在规定的投资回报率作用下，提高成本意味着获取更多的

① 1966 年，美国学者哈维·莱宾斯坦（Harvey Leibenstein）在论著《配置效率与 X 效率》中提出 X 效率（X–Efficiency）理论，把个人而非企业作为基本的决策单位，强调选择理性是个人行为的动机基础，X 效率的关键在于每个劳动力努力程度的大小。由于个人一定程度存在惰性，惰性使得个人的努力程度降低，从而造成 X 低效率、无效率。在企业内部，当管理不善时，个人理性地选择努力的程度其出发点并非企业的目标，而是个人的私利。个人的行为与企业的目标两者之间的不协调导致 X 低效率、无效率，即企业内耗降低经济效率。由此，X 效率理论强调企业内部个人努力的程度，而这种努力的程度取决于企业管理与内部的协调性。

利润，企业不仅没有动机加强管理、改进技术、降低成本，反而可以提高过度消费、过度增加营销费用、过度提高职工福利等不合理成本，对成本进行人为地膨胀。电价形成机制不但对企业降低成本缺乏激励与约束，而且实际对降低成本形成逆向激励。实行多种电价体制以来，新建、改建电力项目的工程造价飞速上涨，上涨幅度位居各个产业前列，即为这种逆向激励的后果。从价格管制对技术进步的作用来看，根据对不同生产要素的影响，技术进步可以分为节约资本的技术进步与节约劳动的技术进步。在电价形成机制的作用下，企业缺少提高投资效率、减少劳动数量、降低劳动强度的激励与动机，难以引导企业研发、使用节约资本与劳动的技术，生产效率难以提高，导致企业内部出现 X 无效率。

（四）电价管制体制造成价外加价的行为，电力企业侵占消费者利益

在多种电价体制下，不同层级的政府拥有部分的电价审批权限，从而为价外加价提供可能性。对于制定政府指导价、政府定价，《价格法》规定应当依据商品或者服务的社会平均成本与市场供求状况、经济社会发展要求以及社会承受能力等，实行合理的购销差价、批零差价、地区差价和季节差价，实际赋予地方政府根据当地经济社会发展情况制定地区差价的权力。在地方利益的驱动下，这些政府滥用价格审批权限，把各种附加费、加价转嫁于电价中。在实行"同网同价"之前，城乡之间、地区之间电价差别较大。2002 年，辽宁省农村民用电价为 0.76 元/千瓦时，城镇民用电价为 0.38 元/千瓦时；即使同网用电，农村、城镇民用电价分别为 0.66 元/千瓦时、0.33 元/千瓦时，都是两倍的关系[1]。较之城乡之间的差价，地区之间的电价差别更大。2000 年，广东省农村电价长期居高不下，个别地方甚至高达 4 元/千瓦时以上[2]。在政府定价的电价中已经包含地方政府征收的各种附加费与加价，然而在政府指导价的电价中，允许在政府定价的基础上，再加上各种附加费与加价，相当于重复加价。这些重复加价以 1985 年计划消费电量为征收基础，对年用电量超过基础消费电量的多余部分征收价外加价。1997 年，各级政府在国家目录电价之外的各种名目收费累计达到 553 项，全国全年价外加价的电费累计超过 434 亿元[3]，占中央财政总收入的 9.0%。1998～1999 年度，电力企业、行业和产业违法收取资费 27.4 亿元[4]。

---

① 《人大代表关注城乡用电同网同价工作》，载《中国电力报》，2002 年 3 月 13 日。
② 《农村电价水平下降》，载《中国经济时报》，2000 年 7 月 10 日。
③ 于良春、郭松山：《论我国电价管制制度的利弊与改革思路》，载《经济评论》，2000 年第 6 期。第 22～24 页。
④ 过勇、胡鞍钢：《不可低估行政垄断造成的经济损失》，载《中国经济时报》，2001 年 7 月 13 日。

（五）电价管制体制造成电价上涨过快，影响国民经济发展

《电力法》规定，制定电价应坚持公平负担，促进电力建设。政府定价应体现效率的原则，既要激励企业供给充足的电力，又要保护消费者利益，增进公共利益与社会福利。而电价形成机制造成电力建设项目造价成本上涨，各级政府增加很多不合理的价外加价，电力销售价格节节攀升，使得需求侧用户电价过高。1985～1998年，电价上涨超过600%，而同期物价上涨不足400%，电价涨幅远远超过物价涨幅①；农电价格两倍甚至数倍于城镇电价，许多农民不得不减少用电甚至放弃用电，消费者利益保护无从谈起。据测算，1995～1998/1999年度，电力产业获取900亿～1 200亿元的垄断租金，占当时GDP的0.5%～0.75%②。

第三节
电力产业社会管制的影响

社会管制的目的在于保障劳动者与消费者的安全、健康、卫生以及保护环境、防止灾害。通过执行生态环境保护、能源安全等国家战略，对电力产品和服务的质量以及电力生产、传输、供给等行为制定技术标准，对损害公众安全健康以及破坏环境的行为予以禁止、限制，社会管制对企业的生产效率、资源配置效率和利用效率产生影响，从而推进可持续发展战略。

一、社会管制产生的正面效应

社会管制作为政府管制的组成部分，具有重要的地位与作用。较之经济发达国家，我国的社会管制尽管起步较晚，仍然取得一定成效，促进了电力企业、行业和产业的健康发展与经济社会的和谐发展。

（一）社会管制的效果与效率

电力产业资金密集、资源密集，无论电源建设还是电网建设都消费大量的

---

① 于良春、郭松山：《论我国电价管制制度的利弊与改革思路》，载《经济评论》，2000年第6期。第22～24页。

② 胡鞍钢主编：《中国挑战腐败》，浙江人民出版社2001年版，第55页。

水、煤炭、石油、天然气和环境容量等自然资源。社会管制要求提高能源转换效率，节约一次能源与自然资源，降低转换损失与传输损耗，保护生态环境。在管制约束下，电力产业初步建立资源节约体系。作为衡量能源效率与运行水平的指标，发电标准煤耗、供电标准煤耗与输电线路损失率降低。较之1980年，得益于发电、供电煤耗与线路损失率的下降，2005年相当于节约1亿多吨标准煤，占折算以后当年原煤产量的6.4%。电力设备运行可靠性持续改善（见表5.7）。2001～2005年，40兆瓦及以上水电机组等效可用系数一直保持在92%左右。1988年，20万千瓦、30万千瓦容量等级的火电机组其等效可用系数分别为75.99%、77.99%，而2005年这些指标分别达到91.69%、92.66%，通过对既有的机组提高等效可用系数，相当于分别增加28台、26台对应容量的机组。得益于等效可用系数的提高，2003年相当于节约投资500多亿元[①]，相当于当年电源投资总额的1/4。2001～2005年，变压器、断路器、架空线路等核心设备的可用系数一直保持在97%以上。从能源利用效率与环境保护来看，水电、核电和风电等清洁能源在能源消费总量中所占的比重逐步加大，从1980年的4.0%增长到2005年的7.2%，其中2001年达到7.9%的高峰，从而使得在能源消费总量增长3.7倍的情况下，煤炭、石油和天然气等一次能源所占的比重基本保持不变。电煤消费占煤炭产量的比重由1980年的17.98%增长到2000年高峰时期的60.85%，到2005年下降为48.93%。2000～2005年，电力消费能源占一次能源的比重基本保持在42%左右。电力能源消费占终端能源消费的比重从1980年的6.84%增长到2005年的18.19%（见表5.8）。

表5.7　　　　　　　　**2000～2005年电力系统可靠性指标**　　　　　　单位：%

项目		2000年	2001年	2002年	2003年	2004年	2005年
火电机组等效可用系数	60万千瓦	87.76	88.75	86.39	91.41	91.07	91.04
	30万千瓦	90.50	91.43	91.18	90.42	91.42	92.66
	20万千瓦	89.73	90.54	90.79	90.79	90.59	91.69
40兆瓦及以上水电机组等效可用系数		90.30	92.44	92.99	92.37	93.16	92.22
核电机组等效可用系数		87.22	90.59	84.06	86.39	84.57	87.20

---

① 中国电力企业联合会：《资源节约：电力工业的可持续发展之路》，载《中国电力企业管理》，2004年第6期。

第二辑

政府管制与公共经济研究丛书（第二辑）

续表

项目		2000 年	2001 年	2002 年	2003 年	2004 年	2005 年
变压器可用系数	220 千伏	98.860	99.108	99.173	99.175	99.312	99.371
	330 千伏	96.918	98.598	98.557	99.098	98.798	99.138
	500 千伏	98.706	98.432	98.816	98.936	98.973	99.200
断路器可用系数	220 千伏	99.461	99.528	99.548	99.612	99.691	99.680
	330 千伏	99.196	99.507	99.474	99.390	99.365	99.387
	500 千伏	99.079	98.914	99.243	99.103	99.373	99.328
架空线路可用系数	220 千伏	99.595	99.499	99.600	99.568	99.538	99.283
	330 千伏	99.004	99.046	98.772	99.230	98.995	98.939
	500 千伏	97.920	97.895	98.750	98.636	98.600	98.553

资料来源：据2004 年、2005 年《全国电力可靠性指标》数据整理，载全国电力监管委员会电力可靠性管理中心网站（http://www.chinaer.org/）。

表5.8 能源消费总量及构成

年份	能源消费总量	占能源消费总量的比重（%）				电煤消费占煤炭产量的比重	电力消费能源占一次能源的比重	电能占终端能源消费的比重
		煤炭	石油	天然气	水电核电风电			
1980	60 275	72.2	20.7	3.1	4.0	17.98	20.60	6.84
1985	76 682	75.8	17.1	2.2	4.9	19.14	21.32	7.43
1990	98 703	76.2	16.6	2.1	5.1	25.13	24.68	9.05
1995	131 176	74.6	17.5	1.8	6.1	33.13	29.58	11.62
2000	138 553	67.8	23.3	2.4	6.7	60.85	41.72	12.42
2001	143 199	66.7	22.9	2.6	7.9	58.20	42.90	12.95
2002	151 797	66.3	23.4	2.6	7.7	51.47	43.56	12.89
2003	174 990	68.4	22.2	2.6	6.8	51.00	43.80	13.36
2004	203 227	68.0	22.3	2.6	7.1	50.80	41.35	17.51
2005	223 319	68.9	21.0	2.9	7.2	48.93	41.70	18.19

说明：能源消费总量的单位为万吨标准煤，比重的单位为%。
资料来源：据《中国统计年鉴》、《中国电力年鉴》有关年份的数据整理。

（二）电力产业提高能源利用效率的途径

其一，改善电力能源结构。有所侧重地发展火电、水电与核电，尽可能地开发利用新能源、可再生能源与清洁能源，尽量减少煤炭、石油、天然气等一次能源的使用。在满足经济社会需求的基础上，适度降低火电的比重；在保护生态环境的基础上，适度提高水电的比重；在确保安全的基础上，适度提高核电的比重；在技术可行的基础上，加快发展风力、太阳能、地热、潮汐和生物质发电。其二，推动技术进步。提高火电机组的技术参数与容量等级，减少发电过程中的能源消耗；推进热电联产，提高能源转换效率与利用效率；加强研发与技术改造，突破关键设备核心技术；改进发电设备，提高机组的可靠性与技术水平。其三，提高电网传输效率。推进电网建设与城市、农村电网改造，改进电力调度方式，提高节能降损的效果与效率。其四，加强需求侧管理。把社会管制向需求侧用户延伸，引导、激励用户理性消费、节约能源。

二、社会管制不足带来的负面效应

社会管制在政府管制中的地位与作用越来越重要，但由于多年以来政府管制过于关注经济管制，忽视甚至放弃社会管制，造成社会管制不但难以达到经济发达国家可比条件下的效果与效率，而且带来制约可持续发展的诸多问题，影响经济社会发展。

（一）能源利用效率较低

尽管电力企业、行业和产业对提高能源利用效率取得成效，但存在的问题同样不容忽视。近年以来，电力需求增长较快，其中既有经济增长、生活水平提高等合理的因素，也有固定资产投资规模过大、能源利用效率较低等不合理的因素，特别与以过度消耗有限的资源作为代价的粗放式、外延式增长方式密切相关。由于发展阶段的约束与体制的弊端，电力企业、行业和产业仍然未能摆脱高投入、高能耗、低效益的传统经济增长方式。较之经济发达国家，能源利用效率的差距尤为明显。2004 年，对以单位 GDP 产出所消耗的能源当量为计量标准的能源消费强度，世界平均水平为 2.5 吨油当量/万美元 GDP，而我国为 8.4 吨油当量/万美元 GDP，相当于世界平均水平的 3.36 倍，美国的 4 倍多，日本、英国、德国和法国等国家的近 8 倍[①]。尽管经历六年的发展，这些数据指标较之1998 年并未得以改善甚至差距进一步拉大（见表 5.9）。当时，以每万美元 GDP所消费的标准煤计量，世界平均水平为 3.67 吨标准煤/万美元 GDP，而我国为12.03 吨标准煤/万美元 GDP，相当于世界平均水平的 3.3 倍、先进水平的 7.2

[①] 《世界与中国的能源数据比较》，国家能源局网站，http://nyj.ndrc.gov.cn/。

倍、美国的 3.5 倍、德国与巴西等国家的 5.6 倍。发电效率为 35%，而国际先进水平为 50%①。由于线路损失率较高、终端用电设备老化、技术与管理相对落后等因素，每年浪费电力近 2 000 亿千瓦时，相当于两个建成之后的三峡电站发电量②。

172

表 5.9　　　　　　　　　　1998 年有关国家能源利用效率对照表

国别	GDP 总量（亿美元）	能源消费总量（万吨标准煤）	每吨标准煤产出 GDP（美元）	每万美元 GDP 消费的标准煤（吨）
中国	9 463	113 923	830.64	12.03
印度	4 141	42 267	979.72	10.20
巴西	7 870	17 042	4 618.00	2.16
俄罗斯	2 824	82 984	340.67	29.35
德国	21 506	46 082	4 666.89	2.14
日本	39 405	65 966	5 973.53	1.67
澳大利亚	3 740	15 076	2 480.00	4.03
美国	87 288	298 696	2 922.00	3.42
世界	296 032	1 086 462	2 724.73	3.67

资料来源：朱训：《关于中国能源战略的辩证思考》，载《中国能源》，2003 年第 10 期。

表 5.10　　　　　　　　2000～2005 年能源生产总量及技术指标

年份	一次能源生产总量	原煤总量	原油总量	天然气总量	发电标准煤耗	供电标准煤耗	线路损失率	能源转换总效率
2000	10.90	9.98	1.63	277	363	392	7.70	39.43
2001	11.70	11.10	1.65	303	357	385	7.55	40.55
2002	13.87	13.80	1.67	431	356	383	7.52	40.36
2003	16.03	11.89	2.44	459	355	380	7.71	39.55
2004	18.46	19.56	1.75	407	349	376	7.55	40.18
2005	20.60	21.90	1.80	500	343	370	7.18	40.90

说明：一次能源的单位为亿吨标准煤；原煤、原油的单位为亿吨；天然气的单位为亿立方米；发电、供电标准煤耗的单位为克/千瓦时；线路损失率、能源转换总效率的单位为%。

资料来源：据《国民经济和社会发展统计公报》、《中国统计年鉴》、《中国电力年鉴》有关年份的数据整理。

① 树生、一芳：《循环经济在中国初露端倪》，载《金融时报》，2004 年 6 月 25 日。
② 刘亢、廖君、朱彬：《全国电能效率知多少》，新华网，http：//www.news.xinhuanet.com/，2004 年 10 月 4 日。

（二）技术经济指标比较落后

从技术经济指标来看，较之经济发达国家，这种差距比较明显。对供电煤耗，2000～2005年，指标下降仅为5.5%；较之世界先进水平，相当于每年多消耗1亿吨标准煤。对线路损失率，指标仅下降6.7%；较之世界先进水平，每年多损耗350亿千瓦时电量，相当于一个中等省份的全年用电量。能源转换总效率一直在40%左右徘徊（见表5.10）。对耗水率，2001～2005年，指标尽管下降20.5%，但较之世界先进水平，仍然每年多耗水15亿立方米，相当于南水北调工程向山东省的全年供水量（见表5.11）。对能源结构，按照发电量计算，燃煤发电占近80%，水电等可再生能源比重较低，而且呈现不断下降的趋势①。2005年，水电占发电总量的16.20%，较之1983年的24.57%下降8个多百分点。对于电网，网架结构比较薄弱，超高压线路所占比重偏低，线路损耗较高。2001年，我国线损率为美国的2倍，高于日本、法国等国家。对能源消费结构，电力能源消费占终端能源消费的比重较低。2000年，世界平均水平为18.0%，我国只有12.42%，仅为平均水平的2/3。2001年，人均装机容量为0.27千瓦，人均发电量为1163千瓦时，人均用电量为1150千瓦时，分别相当于美国同类指标的1/11、世界先进水平的1/14（见表5.12）。

表5.11　　　　2001～2005年火电厂资源消耗及污染物排放情况

项目	2001年	2002年	2003年	2004年	2005年
火电厂数量	1 033	1 077	1 158	1 196	1 403
耗煤（亿吨）	5.0	5.5	7.0	7.8	9.0
占工业消耗煤炭比重（%）	55.6	57.2	59.6	44.3	62.7
二氧化硫排放量（万吨）	654	666	826	929	1 111
占工业排放二氧化硫比重（%）	42.0	42.6	46.1	49.1	51.3
二氧化硫排放增速（%）	2.7	1.8	24.0	12.5	19.6
用水量（亿立方米）	470	509	521	597	635
重复利用率（%）	69.1	69.4	69.5	75.0	76.0
消耗水量（亿立方米）	47	49	53	58	63
废水排放量（亿立方米）	13.5	14.4	16.2	18.1	19.2
单位发电量耗水（千克/千瓦时）	3.9	3.5	3.4	3.2	3.1

资料来源：据2001～2005年《环境统计年报》数据整理；《电力行业节水工作取得进展》，国家改革和发展委员会网站，http：//www.sdpc.gov.cn/。

———————

① 中国电力企业联合会：《资源节约：电力工业的可持续发展之路》，载《中国电力企业管理》，2004年第6期。

第二辑　政府管制与公共经济研究丛书（第二辑）

表 5.12　　　　　　　2001 年有关国家人均电力资源及相关指标比较

国别	人均装机容量	倍数	人均发电量	倍数	人均用电量	倍数	线路损失率（%）	倍数
美国	3.20	11.85	13 214	11.36	12 834	11.16	3.8	0.50
俄罗斯	1.49	7.04	6 170.69	5.31	5 332	4.64	12.05	1.60
加拿大	3.58	13.26	18 152	15.61	16 105	14.00	7.6	1.01
日本	2.06	7.63	8 463	7.28	6 614	5.75	5.1	0.68
中国	0.27	1	1 163	1	1 150	1	7.55	1
法国	1.96	7.26	8 832	7.59	7 073	6.15	6.7	0.89
瑞典	3.83	14.19	18 303	15.74	15 690	13.64	7.8	1.03
英国	1.33	4.93	6 456	5.55	5 747	5.00	9.1	1.21

说明：人均装机容量的单位为千瓦/人；人均发电量、人均用电量的单位为千瓦时/人。
资料来源：据 2004 年《中国电力年鉴》数据整理。

（三）环境污染未能得到有效遏制

随着国家对资源、环境保护的重视程度、投入力度逐步加大，资源的有效利用与环境保护工作取得进展。但从可持续发展、协调发展的宏观目标来看，电力企业、行业和产业资源消耗较高，对经济社会发展的制约作用比较突出，环境保护的压力较大（见表 5.13）。2002~2005 年，电力业在工业废水排放量中所占比重分别为 11.4%、11.7%、12.7% 和 11.6%，在工业烟尘排放量中所占比重分别为 45.4%、46.4%、44.2% 和 47.4%[①]。特别是火力发电造成的环境污染持续恶化，公众的健康安全、生态环境的平衡受到威胁，引起越来越多的关注。2001~2005 年，火电厂的二氧化硫排放量增长 69.9%，年均增长 14.2%；占工业排放二氧化硫的比重从 42.0% 增长到 51.3%；二氧化硫排放的增速从 2.7% 增长到 19.6%；废水排放量增长 42.2%，年均增长 9.2%。对工业废水、工业废气的污染治理投入分别增长 1.22 倍和 2.34 倍，其中 2005 年治理工业废气的投入达到 213 亿元，相当于年度中央财政负担的教育支出的 55.4%（见表 5.13）。

----

① 据 2002~2005 年《环境统计年报》数据整理。

表 5.13　　　　　**2000~2005 年主要污染物排放量及增长情况**

项目		2000 年	2001 年	2002 年	2003 年	2004 年	2005 年
工业废水 （亿吨）	排放量	194.3	202.7	207.2	212.4	221.1	243.1
	增速（%）	-1.6	4.3	2.3	2.5	4.1	10.0
工业废气 （亿立方米）	排放量	138 145	160 863	175 354	198 903	237 696	268 988
	增速（%）	8.9	16.4	9.0	13.4	19.5	13.2
工业烟尘 （万吨）	排放量	953.3	851.9	804.2	846.2	886.5	948.9
	增速（%）	0	-10.6	-5.6	5.2	4.8	7.0
工业粉尘 （万吨）	排放量	1 092	990.6	941	1 021	904.8	911.2
	增速（%）	-7.1	-9.3	-5.0	8.5	-11.4	0.7
工业二氧 化硫（万吨）	排放量	1 612.5	1 566.6	1 562	1 791.4	1 891.4	2 168.4
	增速（%）	10.4	-2.8	-0.3	14.7	5.6	14.6
电力业 二氧化硫	所占比重	43.2%	53.5%	54.9%	61.7%	57.1%	58.9%
	排放强度	0.211	0.229	0.185	0.218	0.213	0.218
污染治理 投入（亿元）	工业废水	109.6	72.9	71.5	87.4	105.6	133.7
	工业废气	90.9	65.8	69.8	92.1	142.8	213.0

说明：电力业二氧化硫所占比重是指对工业排放量的比重；排放强度是指每万元 GDP 所排放的二氧化硫总量，其单位为吨/万元。

资料来源：据 2000~2005 年《环境统计年报》数据整理。

在造成污染的多个因素中，小火电的破坏作用尤为突出。较大的电厂用于脱硫治污的投入一般占总投资的 1/3，而小电厂的外部性比较突出，忽视甚至放弃除尘脱硫等投入，二氧化硫等污染物排放严重超标。从对宏观调控与微观管制政策的服从来看，较大的电厂通常可以相对规范地承担普遍服务的义务，能够遵循政策规定，而小电厂则游离于政策之外，承担普遍服务义务、服从管制的意愿不强，效果较差。小火电屡禁不止的问题，既有地方保护主义的因素，也与管制政策尤其是社会管制有关。当经济发展与环境保护形成冲突时，地方政府通常倾向于优先保证经济发展，实行所谓的先污染、后治理，而环境保护部门由于属于政府序列，只能睁一只眼闭一只眼。火电厂排放的二氧化硫形成酸雨，酸雨污染对环境的影响已经非常突出。青藏高原以东、长江干流以南地区是全球三大酸雨区之一。酸雨区的面积已占国土面积的 30%，61.8% 的南方城市出现酸雨。研究表明，酸雨污染造成的损失每年超过 1 100 亿元[①]，相当于 GDP 的 1%。二氧化硫、酸雨"两控区"所覆盖面积约为 109 万平方公里，涉及人口超过 5 亿，占全国总

第二辑　政府管制与公共经济研究丛书（第二辑）

[①]　《中国面对酸雨威胁》，国家电力监管委员会网站，http://www.serc.gov.cn/。

人口的近 40%，涉及经济总量占全国的 67%，二氧化硫的排放量占全国的 66%[①]。环境本身也是资源，遏制环境污染、保护生态环境刻不容缓，电力产业实现可持续发展必须有效地遏制环境污染。

176

（四）产业政策与产业结构不尽合理

产业政策对产业发展的影响毋庸多言。应该说，电力产业的快速发展得益于产业政策，但产业政策同样对电力产业特别是发电企业带来负面的影响。2004年，全国发电装机容量超过英国、德国和法国三个国家的总和。同时，电力弹性系数达到 1.53，处于较高的水平。这些表明当时电力短缺的症结在于产业结构不尽合理，而非发电总量不足。2005 年，电力消费总量为 24 940.39 亿千瓦时，其中工业用电为 18 481.69 亿千瓦时，占 74.1%。在工业用电中，冶金、化工、建材等前五个高能耗行业占 70.0%[②]。如果这种产业结构不及时予以调整，不但电力供给紧张的矛盾难以根本解决，而且生态环境的平衡、公众的安全健康、经济社会的协调发展都将受到冲击。从消费结构来看，2003 年，电力消费总量为 19 031.69 亿千瓦时，其中工业用电为 13 899.68 亿千瓦时，占 73.0%；生活消费及农林牧渔水利业总计消费占 15.8%；化工、建材等行业成为耗电大户[③]。高能耗产业确实能够推动经济发展，拉动 GDP 增长，但对煤炭、石油、水等人均资源匮乏的国家而言，高能耗产业的超速发展无异于饮鸩止渴。2003 年，前八个高能耗行业的单位产品能耗平均比世界先进水平高出 47%，由此多消费能源 2.3 亿吨标准煤[④]，相当于折算之后当年原煤产量的 27.1%。从经济社会和谐发展来看，能源战略的制定必须高瞻远瞩，把眼前利益与长远利益有机统一起来，审时度势地对作出产业政策的制度安排，对高能耗产业的过度发展予以限制，保证经济、社会与环境的协调发展。

（五）我国能源安全面临危机

能源作为人类赖以生存与发展的重要资源，随着经济社会的发展，对其需求越来越大，充足而稳定的能源供应成为制约经济社会发展的重要因素。电力安全作为能源安全的重要支柱，在国家能源战略中占据一席之地。随着公众生活水平的提高

---

① 卢新宇：《经济增长迅速治污能力滞后我国酸雨污染形势严峻》，载《人民日报》，2004 年 4 月 23 日。
② 据 2006 年《中国统计年鉴》数据整理。
③ 据 2005 年《中国统计年鉴》数据整理。
④ 《我国能源产业面临五大挑战》，国家能源局网站，http://nyj.ndrc.gov.cn/。

与消费结构的升级，能源的需求结构将发生较大的变化，能源战略面临重大的转型。

　　从发展趋势来看，能源需求与生产之间的矛盾日益突出。其一，能源总量与人均拥有量较低。作为一次能源主体的煤炭，其经济可采的储量不足（见表5.14）。尽管从能源总量来看，能源资源比较丰富，但由于人口基数太大，人均拥有量远远低于世界平均水平。2003年，人均煤炭、石油、天然气的可采储量分别仅为世界平均水平的5.7%、10%、5%①。其二，消费结构不合理。从消费结构来看，2004年，世界能源消费的构成为原油36.8%、天然气23.7%、煤炭27.2%、水电6.2%、核能6.1%；而我国分别为22.3%、2.5%、69.0%、5.4%、0.8%②。其中，天然气、核能的比重远远低于世界水平，而煤炭的比重又远远高出世界水平，反差非常明显。特别是核电在能源消费构成中仅占0.8%，这与我国在核领域的地位与作用极不对称。其三，核电在电力能源中所占比重较低。1996~2000年，装机总容量为31 932万千瓦，其中核电为210万千瓦，仅占0.66%。2000年，总发电量为13 685亿千瓦时，其中核电为167亿千瓦时，仅占0.12%。2001~2005年，装机总容量为50 841万千瓦，其中核电为685万千瓦，仅占1.35%。2005年，总发电量为24 747亿千瓦时，其中核电为530亿千瓦时，仅占2.14%。2002年，核电运行净效率仅为法国的1/12、美国的1/18（见表5.15）。其四，人均消耗能源较低。2003年，人均能源消费为1.3吨标准煤，仅为世界平均水平的55%③。2004年，世界人均能源消费量为1.61吨油当量，我国为1.07吨，相当于世界平均水平的66.46%，美国人均水平的1/8，日本、英国、德国和法国等国家的1/4④。受可采储量、水资源、环境容量和运输能力等因素的制约，能源形势比较严峻。鉴于能源总量与结构的特点，电力产业必须坚持可持续发展，一方面，提高能源供给效率；另一方面，提高能源消费效率，为经济社会发展战略提供稳定而充裕的电力能源。

表5.14　　　　　　　　　**2000~2005年一次能源新探明储量**

项目	2000年	2001年	2002年	2003年	2004年	2005年
石油新探明储量（亿吨）	7.62	7.27	10.53	7.99	10.98	9.43
天然气新探明储量（亿立方米）	4 931	4 302	4 411	5 035	3 802	5 263
原煤新探明储量（亿吨）	14.59	16.42	7.60	51.95	96.54	698

资料来源：据2000~2005年《中国国土资源公报》数据整理。

表 5.15　　　　　　　　　2002 年有关国家核电机组对照表

国别	运行机组	运行净效率	倍数	全部机组	全部净效率	倍数
加拿大	22	15 113	2.79	22	15 113	1.72
中国	7	5 426	1	11	8 764	1
法国	59	63 203	11.65	59	63 203	7.21
德国	20	22 594	4.16	20	22 594	2.58
日本	53	44 041	8.12	58	48 883	5.58
俄罗斯	27	20 799	3.83	33	26 074	2.98
韩国	18	14 970	2.76	22	18 970	2.16
瑞典	11	9 460	1.74	11	9 460	1.08
乌克兰	13	11 195	2.06	18	15 945	1.82
英国	31	11 802	2.18	31	11 802	1.35
美国	104	99 034	18.25	107	102 637	11.71
全球	444	363 844	67.06	494	406 136	46.34

说明：数据截至 2002 年底。机组的单位为台；效率的单位为兆瓦。
资料来源：《国外核新闻》，2003 年第 6 期。

第四节
电力产业的管制失灵及其具体原因分析

与经济发达国家相比，我国电力产业政府管制的效果与效率差距比较明显。由于计划经济体制的惯性作用，政府管制中的行政审批过多过滥，管制所依据的法律、法规、规章和政策存在冲突，管制体制不能适应产业发展要求，电价管制缺乏经济理论依据，等等。这些因素综合地发挥作用，致使管制难以实现预期的效果与效率，出现管制失灵。这种管制失灵既有与经济发达国家相同的一般原因，也有基于具体国情的特殊原因，需要作出具体的分析评估。

一、管制失灵的主要表现

政府管制产生诸多的负面效应，造成管制失灵。这种管制失灵不仅表现为管制的总收益难以补偿总成本，从而使得管制的效率较低；而且表现为管制预期的效果未能实现，无论被管制企业等利益相关者，还是其他非利益群体，甚至管制机构自身均对这种管制评价不高。

（一）政府管制产生较高的管制成本

其一，立法成本。全国人民代表大会等各级立法机构制定专业法律法规，电力工业部等行政管理部门制定部门规章与政策，依据这些法律、法规、规章和政策对电力产业实行管制。这些法律、法规、规章和政策的制定产生各种成本费用。其二，设立管制机构的成本。政府设立专门的管制机构实行管制，管制机构的设立、运转产生各种成本费用。其三，解决信息不对称的成本。管制实现预期的效果与效率需要完备的信息，而管制机构在实行管制的过程中处于信息劣势。信息的收集、获取、传播、存储和使用构成管制成本。其四，寻租成本。无论产业垄断还是政府管制，都产生大量的寻租成本。其五，执法成本。管制机构执行管制规则的行为，产生各种成本费用。其六，反寻租成本。这种成本包括事前防范、事中监督与事后处理所发生的成本。基于政府的理性，为了防范管制规则制定、执行过程中的寻租行为，政府通常事先制定若干的规章制度，试图避免管制权力的滥用，并在管制行为的过程中对管制权力的运用予以监督。如果认定管制行为存在设租与创租，则进行调查取证，并作出相应的处理。这些行为产生大量的成本费用。

（二）政府管制预期的效果与效率未能实现

在官僚体系科层组织的固有惰性作用下，管制机构通常反应滞后，对电力市场的变化认知不清，不能及时对管制规则作出调整，或者对管制的手段、工具与方法予以改进，从而影响管制的效果与效率。

1. 政府管制的供给与需求失衡

从供需关系来看，政府管制的缺位与越位并存。既有的管制不能适应产业发展的要求，而适应市场要求的管制规则迟迟难以出台，出现管制规则供给不足。由于计划经济体制的惯性作用，政府部门的行政万能主义甚至红头文件至上的理念比较强烈，行政审批过多过滥，这样的管制规则超出市场的需求，超出被管制企业以及公众的承受能力与支付能力。这种规章和政策特别是临时性规章和地方性政策形式的管制规则其数量存在严重失衡。

2. 行政审批制度产生约束

在既有的行政审批制度下，行政审批远远超出市场的需求。从实践来看，有的地区开始探索市场化的方式，把行政审批制度改为招投标制度。但考虑到审批的审慎性原则，更为现实的办法在于降低审批级别，转向注册管制、登记管制和备案管制。由于这种改革涉及行政审批机构的核心利益，这些机构通常予以抵制。即使改革得以推进，改革的主体通常还是这些行政审批机构，对与其利益涉及较少的审批项目予以削减或者取消，而对直接涉及其核心利益的审批项目，则予以保留甚至通过其他形式予以强化。因此，这种改革必须通过立法机构的层面予以确定，以法律为依据，简化程序，规范行为，提高效率，确保行政审批制度取得根本性的变革。

3. 投资管制存在所有权歧视

这种歧视表现为对外开放与对内放开两者的背离。作为较早引入外资的产业，电力产业比较关注对外开放，其程度相对较高。较之对外开放，对内放开则相对不够，特别是对民营资本存在歧视。由于较高沉淀成本的存在，并且考虑政府承诺的公信度因素，如果缺少必要的制度安排，民营资本大多不敢涉足电力产业。针对电力短缺的形势，管制机构需要打破这种所有权歧视，放松甚至取消民营等社会资本的进入管制，引导这些资本规范地进入市场，提高对内放开的程度，从而实现对内放开与对外开放的协调一致。

4. 管制规则的执行缺乏财力支持

这尤其体现于社会管制。由于社会管制更多地关注宏观利益、社会利益和长远利益，企业等微观主体则理性地更多关注微观利益、经济利益和短期利益，从而造成企业服从社会管制的激励与动机不足，影响社会管制的效果与效率。从国家利益来看，社会管制可以推动可持续发展，促进经济社会和谐发展。但在实践中，往往由于必要的财力支持不足，影响社会管制的效果与效率；特别是对于生态环境保护、安全生产保护和自然资源利用，这种财力保障明显存在制约。能否支付数额较大的管制成本，成为制约社会管制效果与效率的重要因素。随着电力体制改革的推进，社会管制的地位与作用越来越重要，财力支持不足的问题需要及早予以解决。

（三）管制结构设计不尽合理

管制规则的制定者、执行者与被管制者形成最简单的管制结构。这种产业层面的管制结构设计可以分为多种形式，其中尤为典型的有两种。其一，对市场化改革力度较大、市场竞争比较激烈的产业，政府行为与企业行为之间的界限比较清晰，但通常法定的独立专业化管制机构缺位，管制职能由行政管理部门或者其他政府部门履行。实行政府管制的依据在于法律法规，但通常政府部门的规章或者红头文件发挥更大的作用。其二，对市场化改革阻力较大、改革效果尚不明显的产业，计划经济体制下的思维方式与行为模式仍然占据主导地位，政府行为与企业行为之间的界限比较模糊，政企不分依然存在。管制体制与计划经济体制下的运行模式并没有本质的差别。电力产业的管制结构设计处于这两种形式之间，管制规则的制定者、执行者与被管制企业之间的界限已经作出划分，但功能定位与职能设置尚未到位，管制结构的设计尚不合理。

（四）政府管制体制与国际组织的规则要求存在矛盾

世界贸易组织（WTO）的基本规则与运行方式建立于市场经济制度之上。对照其中的基本规则，政府管制的预设目标、组织结构以及执行手段、工具与方法尚有差距。其一，管制的预设目标缺乏明晰的边界限定，政府对微观经济干预过度或者放任自流，管制的多重目标之间相互冲突，特别是经济发展与生态环境保护的冲突未能得以协调。其二，行政管理体制改革未能到位，政府机构及其职能的"膨胀—改革—再膨胀—再改革"甚至成为基本定势。适应市场经济体制要求的管制机构尚不健全，不相适应的政府机构难以退出，政府职能转变进程缓慢。其三，政府管制的手段、工具与方法不能适应市场经济体制的要求。管制的基本手段仍然限于行政手段，法律手段与经济手段运用较少。政府管制具有较强的指令性，尚未摆脱红头文件至上、部门政策至上的传统模式；管制程序的封闭性与不透明性尚未得以解决。

二、管制失灵的具体原因分析

政府管制的起因在于弥补市场缺陷导致的市场失灵，但在实践中出现管制失灵。这种管制失灵既有与实行市场经济体制的其他国家共同的一般原因，表现为政府管制的基本假设难以成立、管制机构被"俘虏"、官僚体系的组织缺陷、信息不对称的制约、管制机构的有限理性，等等，也有基于社会主义市场经济体制脱胎于实行多年的计划经济体制等具体国情的特殊原因。管制失灵与政治经济条件密切相关，与经济体制转轨密切相关，与具体国情密切相关，从而使得这种特殊性表现在诸多的方面。

（一）政府管制发挥预期作用存在制度性障碍

电力产业政府管制从管制机构设立、管制职能设置到管制规则的制定、执行，尚处于建立过程中，远未达到成熟的程度，从而使得管制的作用范围受到限制，难以发挥预期的作用。尽管市场经济体制已经建立，但传统的计划经济体制的制度基础尚未完全打破，仍然具有较强的制度惯性。政府官员对计划经济体制下的管制体制以及管制手段、工具与方法驾轻就熟，在思维方式与行为模式的惯性作用下，习惯于运用计划经济体制下的管制手段、工具与方法对市场经济体制下的电力产业实行管制。适应市场经济体制要求的政府职能尚未完全转变，从而使得管制体制的作用发挥受到影响。

（1）管制机构的管制职能尚未理顺。多个政府部门各自从业务工作的角度出发，对电力产业共同实行管制，造成部门之间的职能冲突。不同的管制机构运用管制规则的标准不一，造成管制执法的差异性，并为寻租行为提供更多的机会。对于可以带来经济收益或者政治绩效的管制规则，管制机构相互争权夺利、重复执法；对于执法难度较大、涉及部门利益较少的管制规则，则相互推诿扯皮、退避三舍，造成管制缺位。

（2）政府管制得以实行的法律基础薄弱。适应社会主义市场经济体制要求的管制规则，存在立法不足的问题，导致无法可依。既有的管制规则相互之间存在冲突，导致有法难依。

（3）政府管制的约束与监督机制尚不健全。执行管制规则的管制机构，基于各自的利益，选择性地运用自由裁量权与剩余立法权，导致有法不依、执法不严乃至行政不作为，甚至追求经济利益而主动创租、设租。

（4）管制权力配置尚不合理。中央与地方之间的权力分配关系仍处于调整中，造成地方保护主义比较严重，部门利益、产业利益的影响仍然较大。

（二）政府管制对不同利益集团的关系定位存在偏差

政府管制既是管制规则制定、执行的过程，也是被管制企业、消费者与管制机构之间博弈的过程。在实行管制的过程中，管制机构、被管制企业与消费者三者之间形成相互制约、相互依存的行为关系。其中，被管制企业与消费者作为直接博弈的双方，围绕自身利益讨价还价，并通过各种方式影响管制规则的制定、执行，推动管制机构建立对己有利的管制结构。一般而言，管制博弈的结果往往在很大程度反映公共利益，并且原则地为管制的内容、范围及管制规则的制定、执行确定目标。管制机构既是双方博弈的仲裁者，又是通过管制规则的制定、执行对博弈结果予以体现的代理者。由此可见，政府管制实际体现不同的利益集团与非利益群体经由博弈形成的综合利益。

　　相互独立、相互制衡的被管制企业和消费者等利益集团与非利益群体的形成，以及独立、公正的管制机构的设立，作为管制行为的组织基础，对于保证管制的效果与效率体现公共利益的原则发挥制度性的保障作用。但在实践中，政府管制对不同利益集团与非利益群体的关系定位存在偏差。从历史的范畴来看，被管制企业与消费者习惯于依附政府，能够通过博弈行为充分表达利益要求的独立、成熟的被管制企业与消费者等利益集团和非利益群体尚未形成，从而使得制度安排中的制衡机制难以建立。在长期实行的计划经济体制影响下，国有企业对政府的依附性较强；民营企业由于资产纽带关系等存在先天不足，想方设法与政府处理关系，试图经由政府实现利益需求。从市场主体来看，除少数与政府关系特殊的大型国有垄断企业之外，市场中的主体多数属于数量众多的中小企业，难以对管制行为发挥制约作用。对消费者而言，在计划经济体制下，生产决定一切，消费者长期被忽略、压抑，利益经常被侵占。随着市场经济体制的建立，消费者意识开始觉醒，但尚未成长为足以与被管制企业、政府对称的独立制衡力量。除按照行政区划成立并挂靠于各级工商行政管理部门下的消费者委员会外，能够完全代表消费者利益的组织尚未形成，专业化的电力消费者组织更是遥不可及。既有的消费者组织难以承担保护消费者利益的重任，消费者利益难以充分表达，难以影响、制约政府的管制行为。

（三）管制职能设置存在缺陷

　　市场失灵使得市场出现对管制的需求，但由于适应市场经济体制要求的管制职能缺位，市场缺陷未能得以弥补，造成公共利益与社会福利损失。这种管制职能的缺位与政府职能转变滞后密切相关。在具体实践中，出现管制不足与管制过度、管制过多并存并行的现象。

1. 政府管制的管制能力不足

　　在很多情况下，政府虽然履行管制职能，但由于管制能力的不足，难以满足市场的需求，造成被管制企业生产效率降低，消费者利益受损。对于反垄断管制，市场经济体制要求管制机构运用管制手段、工具与方法，打破计划经济体制下的垄断格局，建立竞争性的发电市场、可竞争性的供电市场与垄断性的输电、配电市场。但由于部门之间相互掣肘，地方利益、产业利益掺杂其间，致使垄断的行为未能得以有效地约束。由于管制能力不足，被管制企业不仅生产效率较低、成本较高，未能实现规模经济效益，而且产品和服务质次价高，侵占消费者利益，造成公共利益与社会福利损失。

2. 政府管制出现管制过度、管制过多

如果政府管制跨越弥补市场缺陷的边界，通过直接的干预对市场内在的活力形成抑制，则资源配置效率降低，并引发各种寻租行为，最终损害公共利益与社会福利，此时出现管制程度的过度或者管制数量的过多。从实践情况来看，供电环节仍然实行严格的进入管制，对市场机制的作用形成抑制，导致供电企业活力不足，生产效率较低，影响产业的发展与公众生活质量的提高。在计划经济体制的惯性作用下，管制机构对企业管得过多、过细、过死，对企业的创新精神与竞争能力形成抑制，致使企业的竞争能力普遍不强。

(四) 管制机构职能设置存在缺陷

在既有的管制职能设置中，由于国家电力监管委员会的管制职能与其他政府部门的行政管理职能实际并未理顺，管制机构虽然能够对违反管制规则的行为予以认定，但由于这些机构并未配备相应的处置权力，缺乏施行惩罚的工具，从而使得管制行为半途而废、无果而终。电价管制作为管制行为的核心，其职能并未赋予国家电力监管委员会，而是仅仅拥有对电价调整提出建议的权利，从而影响管制手段、工具与方法的运用，制约管制机构的作用发挥。电力调度职能的设置同样不合理。根据规定，国家电力调度中心设置于国家电网公司，区域电力调度中心设置于区域电网公司，各级交易中心设置于相应的电力调度机构。从经济发达国家的实践来看，电力调度、交易机构的设置和职能配备可以分为三种情况。其一，以美国为代表的独立设置式。电力调度、交易机构分别独立于电网企业，独立履行职能。其二，以日本为代表的挂靠设置式。电力调度、交易机构分别挂靠于电网企业，电网企业拥有发电企业。其三，以英国为代表的混合设置式。电力调度机构挂靠于管制机构，电力交易机构由国家电网公司（National Grid Company，简称 NGC）下设的独立机构管理、运营。按照"厂网分开"改革方案，

国家电网公司拥有发电资产权益容量 3 000 多万千瓦，南方电网公司拥有约 400 万千瓦。由此可见，电网企业除拥有输电网之外，还拥有总计约 3 500 万千瓦装机容量的发电能力，作为备用容量调节发电峰谷。对于这些备用容量，电网企业认为缺电调峰时，还不足以保证供电的安全稳定；而发电企业则认为，电网企业拥有太多的备用容量，不利于激励发电企业在缺电时增加发电量。由于电力调度、交易机构内设于电网企业，电力调度与交易难以公正地进行。

第六章

经济发达国家电力产业
放松管制的原因

20世纪70年代以来，经济发达国家出现放松管制的浪潮。这次放松管制运动具有深刻的背景，不仅对于这些国家的经济社会发展产生了深刻的影响，而且对于我国吸收借鉴其经验教训提供了丰富的参考依据与现实样本。

-------------------------------- 第一节 --------------------------------
经济发达国家电力产业放松管制的实践

放松管制包括两个层面，一方面，减轻甚至取消价格、进入、退出、技术标准等管制，被管制企业的管制环境相对宽松；另一方面，转变甚至取消原有的管制方式，改进管制的手段、工具与方法，管制程序从严格、烦琐转向宽松、简便，管制机构的行为方式相应地发生变化。

一、美国电力产业放松管制的实践

美国电力产业的政府管制建立在自由市场经济制度的基础上，管制机构依据法律，制定、执行管制规则，其目的在于弥补市场缺陷，维持市场经济秩序，增进社会福利。

（一）美国电力产业管制的两个层次

政府管制可以分为两个层次，第一个层次为各州的公用事业管制委员会（Public Utilities Commission），对州内配电企业与消费者的交割行为实行管制；第二个层次为联邦能源管制委员会（FERC），对州际电力交换与州际输电工程实行管制，其主要任务在于管制天然气、水力发电工程和输电线路州际部分的运行和价格。委员会实行的管制包括管制电力销售中的趸售、电力再销售和州际互送电量；审查、监督输电服务的实施；审查电力公司之间电网互联和电力转供的协议；审查电价及审批小型发电、联合循环机组、趸售机组的免税等。

（二）美国电力产业实行的投资回报率管制

投资回报率管制的理论依据在于电力属于自然垄断产业，自然垄断产业通常需要较大的投资，而投资回报率管制有利于激励企业投资。计算投资回报率基数的方法较多，近年来许多管制机构倾向于采用原始资本成本法（original cost method），把被管制企业历年用于建设厂房、购买设备等的投资予以累计，但这种方法受到通货膨胀因素的干扰，往往使得管制价格的确定处于较低的水平。

投资回报率管制的理论前提在于管制者与被管制者拥有同样多的信息，双方进行对称信息基础上的博弈。其基本原则在于允许被管制企业的定价高于运行成本，保证企业获得合理的利润。然而，在现实中，由于管制者与被管制者所拥有的信息并不对称，投资回报率管制存在诸多的缺陷。其一，管制未能建立引导企业降低成本、提高效率的激励机制。由于成本影响定价，一方面，被管制企业能够把上升的成本转嫁于价格；另一方面，即使降低成本，这种成本的降低也会被定价的降低所抵消，产生"棘轮效应"，致使被管制企业缺乏降低成本、提高效率的激励。其二，当投资回报率大于资本价格时，被管制企业理性地选择过度投资或者向其他市场扩张，即使亏损也要把潜在的竞争对手逐出市场，以便在设定的投资回报率下获得更多的利润，造成资源配置效率降低。被管制企业不计成本地向其他市场扩张的动机在于这种管制模式允许企业把用于其他市场的资本计入投资回报率管制的计算基础。这种扩张的动机取消与否，取决于企业在其他市场的边际收益与资本成本、被管制市场的亏损两者之间的关系。只要边际收益大于这些亏损，这种扩张的动机就不会理性地消失，其真正目的和实际效果在于阻止潜在的竞争对手进入市场。其三，定价随着被管制企业的融资方案而变化，导致

第二辑

政府管制与公共经济研究丛书（第二辑）

一厂一价。其四，该模式难以承受外部环境变化的冲击。20 世纪 70 年代的石油危机使得美国从燃油发电转向燃煤发电和核能发电，由于通货膨胀率较高、资本利率较高以及公众对电厂建设严格的环保要求，致使电站建造周期延长，成本增加。在利益权衡下，管制机构通常着眼于保护消费者利益而拒绝承认这些成本，致使投资者蒙受损失。

188

（三）美国电力产业放松管制的主要内容

1978 年的《公共企业管制法》（PURPA），对电力产业放松投资管制，从而打开电力市场竞争的大门。1992 年的《能源法》（Energy Policy Act）允许不从属于公用事业部门的独立发电厂进入电力批发市场，按照不受管制的市场价格向公用事业部门出售电力；公用事业部门向独立发电厂开放，不得歧视。电力产业开始从垄断经营向市场竞争过渡。通过修订法律，拆除进入壁垒，在市场中引入竞争。

放松管制的本质在于重新调整政府与市场、企业之间的关系，精简、优化政府职能，增进社会福利。政府管制的困境源自于管制过多，放松管制的首要任务在于卸载管制，把原由政府承担的部分社会管理职能、经济管理职能推向社会、市场。其一，政府向市场放权。管制改革以市场为导向，对大多数的经济管制实行放松，企业根据市场信号组织生产。其二，政府向中介组织分权。政府发挥中介组织自主治理的作用，逐步把政府的执照发放、资质审查、价格监督、质量控制的管制权力向行业协会等中介组织转移。其三，对管制规则破立结合，实现管制结构的合理化。在放松管制的过程中，政府与市场实行双向互动，管制改革并非一味地放松管制，而是有破有立、破立结合。一方面，废除不合理、不合时宜的管制；另一方面，对市场失灵的领域，增加新的管制规则，弥补市场缺陷。其四，依法行政，实现管制规则执行的合法化。

政府管制改革可以分为两个阶段，第一个阶段为福特（Gerald Ford，1974 ~ 1977）政府、卡特（Jimmy Carter，1977 ~1981）政府时期的"立法推进"，先颁布新的法案，再对管制规则进行调整和放松；第二个阶段为里根政府（Ronald Reagan，1981 ~1989）及其后的"行政推进"，行政机构先对历年的规章条例进行复查清理，然后予以修订或者取消。

（四）美国放松管制的实践取得的成果

竞争使得电力产品和服务无论数量还是质量都得以提高，电价降低，消费者效用得以提高，社会福利得以增加；放松管制使得进入市场的企业增多，企业在竞争中提高活力与效率；得益于资源配置的调整和企业文牍费用的降低，企业的生产效率得到提高；通过削减管制机构的行政费用，财政危机得以缓解，公众负担减轻；电力收费水平的降低以及电力服务的多样化形成需求和投资的扩大，促进经济增长。

189

（五）美国电力产业放松管制实践的启示

这种实践最重要的特征在于立法先行、法律保障。美国的法律制度健全，法律体系完善，作为典型的实行市场经济体制的法制国家，美国对法律的重视程度为其他国家所不及；政府的行为必须接受法律的约束与监督，必须建立于法律的基础上；无论是在发电市场引入竞争机制，还是进一步加强社会管制，高度重视并自觉发挥法律的先导作用和保障作用，法律在放松管制的实践中发挥着极其重要的作用。美国在电力产业放松管制的实践中所表现出来的法治理念、法治精神，对于我国建设法治社会，实现依法治国，特别是运用法律的力量推进管制体制改革具有启示意义。

二、英国电力产业放松管制的实践

英国的管制体制改革颇有代表性，无论之前的国有化管制，还是其后的私有化管制，对其他国家的改革提供了方向性的指导。其中的"电力库"（Electricity Pool）模式对世界电力市场具有重要的影响。

（一）英国对电力产业组织结构的调整

电力体制改革始于撒切尔（Margaret Hilda Thatcher，1979～1990）时代。1988年，发表《电力市场民营化》白皮书（White Paper Privatising Electricity）。1989年，批准新的《电力法》（Electricity Act）。电力体制改革的指导思想在于发电环节与供电环节更多地引入竞争机制，管制的限制逐步予以取消；输电环节与配电环节被认为属于自然垄断，继续保留政府管制。各个环节的业务进行分拆，发电、输电、配电和供电独立运行。英格兰、威尔士地区的电力企业在改革之前属于国有企业，由中央电力生产局（CEGB）独家经营，实行高度的集中管理。1990年，电力体制改革从打破这种垂直垄断结构开始。

在发电环节，把中央电力生产局（CEGB）所有的非核电厂重组为私有化的英国电力公司（National Power，简称 NP）和英国电能公司（PowerGen，简称 PG），所有核电厂重组为英国核电公司（Nuclear Electric）。其中，英国电力公司（NP）拥有 52% 的发电市场份额，英国电能公司（PG）拥有中央电力生产局（CEGB）50% 的发电资产。鼓励新的企业进入发电市场，参与电力生产的竞争。

在输电环节，成立国家电网公司（NGC）。英格兰、威尔士地区的 12 家地区供电公司（Regional Electricity Company，简称 REC）拥有公司（NGC）股份，但不参与其日常运行。1996 年，这些地区供电公司（REC）不再拥有其股份，国家电网公司（NGC）对电网实行独家运营。在私有化初期，国家电网公司（NGC）拥有发电资产。1995 年，这些发电资产被全部卖出。

在配电环节，英格兰、威尔士地区的业务仍由 12 家地区供电公司（REC）负责。这些供电公司（REC）可以购置发电资产，但在发电企业的股份不能超过 15%。

在供电环节，大用户可以自由地选择电力企业。地区供电公司（REC）可以从事电力销售，但配电业务、供电业务必须在财务、会计上予以分开。支持成立专业化电力销售企业，允许发电企业进入。除输电业务仍由国家电网公司（NGC）垄断外，放开发电、配电环节，电力企业获得许可即可进入市场。

（二）英国电力市场的"电力库"模式

市场的电价分为发电电价、销售电价、供电电价三个部分。其中，发电电价为竞争形成的系统边际电价（System Marginal Price，简称 SMP），即系统负荷所能接受的对发电企业由低到高排序之后的最高报价。被国家电网公司（NGC）接受报价的发电企业可以按照系统边际电价（SMP）发电；报价和系统边际电价（SMP）每半小时确定一次，每天确定 48 个电价，当天的电价提前一天确定[①]。国家电网公司（NGC）在系统边际电价（SMP）的基础上，附加发电容量其他成本后，形成销售电价（Pool Purchase Price，简称 PPP），把电力销售给供电公司（REC）。这些公司根据电网损耗、运营成本、合理利润等综合确定供电电价（Pool Selling Price，简称 PSP），并向消费者公布。发电企业和地区供电公司（REC）在电力交易中心进行交易，交易中心由国家电网公司（NGC）下设的独立机构管理、运营。

1989 年的《电力法》（Electricity Act）授权设立电力管制办公室（Office of

① 国家经贸委电力司：《关于英国西班牙电力市场规则与管制的考察报告》，载《中国经贸导刊》，2000 年第 4 期，第 16 页。

Electricity Ragulation，简称 OFFER），作为独立的管制机构，负责保证可靠的电力供应，确保合理的用电需求得到满足，并为电力产品和服务制定性能、质量标准，调查、仲裁、处理各种投诉；促进和规范企业的竞争，通过竞争引导企业降低成本，提高效率，使得用户受益；核发电力企业专营许可证，并保证许可证规定的各项条款得到遵守；确保电价按照规定的原则实行；保证持有许可证的企业具有足够的资金进行电力生产、建设。作为政府机构的垄断与兼并委员会（MMC）、公平交易办公室（Office of Fair Trading，简称 OFT）与电力管制办公室（OFFER）共同行使管制权力。垄断与兼并委员会（MMC）执行反托拉斯调查，对产业行使监督权。公平交易办公室（OFT）维护消费者利益，保护公共利益不受侵害。作为主管电力产业的政府部门，贸易和工业部（DTI）负责制定产业发展规划、法规、政策；执行监督，保证核电安全。

　　"电力库"模式的主要缺陷。其一，市场机制具有不完全性。市场的核心在于发电企业或者机组投标报价，实际属于卖方市场。发电企业在决定每天向"电力库"的报价参数方面具有相当大的自由度，基本可以控制电价。其二，市场缺乏透明度。每半小时的电价由"电力库"划定，并非供需双方直接谈判达成。合同由供需双方秘密商定，市场无法分享充分的信息，无法产生衍生交易，这样的市场缺乏灵活性和透明度。其三，少数发电企业拥有操纵市场的能力。在这种模式下，占据市场份额首位的或者处于能够影响系统运行地位的发电企业可以对报价大做文章，谋求利益。英国电力公司（NP）和英国电能公司（PG）两个最大的发电企业形成双头垄断格局，主导"电力库"的市场价格。在90%的时间里，"电力库"的电价被两大企业的报价所操纵。其四，"电力库"的改进受到限制。按照"电力库"的运行规则，任何条款的更改都必须经过全体成员的一致同意，从而造成每一步的内部改革都需要经历冗长的多边谈判，有些好的意见因为可能削弱某些成员的利益或者对其自由度造成约束而束之高阁、无法实施。

（三）英国政府采用的 RPI－X 价格上限管制模式

　　1990 年，英国政府采用 RPI－X 价格上限模式，对电价予以管制。在实践中，RPI－X 模式确实发挥了降低成本、提高效率的作用。其一，自然资源的利用效率得以改善。英国统计年报资料显示，在 1991～1995 年期间，主要发电企业的燃煤和核燃料消耗量均呈下降趋势，煤耗由 1991 年的 213.8 克/千瓦时下降到 1995 年的 206.0 克/千瓦时；核燃料消耗由 1991 年的 245.7 克/千瓦时下降到

1995 年的 239 克/千瓦时[①]。其二，消费者得到实惠，社会满意度得以提高。研究表明，英国对中央电力生产局（CEGB）的结构重构和私有化，使得电力成本降低 0.16 英镑/千瓦时；此外，由于煤炭消耗的减少，使得环境收益增加 0.05 英镑/千瓦时。这些相当于系统边际电价（SMP）降低 6%，或者供电电价（PSP）降低 3%[②]。电价降低对其他产业特别是电价占较大成本比重的产业竞争能力至关重要。资料显示，1990～1991 年度至 1996～1997 年度，典型工业用户的名义电价上升 9%，扣除通货膨胀因素之后，实际电价下降 7.6%。民用电价呈持续下降的趋势。1996 年度扣除通货膨胀因素之后，居民用电平均电价下降 5%。电价下降给消费者带来实惠。英格兰、威尔士地区的用户由此每年获益 12.30 亿英镑，其中非居民用电每年受益 6.5 亿英镑[③]。其三，企业的经营绩效得以改善。改革以来，在英格兰、威尔士地区，占电力企业总成本 66% 的发电成本持续下降。在发电量小幅增长的情况下，总成本由 1990～1991 年度的 71.56 亿英镑降至 1995～1996 年度的 47.96 亿英镑，降幅高达 33%；同期输电成本、配电成本不同程度地下降，其中输电成本下降尤为显著。据电力管制办公室（OFFER）统计，尽管英国电力公司（NP）和英国电能公司（PG）的营业额呈下滑的趋势，但经营利润却稳步增长；12 个地区供电公司（REC）的经营利润均呈上升的趋势。英格兰、威尔士地区的投资回报率由 1990～1991 年度的 5.1% 升至 1994～1995 年度的 9.6%[④]。RPI－X 模式既对企业的成本予以了合理的补偿，又使得企业的生产效率、资源利用效率和配置效率得以提高。

价格上限管制模式的主要缺陷。其一，价格上限管制影响质量。由于价格上限管制不能对企业形成降低成本的激励，从而往往对供给的可靠性造成电力产品和服务的质量下降。其二，管制机构的承诺并不可靠。管制机构本应诚信地承诺在价格上限管制的有效期内不对被管制企业的定价行为进行干预，但这些承诺有时并不可靠。企业如果经由各种途径获取较高的利润，则管制机构受到较大的政治压力，迫使其与企业重新进行谈判，修改合同。1995 年 7 月，管制机构在配电企业实施价格上限管制两个月后即决定重新设立价格上限水平，原先保证五年之内不干涉的承诺只维持了不到三个月。其三，企业的经营状况影响合同的执行。如果履行原有合同使得被管制企业亏损甚至破产，企业则在合同终止之前要求提前修改合同，以避免更为不利的后果，管制机构可能会屈从企业的这种要求。

---

①③④ 芮崑、李国荣、侯文兰：《政府管制下电力产品定价的经济学分析》，载《上海电力学院学报》，2001 年第 3 期，第 101～105 页。

② David M. Newbery, M. G. Pollitt, 1997. *The Restructuring and Privatisation of the CEGB, Was It Worth It.* Journal of Industrial Economics, XLV (3), pp. 269–303.

（四）英国的政府管制具有不确定性

RPI－X管制模型通常以5年为周期。通过对管制价格实行周期性的调整，有利于引导企业利用周期调整的"滞后效应"，在两次审核周期之间，通过提高生产效率，使得生产效率提高的幅度超过规定的水平，从而可以获取更多的利润。由此可见，价格上限管制实际有利于激励生产效率的提高。在进行新一轮的价格调整时，管制机构根据对未来5年被管制企业经营成本和投资成本状况的最佳估计确定X值，重新建立价格上限管制模型。但在具体实践中，在两次审核周期之间，被管制企业与管制机构都可能要求提前进行价格调整。被管制企业通常要求把上一次价格调整时没有估计到的意外成本转移到这次价格之中；而管制机构迫于消费者等利益群体的压力，通常要求对订得过高的管制价格进行下调①。这种未到约定期限即提前调整价格的情况普遍存在，使得管制呈现出较强的不确定性。这种不确定性抑制被管制企业利用"滞后效应"、通过提高生产效率获取更多利润的激励与动机，从而削弱价格上限管制对生产效率提高的激励作用。

不确定性还源自于管制体制自身。由于管制传统的差异，英国模式在管制规则的制定、执行过程中并不像美国一样采用法律程序的方法。虽然从立法的管制程序而言，管制者与被管制者的纠纷可以诉诸法院予以解决，但具体实践中这种司法手段极少得以运用，管制者通常也无须提供制定管制规则的法律依据。这种体制的优点在于灵活性较大、管制成本较少，但由于大量的管制权力集中于管制者，管制者的个人偏好导致管制手段、工具与方法存在差异，从而在不同的企业之间出现管制的差别。某个管制者对其管制的企业实行较为严格的管制，而另一个管制者对其管制的企业实行较为宽松的管制，从而产生因管制者偏好而形成的不确定性。对同一产业而言，由于管制者经常变动，本期管制者采用的管制手段、工具与方法并不能保证被下期的管制者继续采用，被管制企业难以对未来的管制模式进行合理的预期，从而产生因管制者变动而形成的不确定性。管制的不确定性对被管制企业提高生产效率的动机产生负激励的作用。企业在进行投资行为时，必然理性地考虑政府管制的影响，这些不确定性抑制企业的投资行为，不利于激励技术进步与效率提高。

① Matthew Bishop, John Kay, Colin Mayer, 1995. *The regulatory challenge*, Oxford University Press, pp. 10－11.

（五）英国放松管制取得的效果

1989～1996 年，英国的实际电价下降 25%。1990～2000 年，销售电价下降 30%[1]，发电装机容量增加 22%，通过出售电厂和电网资产获得 700 亿英镑的财政收入[2]。据经济合作与发展组织（OECD）测算，放松管制使得英国的生产效率提高约 70%，特许电力经营合同价格降低 18%～21%[3]。

（六）英国电力产业政府管制新的实践[4]

2001 年，英国取消"电力库"模式，合并成立的燃气与电力市场监管办公室（Office of Gas and Electricity Markets，简称 OFGEM），颁布新的电力交易规则，主要在于允许在中心市场之外进行更多的电力交易。这种交易主要集中于远期合同市场及其衍生的期货市场和期权市场、短期双边市场、实时平衡市场三个市场中进行。在远期合同市场，供需双方签订的双边合同规定价格和供电量；90% 的交易在远期合同市场中由双方直接通过双边合同进行。供电企业与发电企业可以就未来任何时候的买卖电力签订合同，合同跨度可以达到几年。期货市场和期权市场提供对冲风险的手段。短期双边市场提供气候条件、发电机组故障等即时的信息，发电企业、供电企业及大用户据此对合同作出调整。实时平衡市场由国家电网公司（NGC）予以运营，通过招投标方式解决销售电量与实际发电量不符时的余缺电量问题，10% 的电量通过实时平衡市场进行交易。新的电力交易规则还包括对电力实行调度直到满足需求，市场价格是系统平衡时最后一个发电单位的电价；对合约电量和实际电量不符的发电企业，按照系统平衡时电网公司（NGC）接受的买卖价格支付差额费用；上网价格放开，发电环节上网价格由竞争形成，不受管制；输电、配电价格一直实行价格上限管制；零售电价仅对用电量低于一定数量的居民用户和小工商业户实行管制；放开投资管制；英国与其他国家之间的电力投资全面放开，英国的电力企业可以在国外投资办电厂，外国投资者也可以在英国电力市场投资。

---

① Richard J. Green, David M. Newbery, 1992. *Competition in the British Electricity Spot Market*, Journal of Political Economy, Vol. 100, P. 929.
② 欧阳昌裕：《构筑有中国特色的社会主义竞争性电力市场》，载《电力技术经济》，2000 年第 4 期。
③ 《管制的成本与收益》：载《世界银行研究观察》，第 14 卷第 1 号，1999。转引自顾海兵、廖俊霞：《国外学者对政府管制的研究综述》，载《开发研究》，2000 年第 5 期，第 30～31 页。
④ Simon Bishop, Ciara Mcsorley, 2001. *Regulating Electricity Markets*, *Experimence from the United Kingdom*, The Electricity Journal, December, P. 81.

（七）英国电力产业放松管制实践的启示

英国在放松管制的实践中，经济理论所占据的地位和发挥的作用令人印象深刻。英国政府具有高度重视并能够自觉运用经济理论指导实践的传统，无论先前的国有化管制改革还是后来的私有化运动，无论率先采用价格上限管制模式还是率先放弃"电力库"模式，英国政府都能够运用经济理论作为改革的理论基础，并根据经济理论的发展适时对政策作出调整，从而走在其他国家的前面，实践中取得了较好的成效。可以说，英国电力产业放松管制的实践为其他国家作出示范和表率，其成功经验也确实为其他国家所借鉴和采用。如何认识并发挥经济理论的作用，英国政府在电力产业放松管制的实践中给予了诸多的启示，对于指导我国管制体制改革予以启示。

三、其他国家电力产业放松管制的实践

在放松管制的浪潮中，许多国家与地区参与进来，其中既有欧盟电力市场这样的区域性市场，也有日本这样的通常被认为改革惰性较大的国家。这些改革各具特色，但大多数是围绕市场化而进行。

（一）欧盟电力市场的开放

1990年，以工业用户的电力和天然气价格透明化、输电两个指令的颁布为标志，欧盟启动电力市场化改革，其目的在于消除成员国之间的壁垒，建立统一、竞争的欧盟电力市场，培育跨国电力企业，实现跨国电力供应。1999年，欧盟和欧洲经济区（European Economic Area，简称EEA）的成员国开始逐步放开电力市场。其中，德国、英国、挪威、瑞典和芬兰对电力市场的管制实行全面放松，法国、意大利、葡萄牙和希腊的进展比较缓慢。建立开放的欧洲电力市场的主要障碍在于跨境输电。冰岛、希腊的电网独立于欧洲其他部分，英国、西班牙只是有限地接入欧洲大陆电网。随着改革的推进，来自中欧和东欧的欧盟新加入国家也被要求放松管制。

欧盟电力市场化改革的特点。其一，立法先行，通过法律法规推动电力市场化改革。1996年，颁布建立欧盟内部电力市场的通用规则。2001年，颁布可再生能源发电规则。2003年，颁布加速电力市场化进程的指令和明确跨国输电入网的规则。2005年，欧洲电力和天然气监管机构（European Regulators' Group for

第二辑

政府管制与公共经济研究丛书（第二辑）

196

Electricity and Gas，简称 ERGEG）颁布输电收费和阻塞管理导则。这些指令、规则构成欧盟电力市场化改革的法规体系，成为欧盟指导、规范成员国电力市场化改革的法律依据。其二，发电环节全面开放，从进入管制转向社会管制。根据欧盟的指令，成员国逐步取消电力企业的垄断权利，发电环节实行全部开放，建立竞争的发电市场。成员国政府按照客观、透明、非歧视的标准，对新建发电设施及时进行审批，其内容涉及生产技术安全、保护公众健康安全、环境保护、土地规划利用、公共土地使用、能源效率、一次能源性质、申请者的技术能力与经济实力、公共服务义务等。发电企业享有和用户同样的入网、用网权利。其三，输电环节实行垄断，对电厂、配电企业、用户必须无歧视地公平开放。电网的管制机构对上网条件、过网费用和系统服务实行事前管制，对线路阻塞管理、互联互通、新电厂入网和避免交叉补贴实行事后管制。其基本原则在于所有的成员国必须强制性地要求电网按照公开的价格接受合格用户和发电设施对电网的使用。其四，配电环节必须公平开放，并承担公共服务的义务。按照电网管制机构确定的价格、条款和条件，成员国的配电企业将电力用户接入电网。在保障配电系统公平开放的基础上，必须承担涉及安全与环境保护的公共服务义务，包括供电安全、供电质量、能源效率和气候保护。其五，供电环节逐步开放，有序扩大拥有购电选择权用户的范围。其目标在于允许用户自由地选择向本地配电、供电企业购电，还是向发电企业或者其他供电企业购电，即对用户的购电选择权实行开放。成员国供电企业必须保证所有家庭用户获得普遍服务。其六，对兼并、收购、企业控制权变更实行反垄断管制，促进有序竞争。如果特定类型合资企业的成交量或者营业额达到欧盟的限额标准，必须提请欧盟委员会（European Commission）批准。委员会将依据这些交易是否对欧洲共同市场或者其组成部分的有效竞争造成严重阻碍、是否造成或者加强对市场的控制地位为标准，决定同意还是禁止此类交易。1997～2006 年，煤炭、天然气、原油价格分别上涨 19%、45%、158%。在一次能源价格全面大幅上涨的情况下，以及大量采用风电、太阳能发电等成本较高的可再生能源和企业加大环保投入的条件下，2006 年，欧盟电力市场的销售价格与 1997 年的水平持平；如果扣除税收等因素的影响，实际电价有所下降。其中，2002 年销售价格比 1997 年降低 20%[①]。欧盟诸多成员国的经济技术水平不同，有的甚至差异较大，但在欧盟的强力推动下，各国能够在电力领域统一步调，共同推进市场化改革并取得成效，值得认真

---

① 刘雅芳：《欧盟电力市场化改革的情况和启示》，载《中国电力》，2008 年第 1 期。

研究。

(二) 北欧电力市场的合作

北欧电力市场覆盖挪威、瑞典、丹麦和芬兰四个国家，作为第一个跨国电力市场，其经验为其他国家和地区的电力市场化改革所借鉴。1991 年，挪威建立国家电力市场。1996 年，瑞典率先加入。1998 年，芬兰加入。1999～2000 年，丹麦逐步加入。北欧电力市场从单一国家发展成为跨国区域市场，其原因主要在于两个方面。一方面，单一国家的市场集中度较高，不利于有效竞争。北欧各国均有规模较大、国家控股的电力企业。为了在欧洲电力市场保持竞争力，这些企业普遍认为不宜再拆分为多个较小企业，因此建立多国共同市场成为较好的选择。另一方面，各国电源结构差异较大，互补性强。挪威以水电系统为主，瑞典的水电与核电各占一半，丹麦以火电系统为主，芬兰以火电和核电为主。各国支持建立泛北欧竞争性电力市场 (pan-Nordic power market)，认为合作可以更好地发挥互补性电源的作用。北欧电力市场建立了完整的交易体系，包括批发市场 (Wholesale Market) 和零售市场 (Retail Market)。其中，批发市场包括柜台交易市场 (over-the-counter market，简称 OTC)、双边市场 (Bilateral Market)、现货市场 (Nord Pool Spot Market)、实时市场 (real-time markets)。零售市场向全部用户开放。工业、商业、服务业等大用户通常通过批发市场与电力零售商签订合同，居民等小用户则主要在零售市场选择零售商，选择合适的合同类型进行签约。

挪威放松管制的实践。挪威的电力系统中 99.5% 为水力发电；国家拥有30% 的发电能力，下辖的各市拥有 55% 的发电能力，其余 15% 为私营企业所有。1990 年，挪威通过《能源法》(Energy Act)，这部法律成为挪威电力体制改革的依据，并为其他北欧国家所借鉴。法律规定国家电网公司拥有电网运行的责任，通过整个电力产业的商业性重组获得预期效益的增加，输电网、配电网作为自然垄断性业务与竞争性业务予以分离，垄断性业务由政府管制部门予以管制，确保对所有市场参与者一视同仁，在发电、零售市场及其他可以引入竞争的领域鼓励引入竞争机制。1991 年，挪威在电力市场引入竞争机制，但所有权关系并未改变；国家电力公司被分成发电、输电网、配电网三大部分。国家拥有 80% 的输电网，其余 20% 由输电公司向拥有者租赁；下辖的各市拥有大部分的配电网。挪威 70% 以上的用电量按照双边合同供给，其余的电量在现货市场购买。投标方在调剂市场进行报价，电网公司根据这些报价进行排序，对双边合同和现货市

198

场实行调度。引入竞争机制后，挪威电价下降 30% ~40%[1]。

芬兰放松管制的实践。1995 年，芬兰通过《电力市场法》（Electricity Market Act），要求发电、供电必须进行竞争，输电网、配电网保留管制下的垄断模式，电力市场实行开放。1998 年，所有用户开始可以选择供电企业。电力市场的运作由贸易和工业部下属的独立专家机构监督，主要任务在于促进电力市场的有效运作和监督输电、配电费用，授予电网企业执照及 110 千伏以上电压的输电线路建设许可证，监督电网运行等。瑞典、丹麦两国的电力体制改革也大同小异。

（三）新西兰发电批发市场的竞争

新西兰电力供应比较充裕，从电源结构来看，67% 为水电，7% 为地热，26% 为火电。改革之前，发电、输电由国家经营管理，配电由地方经营管理，供电有法定的营业范围，没有引入竞争机制。由于政府过多干预，出现失业率较高、企业负债率较高、通货膨胀率较高的问题。1987 年，新西兰实行电力体制改革，一方面，引入竞争机制；另一方面，对垄断企业施加法规约束，要求对用户透明，其目标在于获得最大的经济效益、社会效益和企业效益，同时给用户以最大的自由选择和最好的服务。其一，政企分开。撤销电力部，将其所属的发电、输电国有企业实行商业化、公司化，成立国有新西兰电力公司（Electricity Corporation of New Zealand，简称 ECNZ）和输电公司（Trans Power）。其中，输电公司（Trans Power）作为新西兰电力公司（ECNZ）的子公司，拥有并负责电网运行。新西兰电力公司（ECNZ）拥有 95% ~96% 的发电设备，地方供电公司拥有其他 4% ~5% 的小火电。其二，改革发电环节。分割新西兰电力公司（ECNZ），组成 Meridian Energy，Mighty River Power 和 Genesis 三家发电企业，并允许投资者办电。其三，改革输电环节。输电公司（Trans Power）脱离新西兰电力公司（ECNZ），由国家控制，不参与竞争，但实行独立核算、运营，其任务包括输电可靠、输电安全、成本控制和保证投资者回报。其四，改革供电环节。1992 年，取消供电专营区的限制，建立电力市场，推行合同购电。供电企业可以向任何地区的用户供电，用户可以自由选择供电企业。其五，改革配电环节。1993 年，对配电企业实行公司化改组，解决所有权问题，并引入竞争机制，配电网络对供电企业和用户开放。新西兰电力产业实行政企分开，发电、输电、配电和供电分开，实行商业化运行、公司化改组，取得明显的效益。单位平均趸售电价降

---

① ［挪威］Torodd Jensen 著，赵建达、杨木卉译：《第三届世界水论坛国家报告—挪威》，载《小水电》，2005 年。

低14%，单位平均运行成本（不包括折旧）下降29%，单位平均消耗下降24%，水电站设备可用率由87%提高到93%，火电厂设备可用率由73%提高到97%，投资回报率由8.6%升至13.1%，职工由6 000多人降至3 000多人，劳动生产率提高一倍，利税增加①。

199

（四）加拿大放松管制的实践

加拿大的电力产业主要由十个联邦州管理，联邦政府只负责国际、州际的电力交易和商业化运作，由《国家能源委员会法》（National Energy Board Act）确定的国家能源委员会（National Energy Board，简称NEB）履行管制职能。其中，核能由联邦核安全委员会（Canadian Nuclear Safety Commission）负责管制。对于环境保护，由联邦和州联合管制。随着电力体制改革的推进，阿尔伯塔州建立起竞争性的电力批发、零售市场；安大略州对电网接入、电力批发、电力零售实行开放，同时保留严格的管制；英属哥伦比亚州、新布伦瑞克州实现发电与输电的分离，等等。

阿尔伯塔州的电力体制改革始于1990年。1996年，《电力公用事业法》（Electric Utilities Act，简称EUA）的出台，推动建立竞争性的电力市场迈出关键一步。创立电力库（Power Pool），对发电、输电、配电和供电以及电力进口、出口实行开放，同时对电网实行开放。对电源结构，燃煤电厂的发电量占50%，燃气电厂占40%，风能电厂不到4%，其他还有水电、生物质电厂等。最大的电网企业拥有超过一半的输电系统，覆盖85%的人口，此外还有三个电网企业。这些电网企业被认定为自然垄断，继续接受管制。在电力批发市场，大约200个交易者每年达成价值70亿加拿大元的电力交易。对电力产业实行管制的机构为州能源与公用事业委员会（Alberta Energy and Utilities Board，简称EUB），其职能包括对发电项目的环境保护实行审批，保证电力设施的建设运营有效率、环境友好，对输电实行管制，保证电力市场的公平、负责、体现公共利益，保证消费者以合适的价格获得安全、可靠的电力服务等。经过多年推进，阿尔伯塔州把原来实行区域垄断的垂直一体化公用事业转变成为消费者自由选择电力供给的竞争性市场。

魁北克州能源战略核心在于发展水电，主体为魁北克水电局（Hydro-Quebec），水电局依据《魁北克水电法》（Hydro-Quebec Act），对加拿大发电、

第二辑

政府管制与公共经济研究丛书（第二辑）

---

① 《新西兰电力体制改革》，载《农电管理》，2001年第1期。

配电最大的两个系统其中之一实行运营。在法律的授权下，管制机构拥有保护公共利益、保护消费者利益、维护公平交易的职能，包括听取公众声音，确定、调整输电、配电的价格及条件；审核电力供应计划；制定、调整电力可靠性标准；对输电、配电投资计划实行监管；审核配电环节的商业化计划；对消费者涉及电价、服务的投诉实行查核。1997 年，魁北克电网全面实行市场化，当年比上年电量输出增加 33%，获利 63.2 亿美元。2000 年，魁北克水电局把发电、输电和配电环节进行分解，优先加强为用户服务的业务，受到消费者普遍赞扬①。

（五）西班牙放松管制的实践②

1997 年，西班牙颁布 54 号《电力法》，分解原有垄断电力企业，在市场引入竞争，放松管制。引入竞争的措施包括自由建设新电厂，自由供给初级能源，建立竞争性的发电市场，用户自由选择供电企业，外来电力可以接入，自由建立供电公司。原有垄断企业被分解为发电、供电等无管制主体和输电、配电、系统运行等法定主体。建立电力市场的基本原则包括建立竞争的电力市场；交易建立在自由签约的基础上；厂网分开，电网公司不能独资拥有发电厂；通过市场逐步把供电合同放开，建立开放式的供需合同；输电企业、配电企业和用户可以从第三国购电，接入电网时交纳过网费用，允许其他国家参与电力市场竞价；建立交易员制度，政府授权建立交易公司。电力市场的交易原则包括电力系统经济运作和公开、公正、透明；股票持有者直接持股、间接持股的总和不能超过 40%；电力库作为调度机构具体运作电力交易。电力库的功能包括接受购电合同，制定供需曲线，确定每小时的边际价格，确定市场的总价格，检查收支情况，公开市场的交易结果，提出修改市场规则的建议等。工业能源部行使电力管理职能，未设专门的管制机构；用电量与价格直接挂钩，多用电可以获得更低的电价。购电方购电有两种方式。其一，没有固定的价格，根据成本确定购电价格。其二，确定基本价格，购电价格曲线和卖电价格曲线的重合点即为边际价格，也是交易点。

（六）阿根廷放松管制的实践

1991 年，阿根廷颁布《电力改革纲要》，实行电力体制改革，理顺供需双方

---

① Regis J. , 2001. *Networks without Borders*, IEEE PES Review, 21（1），pp. 11 – 19.
② 国家经贸委电力司：《关于英国西班牙电力市场规则与管制的考察报告》，载《中国经贸导刊》，2000 年第 4 期，第 17 页。

的交易关系，依靠供求机制配置电力资源。1992 年，对国有电力企业实施私有化改造，将垂直一体化电力公司的发电、输电、配电和供电环节分开，分别单独组建公司；建立电力批发市场，在供电环节引入竞争；实行自由化，发电、供电环节可以自由进入、退出；电网对所有发电商及大型零售用户开放；所有发电商、配电企业、大用户可以自愿进入交易市场。隶属于国家能源秘书局（Energy Secretariat）的国家电力管理委员会（Electric Power Federal Council）承担管制职能，监督市场主体履行义务，并作为仲裁人调解纠纷。输电、配电企业实行垄断经营，在一定区域内具有排他性，置于联邦政府的管制下。鼓励、保护竞争，配电企业不得拥有发电企业，输电企业不得买卖电力，发电、配电企业和大用户不得拥有输电企业，配电企业之间或者输电企业之间的兼并、购买股票必须经过国家电力管理委员会的审批。在电力市场，发电商、交易商等供电商与零售用户、配电企业进行交易有两种方式。其一，签订双边合同；其二，通过电力库购电、售电。其中，通过发电商与配电商、大用户签订长期合同进行的趸售交易占总电量的50% ~60%。趸售合同的签订通过招投标的方式进行。双方达成协议后，再与输电企业签订输电合同。合同电价根据电力管理委员会发布的电价计算原则与计算方法，由发电商与配电商、大用户协商确定，并经电力管理委员会批准。趸售合同价格有效期为5 年，但每年可以经过双方协商进行调整。电力市场的竞争规则主要采用特许经营模式。将原有电力企业的资产向国内外市场出售时，国家对私有化的电力企业实行授权经营，而水电、电网则采用特许权经营。阿根廷的电力体制改革取得较为明显的效果，电力投资增加，供应比较充足，电价明显下降，供电可靠性增加。其中，以占阿根廷发电市场 16% 份额的 Central Costanera 公司为例，其发电有效性从 20% 增长到 50%，电量生产增长一倍[1]。据估算，阿根廷从放松管制中获得收益约 33 亿美元，占 GDP 的 1.3%[2]。

（七）日本放松管制的实践

1991 ~2002 年，日本对《禁止垄断法》多次进行修改，以往被认为属于自然垄断的铁路、电力、燃气、通信等产业被引入竞争机制。在这个背景下，20 世纪 90 年代以来，先后三次修订《电力事业法》，原则解除发电环节的进入许可制度，引入有限竞争，建立剩余电力收购制度，使发电环节新企业的自由进入成

政府管制与公共经济研究丛书（第二辑）　第二辑

---

① Richard J. Gilbert, Edward P. Kahn, 1996. *International Comparisons of Electricity Regulation*, Cambridge University Press, P. 9.

② 《管制的成本与收益》：载《世界银行研究观察》，第 14 卷第 1 号，1999 年。转引自顾海兵、廖俊霞：《国外学者对政府管制的研究综述》，载《开发研究》，2000 年第 5 期，第 30 ~31 页。

为可能。2000年，电力零售市场实行局部自由化，向大工业、大商业用户放开；输电网向所有发电厂开放，提供无差别服务。初步放松管制后，日本竞争性的电力市场初步建立，消费者自由选择供电企业，在燃料价格普遍上涨的情况下，电价有所下降，用户的满意度有所提升；在经济发展的同时，环境保护等社会管制得以加强，二氧化碳、二氧化硫排放量并没有大量增加。但总的来看，日本的电力市场还处于相对封闭的、垄断的体制之中，电力产业仍保留垂直垄断结构，过网费用过高，独立发电企业进入市场的成本较高。

（八）其他国家电力产业放松管制实践的启示

欧盟、北欧电力市场、新西兰、加拿大、西班牙、阿根廷、日本等国家和地区放松管制的实践呈现出多样性。其中既有欧盟、北欧这样的区域经济体的实践，也有加拿大魁北克这样的国家局部的实践；既有新西兰这种放松管制比较彻底的实践，也有日本这种初步放松管制的实践；既有欧盟、北欧、新西兰、加拿大、西班牙、日本这些经济发达国家的实践，也有阿根廷这个发展中国家的实践。这些实践的共同点在于放松管制通常从自然垄断程度较低的发电环节开始，在发电市场引入竞争机制，然后根据本国和地区的具体情况，把放松管制逐步引向供电环节，从而取得电价下降的实际效果。这些成功的实践对于市场广阔、各地情况不同的国家具有指导意义，为我国管制体制改革提供了有益的借鉴。

--------------------------------------- 第二节 ---------------------------------------
电力产业放松管制的原因

20世纪70年代以来，经济发达国家的放松管制在特定的社会经济条件下发生。在70年代，经济发达国家战后长期的经济稳定增长结束，出现深刻的经济衰退。特别是70年代发生两次石油危机，石油价格大幅上涨使得这些国家深受其害，导致宏观经济政策失灵，国民经济生产效率下降，财政赤字扩大，出现滞涨。减少对电力等自然垄断产业的财政补贴，寻求能够有效提高产业效率的新的管制体制成为政府关注的问题。各国试图通过减少政府干预，更多发挥市场机制的作用，提高生产效率和国际竞争能力。

一、管制失灵是放松管制的基本压力

政府管制的起因在于市场失灵，但如果这种管制出现过度管制、过多管制、不当管制，同样会造成资源配置效率降低，产生管制失灵。

（一）过度管制、过多管制的弊端

过度管制、过多管制带来诸多的问题，包括过分强调部门分工和职能独立；组织结构设计使得权力集中；科层组织之间等级森严，管理层级较多，信息传输易于失真；管制程序过于繁杂；部门之间横向协调难以进行。过度管制、过多管制的种种弊端造成政府信任危机，公众怀疑政府管制的效果与效率，甚至通过各种形式实际挑战管制的合法性；管制对市场运行形成过度干预，侵蚀市场机制的自由原则；过度管制、过多管制对竞争机制形成扭曲，造成被管制企业的内部低效率；对被管制企业的自由行为边界施加限制，造成企业利益损失；企业服从过度管制、过多管制需要付出额外的成本；过度管制、过多管制形成自我强化机制，资源配置效率降低；被管制企业被迫进行寻租，影响生产效率、资源配置效率和利用效率；为管制者带来更多的晋升机会和寻租机会，在政治利益最大化目标的导向下，管制机构倾向于增加审批事项、提高审批权限，造成机构膨胀和社会福利损失；导致管制机构和被管制企业以合谋的形式侵占消费者利益，损害公共利益和社会福利。企业的寻租成本、效率低下形成的成本和管制机构的经费支出，最终转嫁于消费者和纳税人[1]。

（二）管制失灵是放松管制的动因

由于信息不对称等诸多的原因，政府管制存在自身难以克服的缺陷。卡恩（Alfred E. Kahn）认为，管制对创新形成压制，庇护低效率，鼓励工资与价格的螺旋上升，价格与边际成本的不一致促进资源错误配置，推动以成本扩张、浪费为主的竞争，否定公众对产品质量和价格的选择，而这种对产品质量和价格的选择原本在竞争性的市场可以实现[2]。政府管制的初衷在于弥补市场缺陷，提高公共利益，维护社会公正，如果管制的这些基本目标不能实现，管制失灵随之

[1]　[美]默里·L·韦登鲍姆著，张兆安译：《全球市场中的企业与政府》（中文版），上海三联书店、上海人民出版社2002年版，第48页。
[2]　Alfred E. Kahn, 1988. *The Economics of Regulation：Principles and Institutions*, Cambridge, Mass.：MIT Press, P. 7.

产生。

政府管制的基本程序包括制定管制规则和执行管制规则，管制失灵相应地包括管制规则制定失灵和管制规则执行失灵两个方面。管制失灵往往造成生产效率、资源配置效率和利用效率的损失，社会经济活动的公平原则遭到破坏，公共利益和社会福利受损。

管制规则制定失灵表现于多个方面，包括管制者被利益集团的寻租行为所"俘虏"，管制者对被管制企业的基本情况所作出的评估存在失误，管制规则赖以存在的客观条件和外部环境发生根本的变化，管制规则过于烦琐，管制规则之间相互冲突等。管制规则的制定需要建立于完备的信息基础上，需要对管制的目标作出正确的评估。由于信息不完全，管制机构的这种评估经常背离实际情况；管制环境的变化要求管制规则适时作出调整，然而，由于管制机构的固有惰性致使反应滞后，造成管制规则脱离管制环境；管制规则的数量日益膨胀，表述晦涩复杂，陷入繁文缛节的泥潭；管制机构数量膨胀，职能重叠，相互之间缺乏协调，形成相互冲突；管制机构对部门利益、产业利益予以保护，造成管制规则与法律、法规之间形成冲突。

管制规则执行失灵表现为寻租行为、过度控制、过多管制、得不偿失和保障不力等。管制并非必然引发寻租行为，但管制确实为寻租行为提供了机会，特别是过度管制、过多管制造成寻租行为盛行，这种在管制规则执行过程中的寻租行为往往导致管制失灵。良好的管制可以维护公众的基本权利和基本自由，而基于法治精神缺失和管制机构低效的管制，往往使得良好的管制规则无法实现。在管制规则执行过程中的过度控制和弹性不足，形成效率损失。管制规则的执行需要付出成本，而管制机构的成本意识淡薄，未能进行成本—收益分析，导致资源浪费，得不偿失。

（三）解决管制失灵的基本思路

这种思路包括两个方面，一方面，放松管制；另一方面，管制创新。在管制失灵与市场失灵并存的情况下，放松管制并非万全之策。适应弥补市场缺陷和弥补管制缺陷的双重要求，管制创新与放松管制相结合的模式应成为管制改革的方向。管制创新是指在政府管制中引入信息约束，建立激励、约束、监督、协商机制，提高管制的效果与效率。管制创新通过激励、约束、监督、协商机制的综合作用，对被管制企业实行综合管制，克服传统管制模式的弊端，实现市场机制与政府管制的优势互补和交互作用。

二、技术进步是放松管制的直接推动力

20 世纪 70 年代以来，以信息技术为代表的技术创新发展迅速，以信息创新为基础的现代科学革命跨入全面发展的阶段。传统的政府管制模式所依赖的技术基础发生变化，从而对这种传统的政府管制模式提出改革的要求。

（一）技术进步改变自然垄断产业的组织结构

由于技术进步和市场容量扩大，原来基于自然垄断性而实行管制的产业，其经济效率与组织结构之间的关系相应地发生变化。技术变化使得被管制企业的平均成本得以降低，从而使得企业的最小经济规模降低，由更多的企业供给市场成为可能。技术进步使得成本弱增性不再明显，使得具有沉淀成本性质的投资变得可以移作他用，沉淀成本的性质相应地发生变化。技术进步使得煤炭、石油、天然气等替代产品的生产效率得以提高。总的来看，技术进步使得自然垄断的性质发生了根本的变化，垂直一体化垄断经营的基础被动摇，管制的必要性不再强烈，在自然垄断产业引入竞争机制成为可能。

（二）技术进步使得自然垄断的边界发生变化[①]

随着技术进步和需求增长，对自然垄断产业实行管制所发生的管制成本与管制收益发生变化，自然垄断的边界趋于缩小，要求放松管制。即使对于自然垄断性仍然比较显著的环节，同样需要改进管制的手段、工具和方法。适应自然垄断产业边界的动态变化，管制机构需要放松管制、创新管制。从市场需求来看，如果自然垄断产业的平均成本曲线呈 U 形，表明体现成本弱增性的产出范围受到约束。市场需求增加使得需求曲线右移，而成本最小化使得更多的企业进入市场更加经济。需求增加使得沉淀成本在总成本中的比重减小，从而增强产业的可竞争性。

自然垄断的边界变化，要求管制相应地作出适应性的调整。维斯库兹、维纳、哈瑞顿（Viscusi W. Kip，John M. Vernon，Joseph E. Harrington）根据自然垄断边界调整所产生的结果，提出政府可以相应地采取不同的公共政策[②]。其一，

第二辑

政府管制与公共经济研究丛书（第二辑）

---

① Viscusi W. Kip，John M. Vernon，Joseph E. Harrington，2000. *Economic of Regulation and Antitrust*，3rd，pp. 453–459，Cambridge：MIT Press.

② Viscusi W. Kip，John M. Vernon，Joseph E. Harrington，2000. *Economic of Regulation and Antitrust*，3rd，pp. 460–461，Cambridge：MIT Press.

尽管边界发生变化,但产业仍然属于自然垄断性质,此时应继续实行价格控制和进入管制。其二,边界的调整使得产业不再具备自然垄断性,或者虽然具备自然垄断性,但规模经济却很小,此时让更多的企业竞争性地提供产品或者服务更有效率,完全放松管制成为最优选择。其三,作为过渡性的临时政策,实行部分地放松管制,允许自由进入或者放宽进入的条件,关键在于控制价格。总的来看,当技术和市场的变化使得产业不再具有自然垄断性时,政府应对这些变化所发生的时间予以确认,从而采取自由进入和取消价格管制的开放政策。

(三)技术进步推动的产业融合使得政府管制的范围发生变化

产业内部的企业之间通常处于竞争关系,但与产业之外其他企业的竞争关系并不明显。技术进步使得电力产品和服务的替代产品或者服务供给市场具有可行性,特别是跨产业的替代产品和服务使得产业之间的界限日益模糊,从而使得不同产业的企业之间产生竞争关系。这种竞争关系使得对各个产业的管制其作用受限,从而要求放松管制,特别是放松对各个产业具有普遍约束效力的通用管制。在产业融合的情况下,经济管制逐步放松,管制的重点逐步转向社会管制,普遍服务、电力安全、环境保护等越来越重要。

(四)技术进步推动市场结构发生变化

市场处于动态运行中,技术进步推动市场结构在运行中作出调整。随着市场结构的变化,管制体制需要相应地作出调整,执行与市场结构相适应的管制规则,从而保持管制体制与市场结构的对称。在实行管制的一段时期内,电力市场与管制体制相互适应、相互对称,市场因管制而有序,管制因市场而规范。然而,当技术进步推动的市场变化发展到一定程度后,动态的市场与静态的管制体制发生冲突,市场受到管制体制的约束,管制成为制约市场发展的障碍,此时需要对管制规则作出修订甚至废除。发展的市场使得管制体制不再适应,管制规则需要进行创新,管制体制需要作出变革。

三、新的经济理论是放松管制的理论基础

在自由主义经济思潮的影响下,经济理论对自然垄断产业进行重新认识、重新诠释,为经济发达国家放松管制的实践奠定理论基础。

（一）新的经济理论对传统管制理论提出质疑

20 世纪 70 年代以来，凯恩斯主义的国家干预政策发生越来越多的失灵现象，自由主义思想重新占据主导地位。自由主义经济理论主张恢复和重建自由竞争的市场经济模式，反对政府干预和计划调节。可竞争市场理论等新的管制理论开始兴起，自然垄断与政府管制的关系被重新诠释，政府管制的必要性受到质疑。具有规模经济性的产业通过一组次优价格提高资源配置效率，以拉姆齐法则为基础的拉姆齐定价模式和非线性价格受到关注。

（二）可竞争市场理论成为放松管制的理论支柱

为了给放松管制提供理论依据，可竞争市场理论应运而生。1981 年，美国学者鲍莫尔（William J. Baumol）首次阐述可竞争市场理论。可竞争市场是指由于潜在进入者的压力，既有的市场主体不能获得超额的利润，因而其定价和生产资源配置都是有效率的市场。在可竞争市场，存在规模经济和垄断现象，包括垄断在内的高集中度的市场结构可以与效率并存。理论的基本假设包括企业完全自由地进入市场、完全不发生成本地退出市场；相对于既有的企业，潜在进入者在技术、质量和成本方面并非处于劣势；潜在进入者能够根据既有企业的价格水平，对进入市场的盈利性作出预期；潜在进入者具有快速进入、退出市场的能力，能够采取"打了就跑"（hit-and-run）的策略，甚至稍纵即逝的盈利机会都可能吸引潜在进入者；当价格变化达到无利可图的程度时，潜在进入者可以在不产生沉没成本的情况下带着利润无障碍地退出市场。可竞争市场的本质在于市场无法拒绝"打了就跑"的潜在进入者。无论垄断市场还是寡占市场，由于这种没有代价的快速进入、退出的压力经常存在，任何企业不能维持产生超额利润的价格，其利润率不可能超过社会平均水平。潜在进入者能够根据现行价格水平对进入市场的盈利性作出评估，任何超额利润都会吸引潜在进入者以同样的成本与既有的企业分割市场份额与利润。既有的企业只能制定超额利润为零的可维持价格，防止潜在进入者的竞争。如果既有的企业未能保持有效率的生产并把价格维持于可竞争的水平，其利润和市场就可能被迅速涉足的进入者所瓜分。在可竞争市场，既有的企业不能维持任何形式的生产低效率和管理的 X 低效率、无效率。生产和管理的任何低效率都会增加不必要的成本，这些高于合理成本的不必要成本吸引效率较高的潜在竞争者进入市场。这些潜在竞争者的威胁，迫使既有的企业消除生产和管理的低效率，从而使得有效率的产业组织成为内生的结果。从长期均衡来看，没有产品能够以高于边际成本的价格售出。哪怕既有企业的价格稍高于边际成本，潜在竞争者即可以介于边际成本与这个价格之间的任何价格对市场予以分割，并从中获取利润。在这样的市场中，交叉补贴没有可能性，利用价格武器进行不正当竞争同样没有可能性。可竞争市场理论认为，这种市场可以替代传统的管制对居于操纵地位的既有企业施加约束，依靠潜在的竞争力量提高资源配置效率，实现经济效率最大化。因此，自由放任比政府管制更加有效。管制机构应做的并非是限制企业进入市场，而是降低进入壁垒，允许新的企业自由进入、退出市场。管制机构更应关注推行能够降低沉没成本的新流程、新工艺和新技术，从而使得市场存在充足的潜在竞争压力，维持市场的可竞争性。

可竞争市场理论在实践中存在较大的局限性，主要在于现实中符合理论基本假设的产业并不多甚至完全没有，特别是沉没成本为零的假设使其更多地具有理想色彩。既有的企业可以在新的进入者达到经济规模之前作出降价等理性的反应，迫使进入者知难而退甚至无功而返。企业退出市场时必然产生沉淀成本，对于电力这样的自然垄断产业，这种成本尤为可观。可竞争市场理论的积极意义在于为20世纪70年代以来经济发达国家的放松管制运动提供理论依据，其贡献在于"可以作为政府管制的指南，而并非取消政府管制"[1]。

可竞争市场理论在电力产业政府管制的应用。电力产业固定成本较高，这些固定成本是否沉淀对于潜在进入者至关重要，也是能否建立可竞争市场的关键所在。在垂直一体化模式下，市场的进入壁垒较高，由于投资较大，投资回报周期较长，投资风险较高，潜在进入者通过新建或者购买已有的基础设施进行生产经营并不经济。从固定成本的构成来看，大部分固定成本集中于输电网、配电网等基础设施，燃料等可变部分的成本相对较少。如果对不同环节予以分拆，建立可竞争市场具有可行性。这也是在放松管制中普遍采用发电侧实行市场竞争、电网维持垄断经营的理论依据。

（三）激励性管制在放松管制中的实践

在市场失灵、管制失灵并存的情况下，在政府管制中引入信息约束的激励性管制应运而生[2]。激励性管制的实质在于建立成本补偿机制。20世纪90年代以后，激励性管制理论在经济发达国家广泛运用，目的在于激励以利润最大化为目

---

① William J. Baumol, John C. Panzar, Robert D. Willig, 1982. *Contestable Markets and the Theory of Industry Structure*, pp. 1 – 15, New York: Harcourt Brace Jovanovich.

② ［日］植草益著，锁箭译：《日本的产业组织理论与实证的前沿》，中文版，经济管理出版社2000年版，第372页。

标的被管制企业作出有利于提高社会福利的行为。激励性管制包括两个方面的内容，一方面，以绩效为导向，激励企业充分考虑成本因素，提高生产效率；另一方面，赋予企业更多的确定服务费用的自由，引导服务价格接近于拉姆齐价格。激励性管制理论认为，管制者与被管制者进行非对称信息的博弈，关键在于设计既能激励被管制企业，又能约束被管制企业利用信息优势谋取不当利益的管制合同。实践中应用较多的激励性管制包括特许权投标竞争、标尺竞争、成本调整契约制度、价格上限管制。

1. 特许权投标竞争理论的主要内容及其缺陷

1968 年，特许权投标竞争理论由美国学者德姆塞茨（Harold Demsetz）首次提出①。特许权投标竞争属于引入竞争机制的间接管制方式。政府在提供公共产品或者服务时，在认定特定企业资格有效的前提下，给予企业供给这种产品或者服务的特许垄断权。为了激励企业提高效率，在特许期限到期后，通过竞争投标把特许权授予能够以最低价格供给产品或者服务的企业。由此可见，特许权本质在于对愿意以最低价格提供产品或者服务的企业予以奖励。在特许权投标竞争下，如果投标竞争充分，价格可以达到平均成本的水平，获得特许权的企业只能获得合理的利润，从而实现规模经济效益与社会福利最大化的结合。特许权投标竞争理论通过拍卖特许权，以事前竞争取代事后竞争，通过管制的再分配形式实现公平原则，Baron-Myerson 模型集中体现了这一理论②。管制者尽管不能直接观测被管制企业的真实生产成本，但通过竞标可以把企业的成本信息反映出来，激励企业事后提高生产效率。拍卖特许权时，企业不敢把成本报得过高，否则将失去特许权；竞争使得效率最高的企业获得特许权；特许权通常没有期限，迫于潜在竞争的压力，既有的企业为了继续享有特许权，往往降低成本，改善质量，提高生产效率。特许权投标竞争的缺陷主要在于由于寻租行为的影响或者利益集团的压力，使得效率较高的企业未必能获得特许权，影响资源配置效率和社会福利。

2. 标尺竞争理论的主要内容及其缺陷

政府管制面临处于信息劣势时如何对处于信息优势的被管制企业实行有效管制的难题。1979 年，美国学者拉兹尔、罗森（Edward P. Lazear，Sherwin Rosen）

---

① Harold Demsetz，1968. *Why Regulate Utilities*? Journal of Law and Economics，No. 1，Vol. 11，pp. 55 –65.

② David P. Baron，Roger B. Myerson，1982. *Regulating a Monopolist with Unknown Costs*，Economics，No. 9，11.

提出标尺竞争思想①。基于这一思想，美国学者雪理佛（Andrei Shleifer）提出标尺竞争理论②。标尺竞争理论表明，管制者利用从多个区域性垄断企业获取的信息，分别对每个企业实行激励性管制，从而使得特定地区的企业在其他地区企业绩效的激励下提高经济效率。标尺竞争并非处于同一市场的不同企业之间的直接竞争，而是不同区域市场的企业之间的间接竞争。标尺竞争理论通过竞争机制使得企业不能隐瞒真实的成本状况，从而解决信息不对称的问题。在标尺竞争的作用下，被管制企业的价格并非取决于其生产经营成本，而是与同行业其他竞争对手的成本发生联系。企业必须使得降低成本、提高效率的程度高于参照的其他企业的平均程度，从而使得成本水平低于参照企业的平均水平，才能获得较多的利润。企业如果定价较高、效率较低，标尺竞争机制会对企业形成为免遭淘汰而改进生产的激励。如果企业取得较高效率，标尺竞争机制则克服鞭打快牛的"棘轮效应"。标尺竞争理论创造出良性循环的竞争环境，为被管制企业提高效率而提供激励。

在具体实践中，1980年，智利在电力体制改革中，设立基准企业，实行标尺竞争管制模式③。电力企业实行分类，对每类企业分别建立作为参考标准的基准企业，开展模拟竞争。挪威④和巴西⑤采用了类似的管制模式。我国分设南北两家输电公司的做法同样是基于标尺竞争管制的考虑。

标尺竞争理论的主要缺陷。其一，理论假定所有被管制企业都在相同的环境下生产经营的假设与现实不符，影响理论的应用⑥。其二，管制者必须面对两难选择。如果合并被管制企业，可以产生规模经济效益；但同时将导致可资比较的基准企业减少，影响信息的数量和质量。其三，被管制企业不仅可能通过提高效率而获胜，也可能通过迫使竞争对手绩效变坏的无效率行为而获胜。其四，理论更适用于绩效水平相近的企业。如果企业之间的差距较大，标尺竞争对这些企业

① Edward P. Lazear, Sherwin Rosen, 1981. *Rank-Order Tournaments as Optimal Labor Contracts*, Journal of Political Economy, Vol. 89, pp. 841－846.

② Andrei Shleifer, 1985. *A Theory of Yardstick Competition*, RAND Journal of Economics, No. 3, Vol. 16, pp. 319－327.

③ Hugh Rudnick, Jorge A. Donoso, 2000. *Integration of Price Cap and Yardstick Competition Schemes in Electrical Distribution Regulation*, IEEE Transactions on Power Systems, 15 (4), pp. 1428－1433.

④ Harvey L. Reiter, Christopher Cook, 1999. *Rate Design, Yardstick Regulation, and Franchise Competition: An Integrated Approach to Improving the Efficiency of 21st Century Electric Distribution*, The Electricity Journal, 12 (7), pp. 94－106.

⑤ J. W. Marangon Lima, J. C. C. Noronha, H. Arango, et al., 2002. *Distribution Pricing Based on Yardstick Regulation*, IEEE Transactions on Power Systems, 17 (1), pp. 198－204.

⑥ Viscusi W. Kip, John M. Vernon, Joseph E. Harrington, 2000. *Economic of Regulation and Antitrust*, 3rd, pp. 460－461, Cambridge: MIT Press. Paul L. Joskow, Richard Schmalensee, 1986. *Incentive Regulation for Electric Utilities*, Yale Journal on Regulation, Vol. 4, pp. 1－49.

所产生的影响其差异较大，从而使得无效率的企业比有效率的企业更易于通过提高效率而获得利润，较低效率的企业比较高效率的企业更易于通过提高效率而获得利润，削弱标尺竞争的激励作用。

3. 成本调整契约制度的主要内容

1986 年，成本调整契约制度理论由美国学者乔斯科、施马兰奇（Paul L. Joskow，Richard Schmalensee）较早提出，美国曾在电力产业管制中予以广泛应用[1]。理论表明，管制机构与被管制企业在调整价格、费用的内容和标准时，就电力设备的运转率、热效率、燃料费用、外购电力价格、建设费用等签订合同，形成契约基准。如果被管制企业的表现比契约基准更好，则给予相应的奖励，否则给予处罚。

4. 协商性管制模式的主要内容及其实践

协商性管制是指管制者与被管制者通过协商，共同制定管制规则的互动式管制模式，其特点表现于几个方面：其一，政府协调与行业组织协调相组合，管制者与被管制者通过协商制定管制政策。其二，赋予被管制者参与制定管制规则的权利，被管制者具有提供私人信息的动机，既改变被动管制的格局，又解决信息不对称的问题。较之传统的管制规则在制定过程中由寻租行为所造成的资源浪费，协商性管制的交易成本较低，管制效率较高。其三，管制者与被管制者进行合作博弈。从非合作博弈转向合作博弈体现为帕累托改进的过程，被管制者的境况得以改善[2]。

管制者与被管制者协商的内容包括确定合理的社会目标与经济目标，确定产业的进入标准，确定政府补贴的程度和方式，确定产品的质量标准，确定违约的惩罚方式和程度等[3]。协商性管制在现实中的应用需要具备相应的前提条件。其一，协商性管制的实行需要以政府决策体制的变革作为保障。其二，管制者与被管制者双方无条件地执行协商结果，协商结果以法律文件的形式对双方形成约束。其三，协商结果表现为双赢或者多赢的格局。其四，政府保持独立、公正，

---

① Paul L. Joskow, Richard Schmalensee, 1986. *Incentive Regulation for Electric Utilities*, Yale Journal on Regulation, Vol. 4, pp. 1 – 49.

② ［美］丹尼斯·C·缪勒著，杨春学等译：《公共选择理论》，中文版，中国社会科学出版社 1999 年版，第 15 页。

③ 雷晓康、贾明德：《市场经济中的政府管制及其创新》，载《北京大学学报》（哲学社会科学版），2003 年第 1 期，第 54 页。

防止被利益集团所左右[①]。

协商性管制在荷兰的实践。荷兰的产业管制采用协商性管制模式。在 20 世纪 70 年代的环境危机中，随着经济的高速增长，带来污染的加重，公众对环境的关注越来越强烈。1971 年，环境保护总督察（Directorate-General for Environmental Protection）设立，环境保护上升到国家立法层面。当时的环境保护以直接管制为主，公众对政策制定的参与甚少，其效果令人失望，大约只有一半的管制目标能够实现，引起各个群体的批评。这种直接管制的策略建立于几个基本假设基础上，包括环境问题可以计算、易于解决，政府能够处理环境问题，环境问题可以通过立法的形式得以处置等。实践表明这些假定与现实不符，新的假设随之建立，包括环境问题不能被测度、圈定，新的环境问题将不断涌现；短期的解决方案行不通，25 年甚至更长时间的政策才能发挥出作用；政府并非解决环境问题的唯一机构，企业和消费者应参与进来；环境立法应被视为经济的、易于理解的、双方都能接受的对政策框架的补充。1989 年，第一个国家环境政策计划（National Environmental Policy Plan，简称 NEPP）出台，负责环境战略目标的确定。通过与产业协会等进行协商，取得公众对环境政策的支持。环境保护的目标确立后，各个群体广泛地参与到政策进程中。对于产业、消费者组织、非政府组织（NGO）、雇主组织、工会组织各个方面的代表，分别组织圆桌会议，对政策进程予以说明，听取这些群体对政策评估报告的评头论足，从而使得政策制定、执行的过程成为各个社会层级不间断的沟通过程[②]。1993、1997 年，第二、第三个国家环境政策计划（NEPP）分别出台。在具体操作中，政府与产业从两个方面达成管制协议。一方面，分析不同产业的生产过程和生产方式，从而分析和评估这些产业对能源的使用情况；另一方面，估算预期的可替代清洁能源和节约能源的数量。这种估算一般由独立企业进行，结果反馈到各个产业，之后各方达成管制协议。1992 年，荷兰政府与电力产业就减少二氧化硫排放量达成协议，要求到 2000 年，电力企业把排放量控制在 18 000 吨。除以天然气为原料的发电厂外，电力协会对其拥有的重污染燃煤发电厂有权自由选择减少污染的措施，甚至可以不再投资于传统的燃煤发电厂[③]。

---

① 雷晓康、贾明德：《市场经济中的政府管制及其创新》，载《北京大学学报》（哲学社会科学版），2003 年第 1 期，第 54 页。

② Peter Hofman, 1998. *Public Participation in Environmental Policy in the Netherlands*, TDRI Quarterly Review, No. 1, Vol. 13, pp. 25 - 30.

③ Arentsen Maarten J. , Rolf W. Kunneke, 2001. *Dutch Negotiated Regulation: Conceptualization and Illustration*, In: Atle Midttun, Eirik Svindland, eds: *Approaches and Dilemma in Economic Regulation: Politic, Economics and Dynamics*, pp. 27 - 54, New York: Palgrave.

四、企业是推动放松管制的外部力量

作为政府管制的客体，企业在服从管制的过程中，逐渐感受到管制对企业生产经营带来的影响，开始重新认识习以为常的政府管制，要求提高管制的效果与效率，改进管制的手段、工具和方法的呼声日益高涨。无论被管制企业还是潜在进入者，都认为政府管制对其造成损失，企业成为推动放松管制的外部中坚力量。

被管制产业的市场利润激励潜在进入者产生强大的动力推动放松管制。技术进步改变被管制企业和潜在进入者之间的谈判地位；潜在进入者进入被管制产业后所带来的社会收益使其易于得到政府、公众的支持；对于在技术进步中占据优势的潜在进入者，为了把既有的技术优势转化为经济利益，必然要求进入被管制产业，分享市场份额和高额利润，因而通过各种途径向政府施加压力或者利益诱导，唤起公众支持，要求放松政府管制。技术进步改变被管制企业垄断经营的格局，为潜在进入者带来潜在的获利机会；技术进步增加潜在进入者在管制博弈中的份量；在技术进步的推动和潜在进入者的寻利行为下，要求放松管制的动力超过阻力。管制具有分配财富的机制，特定的管制体制决定特定的利益格局。放松管制势必冲击甚至改变原有的利益格局，遭到既得利益集团的抵制和反对。如果没有政府支持，潜在进入者难以获得放松管制带来的潜在收益。政府在管制博弈中的地位和作用至关重要。利益集团之间此消彼涨的博弈过程决定放松管制具有长期性和复杂性。

五、全球化浪潮是政府放松管制的国际背景

20 世纪 70 年代以来，世界经济一体化进程加快，国际之间的经济交往迅猛发展，全球化浪潮风起云涌。全球化意味着在世界经济中各国经济开放度增加，相互依存、相互依赖的关系加深，区域经济一体化进程加快。全球化进程由市场利益的诱导机制或者竞争机制所驱动，是各国经济走向开放与市场化，区域经济甚至世界经济趋于一定程度的一体化，各国经济贸易依存程度、依赖程度大幅提高的过程；是资本、产品、服务、人才、技术、信息和管理各种要素逐步全球化的过程；也是各国特别是经济发达国家积极推行的贸易、投资及经济自由化的过程。这一过程方兴未艾，对各国经济、区域经济、世界经济的影响尚难以评估。全球化包括自由市场、投资流动、贸易和信息的一体化，涉及运输成本、通讯成

213

第二辑

政府管制与公共经济研究丛书（第二辑）

本等自然壁垒，以及关税、配额、外汇管制、进入管制、投资管制等政策壁垒。全球化的进程也是逐渐放松甚至取消政策管制的过程，电力等传统自然垄断产业的放松管制、改进管制势在必行，特别是进入管制和投资管制的放松甚至取消，将使资本可以在国际之间自由流动，企业兼并可以在国际之间自由进行，跨国的信息收集、传输、存储和使用可以自由进行。面对各国之间日趋激烈的竞争，放松管制、提高企业核心竞争力、提高产业竞争力成为现实的选择。国际贸易、跨国投资、战略联盟等国际合作需要开放、公平、自由的宏观环境，既有的政府管制阻碍资本、产品、服务、人才、技术、信息和管理等要素的自由流动，自然垄断产业的发展受到垂直一体化体制的束缚，世界各国在经济交流中相互开放市场、提供机会，政府管制必然逐步走向放松管制。

-- 第三节 --

经济发达国家电力产业放松管制的启示

经济发达国家在放松管制的过程中，往往重新界定自然垄断的范围，打破发电、输电、配电和供电各个环节垂直一体化的组织结构；取消部分或者全部的管制规则；引入竞争机制，开放电力市场；放松电价管制，放宽甚至取消限价；逐步减少价格管制所涵盖的电力产品和服务的范围；放宽甚至取消进入管制；改进管制的手段、工具和方法。这些措施对于我国电力体制改革和管制体制改革予以启示。

一、放松管制实践的成功经验

经济发达国家放松管制的实践取得成效，表现出积极的正面效应。其一，放松管制促进电力产业的发展。放松管制提高企业的生产效率、资源配置效率和利用效率，激励企业生产经营的活力，电力产品和服务的供给出现多样化的趋势，需求和投资扩大，公共利益和社会福利得以提高。其二，放松管制带来较多的社会福利。通过解除市场准入限制、实行定价自由化，消费者从价格降低和服务质量提高中获得福利增量，生产者从效率提高和成本降低中获得福利增量。其三，通过可竞争市场提高效率。在放松管制的作用下，可竞争市场逐步建立。管制机构逐步废除阻碍潜在进入者进入市场的管制规则，降低进入壁垒，培育可以自由进入、退出的可竞争市场，引导企业在可竞争市场中提高效率。经济发达国家放松管制的实践对我国政府管制提供诸多有益的经验与参考。

（一）政府管制的手段、工具和方法需要选择运用

这种手段、工具和方法与管制的起因、管制的客体、管制的目标密切相关，不同的管制手段、工具和方法对应不同的管制客体和管制目标。根据政府管制取代市场机制、影响企业决策及增加被管制企业成本的不同程度，管制机构采用的管制手段、工具和方法需要相应地作出变化。技术进步和社会变革影响管制的起因，从而影响管制手段、工具和方法的选择。特别是技术进步使得在电力零售环节引入竞争成为可能，消费者可以自由地选择供电企业，原有建立于零售地区垄断基础上的管制手段、工具和方法相应地需要作出调整。

（二）制度安排非常重要

美国学者诺斯（Douglass C. North）认为，有效率的经济组织是经济增长的关键，一个有效率的经济组织在西欧的发展正是西方兴起的原因所在。有效的制度安排是经济增长的前提，而技术进步则是经济增长的结果[①]。对于放松管制而言，更重要的是在于形成适于技术进步的制度环境，建立完备的法律、法规、规章和政策体系，依法管制，依法放松管制，这也是所有法治国家实行制度变迁的共同要求。经济发达国家放松管制的经验以法治建设为先导，制定完备的法律体系，在法律框架之内依法管制，其中尤以美国为典型代表。在法治精神指导下的政府管制依赖坚实的制度基础，建立公正、开放、有序、统一的电力市场，激励技术创新和制度创新，提高管制的效果与效率。

（三）政府管制具有阶段性

从垂直一体化组织结构下的传统管制转向放松管制，其中的关键在于过渡阶段。在过渡阶段，各种利益集团之间相互角力博弈，利益格局错综复杂，这种利益集团力量的动态消涨和博弈的长期性决定过渡阶段的长期性和复杂性。由于电力无法存储，成熟的电力市场既具备卖方市场的特点，又需要足够的购电用户，两者缺一不可。在从垄断向有效竞争的过渡阶段，管制机构需要以有效竞争为目标，对既有的垄断企业和新进入的企业实行不对称管制，解决电网接入定价、互

215

第二辑　政府管制与公共经济研究丛书（第二辑）

---

① ［美］道格拉斯·诺斯、罗伯特·托马斯著，厉以平、蔡磊译：《西方世界的兴起》，中文版，华夏出版社1989年版。

联互通、普遍服务与交叉补贴三个问题。在政府管制和市场机制的共同作用下，有效竞争的格局逐步形成后，再由不对称管制转向中性管制。电力市场从有效竞争发展到充分竞争后，则主要实行反垄断管制。经济发达国家反托拉斯的实践更加关注效率原则，认为垄断结构本身并不能说明问题，只有出现滥用集中优势的垄断行为时，才可以适用反垄断法。反垄断管制不能作为救济失败者、惩罚成功者的手段，效率标准应作为充分竞争条件下反垄断管制的基本原则。

（四）管制改革需要逐步推进

管制改革的进程需要与技术进步、市场需求扩大的趋势相适应。管制改革通常从发电环节开始，然后逐步推进到供电环节。从技术进步的趋势来看，下一步的管制改革应集中于配电环节，最后到输电环节。管制改革基本先从组织结构的改革开始，区分自然垄断环节和非自然垄断环节。在非自然垄断环节引入竞争机制，在自然垄断环节实行激励性管制。发电环节、供电环节具有可竞争性，适于多家竞争，而输电环节、配电环节具有自然垄断性，实行政府管制下的垄断经营。

（五）培育规范的期货交易与现货交易相结合的电力市场

期货市场能够降低现货市场价格波动带来的风险，保证电价稳定；发电企业、供电企业和用户通过竞争形成的电力批发价格可以更好地反映市场供需状况。现货市场可以解决合同购电量与实际发电量不符时余缺电量的调剂和定价问题，维持电力市场稳定。期货交易和现货交易相结合的电力市场可以给予用户更多的选择，综合利用不同供给方式的优势。

（六）经济管制与社会管制并重

在放松经济管制的同时，需要对外部性、信息不完全等加强管制；同时，加强安全健康、环境保护、服务质量、技术标准等社会管制，提高公共利益和社会福利。

（七）管制机构的作用不容忽视

公正、独立、专业化的管制机构对于规范的管制具有必要性。在放松管制的条件下，管制机构需要减少传统的基于许可证方式的管制，尽量采用核准制或者备案制；适当引入激励性管制，推行市场拍卖、招投标等方法；关注成本—收益分析，在管制规则的制定、执行过程中更加关注成本—收益分析，只有总收益超过总成本的管制规则才具有可行性。

二、放松管制实践的教训

经济发达国家放松管制的实践也有需要引以为戒的教训，美国加利福尼亚州放松管制造成"电力危机"以及其后的"美加停电事件"即为典型的事例。这种教训并非由放松管制本身所致，而是放松管制不当的结果。在加利福尼亚州出现"电力危机"的同时，宾夕法尼亚州却取得了成功，形成鲜明的对比。

（一）加州"电力危机"及其原因

加利福尼亚作为美国首个放松管制的州，其管制机构为加州公用事业委员会（California Public Utilities Commission，简称 CPUC）和加州能源委员会（California Energy Commission，简称 CEC）。放松管制之前，加州拥有四十多个实行垂直一体化的电力公司，这些电力公司拥有发电厂或者从邻近电网购电，建设、管理输电网和配电网，向地区用户供电。放松管制之后，最大的三家私有电力公司被分拆，电力批发市场实行开放，对垄售市场的价格管制被取消，实行竞价上网，消费者自由选择供电企业。发电环节的进入管制主要在于环境保护管制，输电系统仍然实行垄断经营，输电费用在联邦和州政府管制下以成本为基础定价。配电系统在州公用事业委员会（CPUC）管制下实行垄断经营，零售价格实行价格上限管制，供电公司承担因电力批发价格上涨而发生的成本。1996 年，加州出现第二次世界大战以来首次电力供给中断，电力供给只能满足需求的 45%，电力公司被迫实行分区拉闸限电，电价持续急剧上涨，称为加州"电力危机"[1]。

1. 国外对加州放松管制失败原因的论述

麻省理工学院能源实验室（Energy Laboratory MIT）认为，加州放松管制失败的关键在于不协调[2]。管制体制的新、老管制方式相互组合，分别或者组合地对不同的市场主体实行管制，造成多个方面的不协调。缺乏可以代表小用户的专门机构，没有任何可用的信息手段可以及时了解电力市场长期合同中的电价等。

---

　① Steuen Stoft, 2001. *The Market Flaw Cailifornia Overlooked*, New York Time, January 2.
　② Marija Ilic, Petter Skantze, Poonsaeng Visudhiphan, 2001. *Electricity Troubles in California: Who's next?* IEEE Spectrum, 38（2），P. 11.

2. 加州放松管制失败的原因分析

加州放松管制的失败具有多个方面的原因。其一，管制改革方案不当。管制机构没有防范市场放开后供给短缺的风险。改革之前加州发电能力过剩，由于环境保护标准提高，公众强烈反对建设发电站特别是核能发电站，新电站建设选址难、成本高，管制改革为发电企业的投资决策造成不确定性。管制机构原计划从其他州获得发电容量，但由于邻近各州同样电力供给紧张，致使计划搁浅。其二，发电企业的市场势力较大。这种市场势力影响市场的供需平衡。由于电力需求的弹性较小，当供需关系失衡时，发电企业易于操纵电价。加州电力市场的竞争性投标竞价方式在供给短缺时缺乏平抑电价的手段，没有签订能够防范电价波动的长期合同，致使发电企业操纵电价现货市场成为可能。其三，过渡期内的电价被固定。为了保证公用事业公司收回沉淀成本，管制机构把市场开放之后五年过渡期内的零售电价予以固定，相当于取消价格对电力供需的调节作用，加剧供需矛盾。其四，管制机构反应滞后。在市场平均批发电价迅猛上涨的情况下，加州政府和公用事业企业请求联邦能源管制委员会（FERC）实施价格上限管制，但委员会一直未能采取相应的措施。

（二）宾夕法尼亚州与加州的管制模式比较

宾夕法尼亚州几乎与加州同时开放电力市场，其市场机制运作比较成功。基于投标方式运营的区域电力市场协调电力交易，维持稳定供给。市场主体每天向不拥有输电资产的独立调度机构提交次日的投标计划，调度机构评估后选出最有效的运营方式。电力市场实行期货市场和实时市场相结合的模式，期货市场通过协议对市场主体的交易行为予以规范、约束，实时市场用于平衡供给。电力公司允许拥有发电厂，可以在实时市场、期货市场购电，也可以直接与州外的发电企业签订长期合同。宾州的电力公司供应全州80%的用电，而加州的电力公司被迫脱离批发市场。电力公司有权在高用电区收取特殊输电费用，激励大用户自建电厂。零售市场逐步引入竞争，允许消费者自由选择供电企业。宾州模式取得成功，与加州电力危机形成鲜明的对比。放松管制之前，宾州的电价比全国平均水平高出15%，发电容量超过电力负荷4%。放松管制之后，宾州的电价比全国平均水平还低4%，发电容量超过电力负荷25%[1]。加州曾因解除管制彻底、开放电力市场完全而被

---

[1] Mcadams B. , 2001. *Why It Worked in Pennsylvania?* D & T Connection, April, P. 1.

寄予厚望，但放松管制后的屡次停电事件使得对放松管制进行重新思索和选择。

（三）"美加停电事件"及国外舆论的述评

2003 年，美国东北部和加拿大部分地区出现大面积停电，地铁、机场和地面交通瘫痪，汽车制造厂流水线停产，商业场所停业，称为"美加停电事件"。美国学者戴维·罗森堡（David Rosenberg）估算，这次美国历史规模最大的停电事件造成的经济损失每天在 250 ～ 300 亿美元[①]。美国学者霍根（William W. Hogan）认为，停电背后的真正问题在于建立能源批发市场的工作远未结束。各州之间混杂的规定和标准阻碍电力传输，增大发生故障的可能性[②]。从事件发生之前电力市场的情况来看，纽约等州已经完全解除管制，迫使公用事业公司卖掉发电厂，向能源批发市场的发电厂购电，独立的系统管理者（Independent System Operators，简称 ISO）控制电网，从而控制电力流动。中西部的系统管理较为薄弱，难以控制地区电网。南方的一些州基本没有解除管制，允许公用事业公司继续拥有发电厂。在电力市场，交易非常频繁，东部地区的工业企业经常从电价较低的中西部地区购电。越来越多的评论把停电的原因归结于解除管制，认为不相信市场能够提供可靠的、价格低廉的电力。在过去的几年，随着解除管制的普及，电网变得越来越不稳定。除非各州和联邦政府重新对能源批发市场加以控制，否则必定发生更多的停电事故。

（四）加州"电力危机"及"美加停电事件"的教训

加州"电力危机"及"美加停电事件"的教训表明，放松管制并不等于取消管制，市场开放、引入竞争之后，适度的管制仍然必要，管制并非越少越好。

1. 政府管制的效果与效率不能简单地以经济效率作为评判标准

如果单纯以经济效率标准评判政府管制的效果与效率，并不能完全反映出管制的初衷。在经济效率标准的作用下，投资者往往只关心资本的短期回报，忽视宏观利益、社会利益、长远利益。政府管制需要从宏观层面、社会层面进行长远规划，合理利用资源，保护生态环境，实现可持续发展，维护公共利益和社会福利。西电东送，水电、火电、核电和风力发电的发展战略等全局性问题不能简单

[①]　《美经济学家预测停电使美国每日损失 300 亿美元》，新华网，http//www. xinhuanet. com/，2003 年 8 月 15 日。

[②]　William W. Hogan, 2004. *Electricity Market Structure and Infrastructure*, Conference on Acting in Time on Energy Policy, Harvard University, September 25.

地以经济效率标准予以评判。

2. 放松管制需要具备条件

经济发达国家的市场机制比较完善，无论改进管制还是放松管制，都建立于市场机制基础上。放松管制作为现代市场经济条件下对古典市场经济的回归，是长期管制的结果。我国电力企业、行业和产业长期在计划经济体制下运行，官商习气浓厚，对计划管理的制度安排比较熟悉，对市场经济规则相对陌生。特别是在经济体制转轨时期，政府管制的规范化进程需要较长的时间。如果不加分析地实行放松管制，最终会造成公共利益和社会福利损失。

3. 放松管制还有许多问题需要探讨

其一，放松管制虽然形成多个企业竞争的格局，但原有的企业往往拥有较大的市场份额，占据支配地位，有效竞争实际难以充分展开。其二，采用价格上限模式对电价进行管制存在弊端。其三，促进竞争与维护公共利益和社会福利两者之间需要寻求平衡。

4. 应从运行机制保障电网跨区互联的安全稳定

对于跨区互联的全国联网，在技术实现联网的同时，还要统一规划、调度和管理，加强区域电网之间的协调，保障电网安全稳定运行。跨区互联不仅属于技术层面的问题，更是管理体制的问题。从北美电力可靠性委员会（North American Electric Reliability Corporation，简称 NERC）公布的数据来看，"美加停电事件"从第一台机组跳闸到大面积停电，历时 131 分钟。英国国家电网公司（NGC）的专家从技术管理的角度分析认为，如果防范措施得当，这次事件应该可以限定于很小的范围之内[1]。在推进全国联网的同时，必须同步建立跨区互联的管理机制，确保电网安全稳定运行。

5. 管制规则的制度安排应保证厂网协调

"美加停电事件"的根源在于体制，在于不协调。北美电网存在电网与电网之间相互不协调、电厂与电网之间相互不协调的问题。美国事后把发电厂和电网之间机械联系的独立系统运行机构（ISO）发展成为有机协调的区域输电组织

---

[1] 国家电网公司体改办：《美加停电事件体制根源探析》，中国电力网，http：//www. chinapower. com. cn/，2003 年 9 月 15 日。

（Regional Transmission Organizations，简称RTO），逐步将电网的分散管理转向相对集中管理，加强发电厂与电网之间的协调。发电、输电、配电和供电各个环节前后承接，构成有机系统。从垂直一体化体制转为垂直分工体制，并非机械割裂各个环节之间的内在联系，而是实现建立于不同分工基础上的协调一致，确保电力自由流动。对电网安全稳定运行的问题予以根本解决，其关键在于制度安排确保厂网协调。

6. 管制机构的行为应强力、规范

在加州电力危机和"美加停电事件"中，管制机构倍受指责，认为电力事故属于政府种种作为以及不作为所导致的直接后果；不是市场开放的失败，而是市场开放方案设计的失败。解除管制的目的在于允许用户者选择最理想的电价，即使这种电力来自于遥远的地方。而真正的问题在于传输网络并非为这个用途所设计。这种网络对短距离输送电力比较可靠，如果让其发挥新的作用，则必须对其加以强化和扩展。然而，这样做的资金和政治意愿尚不具备。过去十年架设的大型输电线路寥寥无几，电价低廉的州甚至不愿扩容，因为扩容将导致其发电厂可以把电力销售到其他州。只有联邦层面的管制机构才能迫使各州接受不符合自身利益的传输线路。然而，联邦能源管制委员会（FERC）缺乏这种权威。

三、其他国家电力产业放松管制实践的启示

经济发达国家放松管制的实践给予我国的政府管制诸多的启示，特别是对于电力体制改革与管制体制改革提供借鉴的样本。

（一）放松管制与改进管制并存并行

经济合作与发展组织（OECD）在报告中认为，管制改革的目的在于强化竞争、提高效率，降低管制成本，大幅度削减价格，激励创新，增强经济适应变迁的能力，提高在全球市场中的竞争力。适当的政府管制有助于环保质量、健康安全等社会管制目标的实现。由此可见，在放松管制的背景下，改进管制成为各国的共识①。放松管制并非取消管制，改进管制并非过度管制、过多管制，"管制取消论"有失偏颇，不能适应我国电力产业发展和国民经济发展的水平。市场与

---

① OECD，1997，*Report on Regulatory Reform*，Organization for Economic Co-operation and Development，http：//www.oecd.org/。

政府都有适于各自发挥作用的领域，难以互相替代。市场并非万能，政府并非万能；市场存在市场失灵，政府存在管制失灵。改进管制还是放松管制作为动态的过程，其关键在于建立适合各国国情的管制体制，而非盲目放松管制甚至取消管制。加强管制与放松管制的选择属于市场失灵与管制失灵的选择结果。在放松管制的同时，为了形成有效竞争的市场格局，需要对原有的管制手段、工具和方法予以改进，防止管制失灵。市场缺陷的存在使得政府需要加强管制，对既有的管制规则进行调整，根据与市场的适应情况，作出放松管制还是改进管制甚至重新加强管制的决策选择，从而实现管制规则的结构重建。

（二）完备的电力市场成为管制体制改革的基础

电力市场的发育完备是政府管制的基础和载体。如果没有完备的电力市场，政府管制处于无的放矢的境地。电力市场的培育需要把竞争的基本优势与垄断的有限优势予以结合，塑造有效竞争的市场格局。在经济发达国家放松管制的浪潮中，垂直一体化垄断结构逐步向垂直分工垄断竞争结构转变，形成开放竞争的发电市场和供电市场、垄断经营的输电市场和区域垄断的配电市场。

（三）管制体制改革的方向必须牢牢把握

政府管制具有其他经济、法律和行政手段所无法比拟的作用，能够从一定程度上弥补市场缺陷，提高公共利益和社会福利，需要全面地评价管制的效果与效率。在放松管制的同时，对存在市场缺陷的领域仍需加强管制，促进政府管制与市场机制的优势互补。管制体制改革的目标不同，改革路径相应地也不同。英国在管制体制改革之前，鲜明地确定改革所要实现的目标。其一，提高用户利益；其二，提高企业效率；其三，提高社会效益。实现这些目标相应的最佳路径在于引入竞争。我国电力体制改革的目标在于市场化，表现为较低的成本、充裕的供应和稳定的质量，但市场化的目标并不等于必然选择市场化的路径。理论和实践表明，对于电力这样的自然垄断产业，需要市场机制和政府管制有机结合，充分发挥"看不见的手"和"看得见的手"组合的作用，提高市场机制与政府管制系统集成的效果与效率。

（四）政府管制应在法治约束下予以规范

在管制体制改革的进程中，需要通过法治对政府、产业和其他利益集团的行为和关系作出规范和调整，从而依法推进改革。对于我国这样长期实行计划经济

第二辑

政府管制与公共经济研究丛书（第二辑）

体制的国家，政府管制几乎无处不在，公众过于相信政府能力，政府有时甚至凌驾于法律之上。管制需要在法律框架下予以规范，加强法治是管制改革必须正视的问题。

（五）政府管制应重视电力市场的有序竞争

223

由于发电企业的规模经济性比较显著，较大规模的发电企业通常效率较高。如果竞争充分，较大的企业可以发挥竞争优势，降低电价。但同时如果缺乏有效竞争，较大的企业可能利用垄断力量提高电价，损害消费者利益。竞争可以限制垄断，但在有效竞争形成之前，政府仍需对垄断力量予以管制。从市场交易来看，长期合同有利有弊，既可以限制短期行为的竞争，影响效率提高；也可以稳定电价，降低企业的生产经营风险，增强投资者信心。综合利弊，长期合同应予以保留。电力市场应考虑竞争性和计划性的结合，在更长的时间跨度之内安排电力生产和交易。大部分的电力应在中长期市场进行交易，其不平衡的部分则在现货市场进行交易，保证电价稳定和电网安全。管制目标应有所侧重，在诸多的管制目标中，安全重于效率。电力市场的竞争固然重要，但电力安全更加重要，特别应从国家发展战略和能源安全的高度充分认识电力安全的重要性。

（六）电网安全必须高度重视

无论加州"电力危机"还是"美加停电事件"，焦点都在于电网安全。加州管制改革使得电网管制得以放松，电网企业通过减少维修次数、缩减甚至取消投资等方式降低成本，使得电网在较低的稳定水平运行。由于降低成本与维持电网安全稳定形成冲突，电网企业降低成本的措施通常对电网的安全稳定造成冲击。对保障电网安全稳定的投资并非必然直接表现为企业收益，但必然可以产生降低风险的收益。联邦能源管制委员会（FERC）认为，多次停电事故促使联邦政府考虑加强对电网可靠性的管制，打破各州的市场壁垒，建立大区电网，设立中立的电网运行机构[①]。政府管制必须高度关注电网安全，实行统一的电网安全管制。无论输电网的寡头垄断还是配电网的区域垄断，都必须把电网安全置于首要的位置，任何时候不能以牺牲电网的安全可靠为代价推进改革。电网系统的安全可靠应成为管制效果与效率的主要标准。

第二辑

政府管制与公共经济研究丛书（第二辑）

---

① 王荣军：《停电危机和美国电力市场改革》，载《新闻周刊》，2003 年第 21 期。

（七）管制机构的责任和作用任重道远

具体国情决定我国的管制机构较之经济发达国家更加重要。管制机构需要推进全国电力市场建设进程；推进电价体制改革；在完善电力现货交易的基础上，发展期货交易、场内交易、合同交易；完善电力市场运行规则，使得投资者、经营者、消费者对制度环境建立稳定的预期；强化成本理念，提高管制的效果与效率。

第七章

中国电力产业管制体制改革的目标与对策

既有的管制体制在促进电力产业发展与经济社会和谐发展的过程中发挥了重要的作用，但随着社会主义市场经济体制的建立，这种体制的制约作用日益突出，改革势在必行。电力体制改革的目标在于打破垄断，引入竞争，降低成本，提高效率，改进电价形成机制，提高资源配置效率，推进全国联网，构建政府管制下的公平竞争、开放有序、健康发展的电力市场体系，促进经济社会可持续发展。

第一节
电力市场建设的目标与对策

管制体制改革可以分为三个阶段。第一阶段（1949～1978年），从中华人民共和国成立到1978年党的十一届三中全会召开，实行政企合一、垂直垄断的管制体制。第二阶段（1978～1997年），从党的十一届三中全会召开到1997年党的十四大召开，探索实行政企分开、市场化改革的管制体制，先后实行全面包干经济责任制、简政放权、自负盈亏、以电养电等改革方案。第三阶段（1997年至今），从党的十四大召开至今，逐步实行政企分开、市场化改革的管制体制。这三个阶段分别对应于计划经济体制、计划经济体制向社会主义市场经济体制转轨、社会主义市场经济体制三个时期。

一、电力市场建设的主要目标是市场化

2005年，尽管新增发电装机容量快速增长，大部分的省级电网仍然实行拉

闸限电。究其根源，在于快速增长的供给不能满足增长更快的需求。加快发展仍
是电力产业的现实选择，只是这种发展需要建立于经济社会和谐发展、人与自然
和谐发展、资源利用与生态环境保护和谐发展的基础上，是可持续的科学发展。

主要矛盾仍为发展问题，也是电力体制改革的首要问题。电力市场建设的目标应
适应产业发展的需要，适应电力体制改革的需要，定位于宏观调控下的市场化，
为电力产业的发展打造稳固的载体与坚实的基础。

（一）电力市场建设的基本成就

随着管制体制改革的推进，电力市场建设取得成效，政府管制表现为放松管
制与建立新的管制并存并行的过程，在计划经济体制下实行的严格管制逐步得以
放松，适应市场经济体制要求的管制体制逐步建立，政府管制在一定程度实现预
期的效果与效率。

1. 政府管制的法律框架逐步完善

在实行政府管制的实践中，随着经济体制转轨，法治建设的进程逐步加快，
政府管制的立法进程同时逐步加快，初步形成比较系统的市场运行规则体系和管
制规则体系，政府行政步入依法治国的轨道，市场秩序和管制程序逐步规范。改
革开放以来，在经济管制和社会管制两个方面分别建立多项管制制度，特别是社
会管制虽然起步较晚，但进展较快。政府、企业和消费者等不同利益集团和非利
益群体之间的权利义务关系在法律框架之内基本得以界定。以《电力法》为基
础，《电力设施保护条例》、《电网调度管理条例》、《电力供应与使用条例》和
《电力监管条例》为骨干，配套的行政规章和地方性政策为补充的法律框架初步
形成，初步做到有法可依、有章可循，政府管制的法律框架初步形成。

2. 经济管制出现放松的迹象

随着市场经济体制的建立，政府管制出现放松的迹象，特别是进入管制和价
格管制，较之计划经济体制下严格的管制，准入门槛有所降低，并逐步向集体资
本、私有资本、国外资本开放。发电市场的进入管制初步放松，多元化投资的发
电市场局面初步形成；供电市场的放松管制开始浮出水平；价格管制中的定价权
限逐步放开，管制权力逐级下放，各级地方政府拥有部分的电价制定权力。电价
形成机制逐步完善，混乱的电价结构逐步理顺，电价调整的听证制度逐渐推广，
取得初步的成效。

3. 政府管制主体的组织结构初步建立

　　相对独立、专业化的管制机构初步建立，国家电力监管委员会作为专业化管制机构开始运行。工商行政管理部门、安全生产监督部门、环境保护部门、资源管理部门和质量技术监督部门等其他管制机构的管制权限上收，有些从原来的地方政府管理改为系统垂直管理，着力提高管制的效果与效率。

（二）电力市场建设的主要目标在于市场化

　　电力市场的发育、发展取决于政治制度、经济制度和文化传统，还取决于地域面积、资源分布、供需状况、电源结构，电网规模、技术构成、负荷特性、人口、用户收入水平和消费能力诸多的因素，取决于基本国情。电力市场适于采用以长期市场和期货市场为主、辅之以短期市场和实时交易市场补充平衡的模式，建立公平公正、有序竞争、统一开放的电力市场。充分利用长期市场的公平交易，使得大部分的电量在长期市场的交易中得以实现，剩余部分电量在实时交易市场进行现货交易，保证电网稳定和供给稳定。通过调度中心和交易中心建立双边供需关系，以合同方式进行长期、短期、实时的交易，实现电力产品和服务的公平交易。

　　对于发展的电力市场和发达的电力市场，管制体制改革的目标有所不同。经济发达国家的电力供给充裕，用电增长较慢，电价较高，公众对环境保护、健康安全尤为关注，电力体制改革以打破垄断、引入竞争、降低电价、改善服务为目标。我国这样的电力市场尚处于发展阶段的国家，在经济快速增长、用电需求增长较大的情况下推进改革，其目标应定位于促进发展、实现可持续发展。电力体制改革模式需要与其所处的发展阶段相适应，人均指标的落后并不代表产业发展的落后。电力产业已经初具规模，具备可以承受改革冲击的物质基础。应在保证发展的基础上，统筹兼顾，逐步引入市场竞争，降低成本，降低电价，提高效率，改善服务。通过这些目标的实现，引导更多的资金进入更大的市场，满足不断增长的经济社会发展特别是对农村电力市场普遍服务的需要。电力市场建设的目标在于市场化，通过完善的市场机制对电力资源实行配置，提供稳定而充裕的供给，但市场化的取向并不意味着其路径选择完全走市场化的道路。管制体制改革的前期实践表明，在发展阶段，需要同时发挥"看不见的手"和"看得见的手"组合的作用，通过"市场机制＋政府管制"的方式，推进市场化改革。

二、充分发挥竞争机制在电力市场中的作用

垄断与竞争作为电力市场的基本模式，各有其存在的合理性，不能笼统地评价哪种方式更好。垄断还是竞争的选择取决于发电、输电、配电和供电不同环节的技术经济特性。由于这些环节的技术经济特性不同，需要采取不同的管制模式。

（一）把竞争作为提高经济效率的根本途径

竞争可以激励生产效率、资源配置效率和利用效率的提高。在竞争性电力市场，效率较高的企业可以获取更高的收益。优胜劣汰的竞争机制要求企业想方设法降低成本，提高效率，在竞争中求生存、求发展。引入竞争机制可以使得管制机构收集、获取、传播、存储和使用更多的信息，缓解管制机构和被管制企业之间的信息不对称，从而提高管制的效果与效率。在政府管制的约束下，这种竞争应是有效竞争，有效竞争是提高电力产业经济效率的根本途径。

（二）把有效竞争作为电力市场的目标导向

电力市场的培育、发展需要把竞争的基本优势和垄断的有限优势予以结合，把市场机制的基本优势和政府管制的有限优势予以结合，塑造有效竞争的市场结构。电力产业既有输电、配电这些自然垄断性环节，也有竞争性的发电环节和可竞争性的供电环节，而且输电环节和配电环节的自然垄断程度并不相同。由此可见，有针对性地对不同性质的各个环节实行区别管制才能建立有效竞争的电力市场。管制机构应把输电、配电等自然垄断性环节作为管制的重点，建立模拟竞争机制的管制体制；对竞争性的发电环节和可竞争性的供电环节，逐步放松管制，改进管制的手段、工具和方法，推动市场机制发挥更大的作用，从而实现规模经济与竞争活力兼容的有效竞争状态。

（三）完善电力市场结构

在电力体制改革的前期实践中，对电力市场结构进行垂直分割，实现发电、输电、配电和供电各个环节的适度分离。适应可持续发展的要求，在市场结构调整到位的基础上，应逐步完善市场功能，充分发挥市场的作用。发电企业和电网分离，发电企业实行竞价上网；电网予以分开，实行标尺竞争；输电网和配电网

分离，实行网络开放、自由接入；配电网和供电企业予以分离，供电企业实行竞争售电，从而在发电、输电、配电和供电各个环节培育竞争力强的企业，形成有序竞争、有效竞争的发电市场和供电市场，形成统一开放、有效管制的输电市场和配电市场，形成统一开放、有序竞争的全国电力市场。

229

（四）建立功能完备的区域电力市场

对于区域电力市场的"区域"界定，应遵循提高电网安全性、促进可持续发展、维护消费者利益、提高公共利益和社会福利的原则。"区域"的界定应打破以行政区域划分的传统理念，探索实行以大区电网为标准的界定。在区域市场之内，统一市场规则，统一电力交易，统一电力调度。建立区域市场的管制机构，制定、执行统一的管制规则，对市场的经济活动实行管制。改进交易中心的功能，履行交易平台的职能，从月度交易逐步过渡到实时交易，实现电力资源在市场信号的引导下自由流动。改进电力调度中心的功能，履行电力调度、结算的职能，规范披露市场信息，为建立功能完备的全国电力市场奠定基础。

三、培育竞争性的发电市场

在理想的竞争性发电市场，发电企业的上网电价等于供需平衡状态时的市场竞争价格，即交易期之内的电力系统边际成本价格。尽管现实中难以实现，但其指导意义不能忽略。竞争性发电市场在放松管制的同时，需要改进管制，防止出现过度竞争，影响资源配置效率。

（一）发电市场的目标在于提供稳定而充裕的供给

"充裕"的目标通过发电企业的市场竞争得以实现；"稳定"的目标通过政府管制得以实现。提供稳定而充裕的供给，需要放松进入管制，降低门槛。发电企业具有规模经济性，较小企业的资源利用效率、生产效率和资源配置效率通常较低。规模经济性要求发电企业的规模较大，降低单位产品和服务的平均成本，在市场竞争中取得竞争优势。实行厂网分开之后，发电企业成为独立法人和市场主体，电力产品和服务的生产通过价格竞争得以实现。发电市场的适度竞争有利于激励企业降低成本，提高效率，但考虑供给的稳定性，即使在独立的区域电网之内，由单一的企业发电也不适宜。如果取消进入管制，过多的潜在进入者自由进出市场，易于形成过度竞争，造成生产能力过剩。维护发电市场的有效竞争，

第二辑

政府管制与公共经济研究丛书（第二辑）

需要实行适度的进入管制。通过发电市场的有效竞争，最终形成少数几个大型发电企业占据大部分市场份额、适量的中小企业并存竞争的格局，提高市场的资源配置效率。

（二）建设竞争性的发电市场

发电环节具备建立竞争性市场的基本条件，其措施包括多个方面。其一，限制单个企业装机容量占装机总容量的比例，也可以限制企业的最高发电比例。其二，保证市场内的企业数量充足，企业之间难以通过合谋的手段操纵市场。其三，减少输电拥塞。实行竞价上网之后，由于输电拥塞实际对拥有较低成本的企业形成限制，造成其他企业的报价高于边际成本甚至平均成本。

（三）实行适度的进入管制，防止过度竞争

厂网分开之后，发电企业具有独立法人和市场主体的地位，从而可以独立决策，使得电力产品和服务通过价格竞争的形式得以实现。这种有效竞争可以激励企业降低成本，提高效率，但取消进入管制并不可取。如果取消进入管制，吸引过多的企业进入市场，易于形成过度竞争，导致发电能力过剩，这在具体实践中已有教训可资借鉴。维护发电市场的有效竞争，需要实行适度的进入管制，既保证企业生产效率与利润的对应关系，又提高资源配置效率和利用效率。

四、改进垄断经营基础上的电网管制

电网的技术经济特征表现为整体性、沉淀性、基础性以及运营特性，要求高度关注电网管制。电网在电力产业中的核心地位以及实际拥有的生产指挥权，要求高度关注对电网企业的管制，实现电网之间的互联互通和自由接入，提高产业整体水平。

（一）电网管制的目标在于全国联网

电网的特性决定统一规划、统一建设、统一调度、统一管理、垄断经营的必要性。全国联网作为提高电力资源配置效率的要求，为建立全国电力市场提供坚实的物质基础和物理载体，从而实现电力的自由流动，提高资源配置效率和利用效率。

231

1. 供给与需求的不均衡分布需要全国联网

电力供给与需求分布极不平衡。一次能源主要分布于西部地区，其中，水电资源蕴藏量约为 55 749 万千瓦，占全国的 82%；已探明煤炭资源储量为 5 400 亿吨，约占全国的 60%；已探明天然气储量占陆上天然气总量的 80%①；西部地区资源比较丰富，但经济发展相对落后于能源资源匮乏的东部地区。这种供给与需求不均衡分布的状态要求实行电力跨区输送。通过全国联网，可以实现西电东送、北电南调的国家战略，可以通过错峰、水火互补、互为备用和事故支援提高电网的安全性和稳定性。

2. 建立全国电力市场需要全国联网

电网的分割实际造成电力市场的分割，形成区域壁垒和省际壁垒，西电东送、北电南调的国家战略必须打破区域垄断格局才能实现。全国联网通过打破既有的市场分割格局，激励竞争力较强的企业通过竞争增加上网电量，制约区域电力市场的不合理电价，节约一次能源，提高经济管制和社会管制的效果与效率。与全国联网相配套的全国电力调度可以保证电力自由流动，降低交易成本，提高资源配置效率和利用效率。

3. 电力安全和国家安全需要全国联网

电网越大越安全是业内共识，特别是从国家安全来看，电网安全事关国家安全。我国所处的国际环境与实行放松管制的经济发达国家不可同日而语。即使英国、法国等多数经济发达国家也从国家安全和科学运营出发，设置全国性的电网企业，负责全国电网的建设、管理和调度，确保电力安全和国家安全。在受到战争威胁或者其他紧急情况的时候，如果不能控制电网，则危及国家安全。电力产业在国民经济中的战略地位，要求必须保障电力安全，维护国家安全。

(二) 确定合理的过网费用

保障发电企业之间的公平竞争，保障电网企业合理的利润，关键在于确定合理的过网费用。过网费用的确定既要对输电成本作出合理的补偿，激励电网投资；又要防止过网费用过高，侵占发电企业利益。基于维护公平竞争，发电企业

第二辑

政府管制与公共经济研究丛书（第二辑）

---

① 王冬梅：《"西电东送"引领电力高速前行》，载《工人日报》，2002 年 10 月 13 日。

需要与省（市、自治区）电力公司脱离隶属关系，省（市、自治区）电力公司作为区域电网公司，收取过网费用，提供输电服务。为了形成有效竞争，配电环节需要与供电环节分离，省（市、自治区）电力公司不再履行供电职能。在区域电网之内，允许多家供电企业并存并行，无差异地公平使用配电网，接受需求侧用户的自由选择，从而建立可竞争性供电市场。借鉴经济发达国家的经验，可以允许大用户和供电企业率先进入电力市场，直接与发电企业签订电力购买合同；也可以借鉴"电力库"模式，以"电力库"为基础，建立电力交易现货市场。随着市场的发展，逐步允许一般用户自由地选择供电企业。

（三）降低输电拥塞程度

输电拥塞对输电的效果与效率形成制约，降低输电拥塞程度可以考虑多项措施。其一，扩建输电网，增加输电容量，在条件具备的情况下，可以考虑实现配电网的适度重叠。世界银行在对华东电网增加输电容量的潜在效益进行分析论证后，认为如果增加输电容量，可以提高发电市场的竞争程度，获得竞争效益。是否扩建电网不能仅仅考虑传统的电网可靠性标准和输电业务的成本效益，还应同时考虑发电市场的竞争效益。其二，对输电网实行统一规划、统一建设、统一调度，防止电网企业侵占发电企业利益，同时通过政府管制防止发电企业的行为性垄断。其三，通过输电网的节点价格杠杆，降低输电拥塞程度。如果预测电网之内某个地区将出现输电拥塞，则调整这个地区的输电节点价格，引导供需平衡。如果地区输电节点负荷的需求大于供给，输电拥塞使得从其他地区输电节点输入电力存在困难时，则上调这个地区输电节点价格，从而降低需求、激励发电。反之，如果产生电力剩余，则下调地区的输电节点价格，从而增加需求、减少发电。

五、推进电力产业投资主体多元化

电力市场已经初步实现投资主体多元化，但这种多元化表现出较低水平的特点。适应经济社会发展特别是世界贸易组织的规则要求，电力市场的投资管制应进一步放松，激励非国有资本特别是民营资本投资进入市场，激励企业建立法人治理结构，提高企业竞争力，增强国际市场的竞争能力。

（一）发挥国有资本在电力产业中的作用

管制体制改革并非必然要求国有资本退出电力产业，具体国情决定国有经济不能全面退出，其原因在于多个方面。其一，普遍服务的义务主要依靠国有企业履行。较之民营企业和外资企业，国有企业能够更好地履行普遍服务的义务。管制体制改革之前，履行普遍服务义务所需资金来自于交叉补贴，随着管制体制改革的推进，交叉补贴的方式已不可行。适应发展的要求，可以设立"普遍服务专项资金"，专门用于贫困地区、边远地区的电力基础设施建设和电力供给。其二，国有经济能够适应自然垄断性的要求。基于电力产业在国家安全、能源战略中的地位和作用，发电、供电环节可以放松管制，允许非国有经济进入，但输电、配电环节的自然垄断性使得国有企业运营的效率较高。通过改进管制手段、工具和方法，对输电、配电环节的国有企业改进管制，提高管制的效果与效率。国有经济作为政府管制合适的载体，在管制改革的目标实现之前，在较长的时期之内将长期存在，不宜全面退出。

国有企业需要降低成本，提高效率。企业效率与所有制形式之间没有必然的联系，国有企业并不必然低效，民营企业并不必然高效[1]，被许多典型案例已经予以证实。国有企业效率不高确实存在，但在没有充足的证据表明民营企业效率更高之前，国有企业需要做的在于降低成本，提高效率，而非全面退出。同时，国有经济控制国民经济命脉固然重要，但不能为了控制而实行控制、过分追求国有经济的数量。如果借国有经济之名而行垄断之实，则与政府管制的初衷背道而驰。国有企业并不必然代表公共利益，民营企业并非必然侵占公共利益，关键在于制度安排。国有经济加强控制力并非必然通过国有独资的形式得以实现，股份控制或者股份参与的形式同样可以增强国有资本对社会资本的控制力和支配力。国有企业需要实行股份制改造，从而施加产权约束，构建规范的法人治理结构，为管制达到预期的效果与效率奠定产权关系明晰、治理结构完善的微观基础。通过股份制改造，引导民营资本等社会资本以及国外资本投资进入市场，提高产业的经济实力，引导企业规范建立现代企业制度，提高企业的核心竞争力和国际竞争能力。

（二）提高外资利用的深度和广度

电力市场的外资利用限于发电领域，通常以增量资产、间接融资的形式为主，其深度和广度相对有限。其中既有外资利用政策开放力度不够的原因，也有管制结构不尽合理，对外资利用形成制约的原因。基于提高外资利用的效果与效

---

① 殷醒民：《论中国制造业的产业集中和资源配置效益》，载《经济研究》，1996 年第 1 期；崔民选、张存萍：《我国企业规模效益比较与评价》，载《中国工业经济》，1998 年第 5 期。

率，可以考虑发展 BOT 项目。利用 BOT 等国际通行的融资方式，可以合理规避既有的管制结构，降低企业的融资成本。提高外资利用的深度，可以考虑允许外资适度地参股国有发电企业，改善企业的产权结构，规范法人治理结构，形成激励与约束的制衡机制。提高外资利用的广度，可以考虑在国有经济控股的基本前提下，允许外资适度地参股电网建设，从而提高电网的架构水平，促进电力产业发展。

（三）激励民营资本投资进入电力市场

加入世界贸易组织后，电力市场与国际市场的接轨只是时间问题。无论国内市场的企业还是国际市场的企业，相互之间将展开激烈的竞争。从投资能力来看，国家对电力产业投资比较关注，把增加投资作为推动产业发展、促进经济社会可持续发展的宏观政策，但受财力所限，财政投资难以满足这种投资需求，同时企业的自我积累也难以解决投资不足的问题。通过发行国债、向国外金融机构贷款融资等方式增加投资的潜力有限。适应民营经济迅猛发展的形势，可以通过财政贴息、财政补贴、税收优惠、政府担保等政策，引导、激励民营经济投资进入市场，发挥民间资本在产业融资中的作用，提高产业的经济实力。世界贸易组织规则允许国外投资机构进入电力产业，由此更应激励民营经济率先进入，从而缓解投资压力，分散投资风险。由于所有权的差异，不能把对国有企业的管制手段、工具和方法对民营企业机械地套用，通过推进管制体制改革，实现管制行为的规范。

六、推进国家能源战略和可持续发展战略

可持续发展战略体现为电力产业的发展与生态环境保护两者之间的关系，发展不能以生态环境破坏作为代价。在处理经济发展与生态环境保护两者之间关系的处理已有诸多深刻的教训，可持续发展需要接受环境保护基本国策和国家能源战略的制度约束。

（一）推进可持续发展战略

随着经济发展和公众生活水平提高，电力需求越来越大，供给不足的问题日益突出，能源战略形势严峻。电力作为基础产业，需要适应能源安全战略，节约能源，从而走可持续发展的道路。这种可持续发展的关键在于转变传统的经济增

长方式和发展模式，不再过多地依靠资本和自然资源的投入，而是更加依靠人力资本的积累和能源资源利用效率、配置效率的提高得以实现，走新型工业化的发展道路。实现可持续发展需要高瞻远瞩地制定能源战略，贯彻《节约能源法》、《清洁生产促进法》和《可再生能源法》的精神，提高忧患意识和节约意识，建立激励约束机制，推进技术进步，提高能源转换效率，缓解资源制约，从产业政策上对高能耗产业的过度发展予以限制，从产业结构上对高能耗产业予以调整。

（二）调整国家产业政策

实现可持续发展，需要对产业政策作出调整，转向规范发展、有序发展。特别是不同层级的政府在严格执行中央政府宏观调控政策的基础上，需要高度关注知识积累、技术创新和提高附加值，结合当地实际，对是否发展、怎样发展产值高、收益高的重化工业作出符合可持续发展要求的决策，切忌再次走上靠投资支撑增长的老路。

建立资源节约体系需要产业政策予以支持。2005 年，第十届全国人民代表大会常务委员会第十四次会议通过《可再生能源法》，其目的在于促进可再生能源的开发利用，增加能源供给，改善能源结构，保障能源安全，保护环境，实现经济社会可持续发展。可再生能源是指风能、太阳能、水能、生物质能、地热能、海洋能等非化石能源。在产业政策上，把可再生能源的开发利用列为能源发展的优先领域，鼓励市场主体参与开发利用，并依法保护其利益。针对可再生能源开发利用的技术尚不成熟的现状，优先考虑科学技术研究和产业化发展，通过可再生能源发展专项基金的形式，予以资金支持。鼓励和支持可再生能源并网发电。电网企业应当全额收购电网覆盖范围之内可再生能源并网发电项目的全部上网电量，并提供上网服务。对电网尚未覆盖的地区，支持建设可再生能源独立电力系统，为当地生产生活提供电力服务。可再生能源发电项目的上网电价，由价格主管部门根据不同类型可再生能源发电的特点和不同地区的情况，按照有利于促进开发利用和经济合理的原则予以确定。同时，通过财政贴息、优惠贷款、税收优惠的形式予以支持。

（三）优化电力资源结构

在电力能源的资源结构上，按照大力开发水电、优化发展火电、积极发展核电、加快发展新能源发电、重视生态环境保护、提高能源利用效率的原则，加大结构调整力度。在满足需求、保障经济发展的基础上，尽量减少煤炭、石油、天然气等一次能源的开发利用，推进技术进步和技术创新，开发替代性能源和可再生能源，优化升级资源结构。特别是大力发展水力、太阳能、风能等绿色电力，把发展绿色电力作为实现可持续发展的长期战略和长远利益。较之火力发电，水电等绿色电力在短期内的价格和质量并不具备竞争力，前期投资较大。在自由竞争的电力市场，由于绿色电力能源建设项目的投资回报率不高，难以吸引私人投资者的青睐。但对于国家而言，从长远利益来看，这些项目由于具有环境保护的功能，综合效益较高。如果国家不对这些项目实行政策倾斜或者政策引导，将影响国家能源战略。从其他国家的实践来看，目前电价较低的巴西、加拿大和法国等国家都以水电等绿色能源为主，具有借鉴意义。

水力发电属于可再生的清洁能源，其优点在于发电效率较高，发电成本较低；水电站设备相对简单，检查、维修的费用较之同等容量的火电厂低得多；机组启动较快，易于调节；运行中不排出有害物质，对环境的影响较小；可以形成发电、航运、养殖、灌溉、防洪和旅游的水资源综合利用体系，实现水资源的综合利用。其缺点在于工程投资较大、建设周期较长，单位千瓦投资比火电高出许多；由于利用自然水流发电，受自然条件的影响较大；电力输出易受气候的影响；河流变化对生物多样性产生影响，对水生生态系统及生态环境造成破坏等。在水力资源比较丰富的地区，宜于优先开发水电，充分利用可再生能源，节约宝贵的煤炭、石油、天然气等一次能源。在功能分配上，火力发电宜于承担电力系统平稳的基荷部分，保持高效运行，节省燃料消耗。水力发电由于开机、停机比较方便，宜于承担电力系统的负荷变动部分。除发电之外，水电还可以承担调峰、调频、负荷备用、事故备用等功能，从而提高电网系统运行的经济效益。

风能属于可再生能源、清洁能源，风力发电作为风能利用的形式，具有可再生、无污染、能量大的特点，大力发展这种清洁能源成为世界各国的战略选择。2005 年，全球风能委员会（Global Wind Energy Council，简称 GWEC）的报告中表明，新增风电装机容量为 11 769 兆瓦，较之 2004 年的 8 207 兆瓦增长 43%；新增设备总价值达到 120 亿欧元或者 140 亿美元。截至年底，风电装机总容量为 59 322 兆瓦，比 2004 年增长 25%[①]。其中，我国新增风电装机容量为 498 兆瓦，为 2004 年的两倍多，从而使得风电装机总容量达到 1 260 兆瓦；新增装机容量和装机总容量分别占全球的 4.2% 和 2.1%。

由于火电、水电、核电的缺陷，寻找新能源成为当务之急。这种新能源需要

第二辑

政府管制与公共经济研究丛书（第二辑）

---

① *Global Wind Report*, 2005, Global Wind Energy Council, http://www.gwec.net。

满足两个条件，一方面，蕴藏量丰富，基本不会枯竭；另一方面，安全、洁净，不对生态环境构成威胁。由此而来，太阳能成为最优选择。太阳能属于可再生的新能源，相对而言取之不尽、用之不竭，不产生公害；不受资源分布地域的限制；能源质量较高，易于为消费者所接受。其缺点在于照射的能量分布密度较小，需要占用较大的面积；能源获取与季节、昼夜和阴晴等气象条件有关。1992年，日本实现太阳能发电系统与电力公司电网的联网。1994年，日本以个人住宅为对象，对购买太阳能发电设备予以补助2/3的费用。制约太阳能发电的关键在于成本较高，解决的办法在于提高太阳能的转换效率，实现太阳能发电与电网的并网。

　　较之其他资源的稀缺性，生物质能资源比较丰富。生物质能发电的优点在于，一方面，通过发电避免焚烧秸秆引起污染的问题；另一方面，通过发电收益可以对农民予以补助。生物质能发电前景比较广阔，需要从政策上加以扶持，增加这种能源的比重，促进循环经济发展，改善生态环境，缓解能源短缺。

　　潮汐发电作为潮汐能的主要利用方式，其优点在于潮汐蕴藏量较大，无需开采与运输；受气候、水文等自然因素的影响较小；运行费用与发电成本较低；结合发电，可以实行围垦、养殖和海洋化工的综合利用，属于清洁的可再生能源。其缺点在于一次投资较大，造价较高；发电具有间歇性，对用户造成不便。解决的办法在于把这种发电与电网实行并网。

　　地热发电的原理与火力发电相同，属于无污染的清洁能源。如果热量提取的速度小于补充的速度，则具有可再生的特点。我国地热能源蕴藏丰富，对环境没有危害，制约发展的关键在于其技术还需进一步研发。

　　（四）节约资源

　　对于资源节约，市场由于自身缺陷而无能为力，需要政府积极干预，发挥引导作用。产业政策的制定和执行需要把资源节约作为构成要素，干预资源配置过程，建立新能源和可再生能源的电价管制模式，改进电力系统经济调度模式，把经济增长速度控制于能源、资源所能够承载的区间之内，提高电力资源的利用效率和配置效率。在管制规则的制定、执行过程中，按照《节约能源法》、《清洁生产促进法》和《可再生能源法》的精神，加强对资源节约的社会管制。电力企业特别是电网企业推进需求侧管理，充分发挥电价的经济杠杆作用，对用户的合理用电、节约用电给予激励，提高终端用电效率和电网经济运营水平，达到节约能源和保护环境的双重目的。1997年，第八届全国人民代表大会常务委员会第二十八次会议通过《节约能源法》。2007年，第十届全国人民代表大会常务委员会第三十次会议予以修订。其目的在于推动能源节约，提高能源利用效率，保护和改善环境，促进经济社会可持续发展。电网企业按照节能发电调度管理的规定，安排清洁、高效的热电联产、利用余热余压发电的机组以及其他符合资源综合利用规定的发电机组与电网并网运行。禁止新建不符合国家规定的燃煤发电机组、燃油发电机组和燃煤热电机组。推广生物质能、太阳能和风能等可再生能源利用技术，按照科学规划、有序开发的原则发展小型水力发电。运用财税、价格等政策，支持推广需求侧管理、合同能源管理、节能资源协议等节能办法。实行峰谷分时电价、季节性电价、可中断负荷电价制度，鼓励用户合理调整用电负荷。对钢铁、建材、化工和其他主要耗能行业的企业，分为淘汰、限制、允许和鼓励各个类别，实行差异化的电价政策。

（五）妥善处理可持续发展与生态环境保护的关系

实现可持续发展需要妥善处理发展与环境的关系，发展不能以生态环境的破坏作为代价。循环经济作为实现可持续发展的手段，能够有效保护生态环境、提高资源利用效率。开展循环经济的探索可以在三个层面展开，在企业层面推行清洁生产，在工业园区创建生态工业园区，在城市开展循环经济试点。2002年，第九届全国人民代表大会常务委员会第二十八次会议通过《清洁生产促进法》，其目的在于促进清洁生产，提高资源利用效率，减少和避免污染物的产生，保护和改善环境，保障人体健康，促进经济社会可持续发展。根据这部法律的要求，制定以资源节约为主要指标的电力清洁生产指标评价体系和相关管制规则，引导企业开展清洁生产，在资源节约中实现资源综合利用与生态环境保护的互动发展。

七、培育电力市场中的制衡力量

电力市场的制衡力量实质在于市场内部的约束机制和市场外部的监督机制。从其他国家的实践来看，美国的电力市场设有市场成员代表委员会，委员会中的代表来自于各个市场成员，分别代表不同的利益集团，负责监督约束运营委员会、计划委员会和能量市场委员会的工作。市场成员代表委员会按照成员的类别分别设立发电公司分会、输电公司分会、配电公司分会、大用户分会和其他成员分会。通过不同利益集团对电力市场的参与，对企业的垄断行为形成力量制衡，保证电价公平、合理①。

(一) 借鉴美国建立消费者集团利益保护制度的经验

1899 年，美国成立消费者国家联盟（National Consumers League），成为较早出现的全国性消费者组织。1914 年，成立联邦贸易委员会（FTC），成为较早出现的保护消费者利益的政府机构。1936 年，成立消费者联盟（Consumers Union）。1960 年，美国、英国、荷兰、比利时和澳大利亚五个国家的消费者组织成立国际消费者组织联盟（International Organization of Consumers Union，简称 IOCU；后改为 Consumers International，简称 CI），这个组织提出消费者拥有满足基本需求、公正解决纠纷、掌握消费基本知识、在健康环境中生活和工作四项消费者基本权利。1962 年，美国总统肯尼迪（John F. Kennedy，1961 ~ 1963）首次提出"消费者的四项权利"，包括获得安全商品权、正确了解商品权、自由选择商品权、就消费者事务提出意见和建议的权利。1969 年，美国总统尼克松（Richard Nixon，1969 ~ 1974）提出消费者索赔权，作为消费者的第五项权利。美国建立了保护消费者集团利益的制度，这项制度源自于 20 世纪 60 年代消费者集团的集团诉讼（class action），由《民事程序法的联邦规则》（Federal Rules of Civil Procedure，简称 FRCP）予以管制。集团诉讼制度是指众多的主体在因同一事实或者问题引起的争议中，允许具有共同利益的一人或者数人代表其他共同利益者起诉或者被诉，判决效力及于全体共同利益人的诉讼制度。20 世纪 60 ~ 70 年代以来，消费者集团利用法律与政府管制抗衡，时常对企业、政府提起诉讼，成功地使得政府管制缓和，部分管制规则被废止。美国政府关注消费者集团利益，关键在于管制规则的制定、执行过程中，建立能够代表消费者集团利益的制度框架。这种制度取得成功，对于我国的具体实践具有借鉴意义。

(二) 培育消费者等不同的利益集团

1993 年，第八届全国人民代表大会常务委员会第四次会议通过《消费者权益保护法》，其目的在于保护消费者的合法权益，维护社会经济秩序，促进社会主义市场经济健康发展。消费者享有自主选择商品或者服务的权利、公平交易的权利。随着市场经济体制的建立，不同利益集团与非利益群体的发展壮大成为必然的趋势。多元化的利益集团和非利益群体形成约束管制行为的制衡力量。适应

---

① Hung-po Chao, Hillard G. Huntington, 1998. *Design Competitive Electricity Markets*, Kluwer Academic Publisher.

发展的要求，政府需要组织、推动消费者等利益集团和非利益群体加快发展，保护消费者运用法律手段维护自身利益的行为，维护消费者的基本权利。企业、消费者等利益集团和非利益群体在管制规则的制定、执行过程中的地位和作用应通过法律的形式予以保障，吸收企业、消费者等利益集团和非利益群体参与管制规则的制定、执行，从而在管制博弈中表达不同利益集团和非利益群体的意志。不同利益集团和非利益群体的利益在管制博弈中得以反映，实际也是不同程度地反映公共利益，可以防止某些特殊利益集团操纵管制规则制定、执行的行为。作为依法成立的对商品和服务进行社会监督的保护消费者合法权益的社会团体，消费者协会和其他消费者组织只在解决商品质量投诉等少数几个方面能够发挥作用，但对垄断行为无能为力，应支持用户特别是用电大户组建专业化电力消费者协会，对管制行为特别是电价调整行为发挥制衡作用。

第二节

电价管制体制改革的目标与对策

电价是电力市场的核心问题，电价管制是政府管制的核心内容。经济发达国家广泛采用的价格上限管制模式虽然运行较好，取得较好成效，但不宜直接套用，主要在于许多产品价格特别是生产资料价格还处于调整阶段，零售价格的变动幅度较大。如果管制价格与零售价格指数挂钩，电力企业的利润水平相当程度地取决于零售价格指数变动的幅度，将极大地削弱管制价格对企业降低成本、提高效率的激励。针对实际情况，应对投资回报率管制模式与价格上限管制模式予以融合，实行改良的投资回报率管制模式。

一、确立明晰、可行的管制目标和管制原则

经济发达国家价格管制的目标在于效率和公平，我国价格管制的基本原则可以确定为合理经营、公平负担、调节需求、兼顾社会福利。"合理经营"是指企业生产经营中的成本能够得到补偿，促进企业降低成本，提高效率。"公平负担"是指需求侧用户的电价能够体现电力生产和输送成本的差异。由于电力产品和服务具有消费的共同性，这种共同性在不同用户之间，其所体现的消费量、消费方式各不相同，从而在总容量成本的形成中所发挥的作用不同。"调节需求"即需

求管理，是指价格不仅要与生产成本相近，还要调节需求水平和需求结构，使之服务于国家的能源战略和生态环境保护目标。由于我国人均资源较少，处于大量消耗自然资源的发展阶段，电力产品和服务作为对环境容量和自然资源具有较大影响的消费，必须运用价格的调节作用，促进资源节约、生态环境保护。"兼顾社会福利"是指电力产业具有公共性，需要履行普遍服务的义务，价格制定需要适当照顾社会弱势群体和边远落后地区。

241

电价管制应具有明确的目标。其一，限制被管制企业获取过多的租金，尽可能地提高生产效率、资源配置效率和资源利用效率。企业获取的租金源自于其所拥有的私有信息，管制机构与被管制企业之间的信息不对称使得管制机构难以无成本地对这种租金进行分配。管制机构需要付出激励成本，打破这种信息不对称的格局，限制企业获取过多的租金。其二，为消费者提供充裕、稳定的电力产品和服务。不仅包括产品的多样性，还包括合理的电价水平和电价结构，以及优质的服务。其三，在消费者、地区之间进行再分配。电价管制具有再分配的功能，通过电价管制，强制企业履行普遍服务的义务，提高公共利益和社会福利。

二、选择合理的电价定价模式

电价管制采取哪种模式取决于市场供需状况、市场结构、管制工具的效果与效率等多种因素。我国的电价形成机制以投资回报率为基础，根据市场的状况，应深化电价体制改革，对上网价格、过网费用、供电价格之间的关系予以理顺，引导电价水平、电价结构趋于合理。在选择定价模式时，应从多个方面进行考虑。从发展阶段来看，在扩张阶段，基础设施需要超前发展，往往出现供不应求，首要的任务在于满足消费者需求，此时宜于采用投资回报率管制模式，从而吸引投资，扩大供给能力。从供需平衡情况来看，当市场供大于求时，需要通过扩大需求、提高基础设施利用效率，对成本予以降低，此时宜于采用价格上限管制模式，从而有利于企业降低成本，提高效率。从经济规模来看，对具有规模经济效益的产业，通常固定资产投资较大，而可变成本较小。在这种情况下，生产规模越大，分摊到单位产品和服务的固定成本越少，平均成本越接近于边际成本，宜于采用边际成本定价模式，从而鼓励用户增加消费，扩大需求，提高基础设施的利用效率，降低平均成本。从需求分布来看，基础设施的利用效率随着季节、时段、用户的需求弹性而发生变化，应根据需求流量的变化采用差别定价模式，从而调节需求，引导需求分布实现均衡。在高峰期实行较高的电价，低谷期

第二辑

政府管制与公共经济研究丛书（第二辑）

实行较低的电价；需求弹性较大的用户实行较低的电价，需求弹性较小的用户实行较高的电价。从服务对象来看，电力产品和服务属于基本生活必需品，需要满足全体消费者的生活消费需求，可以采用两部制价格模式，保证较低收入群体的基本用电需求。在条件具备的情况下，对这些群体的固定用电量予以补贴甚至免费。电价管制的实质在于通过价格形成机制，对不同利益集团和非利益群体的利益予以协调，从而增进公共利益和社会福利。

三、建立经济理论指导下的电价形成机制

电价形成机制包括多个方面的内容。其一，统一、透明的定价原则。电价可以实现企业目标与社会目标的平衡。企业目标包括通过电价取得的收入能够满足合理的生产经营需要，投资者通过电价能够获得合理的收益。社会目标包括保持电价总水平的基本稳定，保持电价与宏观经济目标一致；防止企业通过电价侵占消费者利益；防止企业通过电价获得垄断利润；激励企业降低成本，提高效率。实行电价管制的原则包括确保绝大多数的企业能够维持生产经营，公平保护用户利益，对生态环境形成保护，反映不同供电类别的成本差异，推动公平竞争。其二，合理的电价水平。这种合理的电价水平接近于"必要成本 + 利润"。电价的基本职能在于配置电力资源，合理的电价能够引导资源配置实现帕累托改进。其三，完善的价格调控与风险防范机制。电价采取政府定价的形式，由价格主管部门实行管制，其原则在于统一领导、分级管理。"统一领导"是指统一政策，统一定价；"分级管理"是指中央和省级价格主管部门按照权限分工，分别对不同类型的电力实行价格管制。在市场初期，宜于采用改良的投资回报率管制模式。市场达到相对成熟之后，宜于采用价格上限管制模式。其四，合适的管制手段、工具和方法。发电、输电、配电和供电各个环节的管制手段、工具和方法不尽相同。对于发电市场投标竞价的管制，国家电网公司作为系统运营商，负责调度发电企业，满足负荷需求，保证电力系统供需平衡。管制机构要求发电企业必须把发电量全部通过市场交易中心销售，使得供电企业能够从市场购电满足用户需求。国家电网公司对系统负荷需求作出预测，指导发电企业报价，从而提出电力销售价格。管制机构监督电网公司按照由低到高的次序对报价予以排序，从而使得被接受的最高报价成为交易价格，即系统边际报价。对于可能的串通投标、操纵价格等不正当竞争行为，依据《反不正当竞争法》、《反垄断法》和《招标投标法》以及其他规定，进行调查与处罚；情节严重的，予以吊销经营许可证。对

输电价格的管制，输电费用包括过网费用和输电系统的使用费用，反映电力系统的安装、运行、维护等长期投资费用。对于配电价格的管制，配电环节作为供电企业的利润来源，由于属于区域垄断经营，应实行严格的价格管制。配电企业的成本必须透明，每个配电企业对其自营业务和其他企业使用配电系统收取相同的费用，管制机构对其实行价格管制。

243

四、在电价形成机制中逐步引入市场机制

电力市场的发展尚未达到经济发达国家的水平，尚不具备全部实行竞价上网的条件，对电价管制应逐步予以放松，有序引入竞争机制。发电价格可以分为基本电价和电度电价两个部分，其中基本电价由管制机构确定，反映发电的容量成本；通过电价对这种容量成本予以补偿，从而对投资行为产生激励。电度电价由市场进行调节，以发电企业的运营成本为基础予以确定；按照发电企业的报价，从低到高分别调度上网电量。效率较高的发电企业由于运行费用较低，即使在低谷时段也能以较低的价格竞价上网，获得较多的利润；而效率较低的企业由于运行费用较高，只能在高峰或者平段上网，获得的利润较少，从而通过竞争机制引导企业降低成本，提高效率，缓解供需矛盾。当技术水平、市场发育达到一定程度时，供电、配电环节可以引入竞争机制，销售电价的确定以边际成本为依据，以供电电压、供电时间和最大需求量为影响因子，兼顾社会福利目标，按照负荷对固定成本进行分摊，用户公平负担系统的总容量费用，其中对居民用电实行基荷电价。从技术的角度来看，居民用电属于低压受电，处于输电网、配电网的末端，经过的配电、变电环节最多，路径最长，而且用电规模分散，负荷变化较大，负荷率较低。如果按照分摊的原则确定电价，则其所负担的容量成本、电度成本和附加成本均高于其他高压用户，电价必然高于其他用户。从其他国家来看，分类电价中通常居民电价相当于或者高于工业、商业电价。其中工业电价一般为居民电价的一半左右。1996 年，美国各州电价平均为 5.90～10.43 美分/千瓦时，其中居民电价平均为 9.3 美分/千瓦时，工业电价平均为 4 美分/千瓦时[①]。2000 年《中国电力年鉴》数据表明，同为 1～10 千伏电压等级，居民电价为 0.383 元/千瓦时，普通工业用电为 0.530 元/千瓦时。

第二辑

政府管制与公共经济研究丛书（第二辑）

---

① Sally Hunt, Graham Shuttleworth, 1996. *Unlocking the Grid*, IEEE Spectrum, 33 (7), pp. 20–25.

随着生活水平的提高，居民用电上升较快①。如果继续实行这种福利性的居民电价，不利于可持续发展。世界银行提出"基荷电价"的办法，居民电价在基本生活必需的量度之内实行低于成本价格或者平均价格的较低电价，超出这种必需量度的部分实行高于平均价格的较高电价，从而保证企业的收益，增进公共利益和社会福利。

244

第三节

管制法规建设的目标与对策

管制体制改革需要构建完善的法律框架作为制度基础，通过法律、法规、规章和政策对市场主体之间的法律关系予以规范，保障其平等、公正地参与市场竞争的基本权利，维护不同利益集团和非利益群体的利益，为生产效率、资源配置效率和利用效率的提高以及公共利益和社会福利的增加提供法律保障。

一、管制法规建设的目标是建立完善的管制规则法律框架

政府管制的法律框架包括四个层次的内容。其一，修订之后的《电力法》。这部法律在管制法律体系中的地位相当于宪法在法律体系中的地位，对政府管制的指导思想、基本原则、目标要求等基本要素作出规定，发挥原则性、指导性、基础性的作用。其二，由国务院审议通过、专业化管制机构执行的《电力监管条例》作为主体法规。其三，《电力设施保护条例》、《电网调度管理条例》、《电力供应与使用条例》以及《供电营业规则》、《电力市场运营基本规则》、《电力市场监管办法》等分门别类的配套法规、规章和政策。其四，《公司法》、《合同法》、《反不正当竞争法》、《反垄断法》、《环境保护法》、《节约能源法》、《清洁生产促进法》、《可再生能源法》等对电力企业、行业和产业的行为予以规范的法律。

二、坚持电力产业管制立法的原则

对立法的理念，需要区分"以法治国"（Rule by Law）与"法治"（Rule of

第二辑

政府管制与公共经济研究丛书（第二辑）

---

① 徐金发、朱晓燕：《中国电力管制价格形成机制研究》，载《中国软科学》，2002 年第 6 期，第 45～48 页。

Law）。"以法治国"又可以称为"法制"，是指政府以法律为工具实行管制，政府自身凌驾于法律之上，不受法律的约束，其本质在于无限政府。而对于"法治"，则表明政府的行为在法律的约束下，接受法律的约束，其本质在于有限政府。管制体制改革需要在"法治"精神的指导下进行，以"法治"作为管制法规建设的目标。在管制规则的制定、执行过程中，对于实行政府管制所依据的法律、法规、规章和政策的立法，需要坚持多项原则。其一，坚持现实性和前瞻性相结合的原则。其二，坚持法律、法规、规章和政策相互协调、防止冲突的原则。其三，坚持不同利益集团和非利益群体的利益统筹兼顾的原则。其四，坚持促进发展的原则。其五，坚持民主和开放的原则。

三、建立完善的管制法规体系

完善的法律体系是政府管制得以执行并实现预期的效果与效率的制度基础。从既有的法律来看，《电力法》不再适应电力产业发展的要求，《价格法》难以适应电价体制改革的要求，《能源法》的缺位造成可持续发展的能源战略缺乏制度保障，等等。管制体制改革需要以必要的法律作为保障。

（一）法律授予管制机构以执法权和裁决权

国家电力监管委员会等专业化管制机构没有执法权和裁决权，对于违反管制规则的行为只能检查，不能作出处理，影响管制规则的执行，最终影响管制的效果与效率。在具体实践中，可以依照法律、法规的基本规定，在法定权限之内，委托国家电力监管委员会等实际履行企业管理职能的管制机构作出行政处罚，从而授予这些管制机构以执法权。管制机构对于管制规则作出裁决需要具备法律依据，这里的"裁决"并非仲裁。《仲裁法》规定，仲裁机构是独立于行政机关之外的组织，一裁终局，不能再向法院提起诉讼，这种仲裁权必须经过法律授权，才能对冲突双方产生法律约束效力。而管制机构通常采用的行政调解，对于冲突双方没有法律约束效力，也并非冲突裁决的必要程序。如果一方不服从行政裁决，可以通过行政附带民事的形式提出诉讼。借鉴其他国家实行裁决的经验，可以考虑通过立法的形式授予管制机构对市场主体之间的经济冲突以裁决权，作为解决纠纷的必要程序，从而提高管制机构的强制性与权威性，有利于提高管制的效果与效率。

第二辑　政府管制与公共经济研究丛书（第二辑）

（二）修订《电力法》

《电力法》的修订目的在于把打破垄断、引入竞争的管制体制改革以法律的形式予以明确；为管制提供法律依据；确定政府管制的公共利益目标；提高企业的经济效率，增强产业竞争力；保障市场的协调运转；吸引社会资金，实现可持续发展。修订后的《电力法》其主要内容包括对发电市场的管制规则、交易机制和交易规则作出规定；对输电环节、配电环节的管制规则作出规定；对供电环节的管制规则作出规定；对电网的自由接入提出要求；对电网之间的互联互通提出要求；对管制机构的设立、人员构成、地位、权限、职能设置和法律责任作出规定；对投资体制和投资决策审查制度作出规定；对进入管制的规则作出规定；对电价形成机制作出规定；对普遍服务和交叉补贴提出要求；对电力产品和服务的安全性提出要求；对外部性提出要求；对农村、农业、农民用电提出要求，等等。其具体内容包括多个方面。其一，确定国家电力监管委员会等专业化管制机构的职能设置、组织结构和权利义务，确定政府管制的范围和内容，确定政府、国家电力监管委员会、电力行业协会、电力企业联合会、企业等各类主体之间的法律地位和关系，确定"政府宏观调控、管制机构依法管制、行业协会自律服务、企业自主经营"的管制体制。其二，建立电价形成机制。现行的《电力法》对发电、供电环节的电价作出规定，而对输电、配电环节的电价缺少规定。电价应根据发电、输电、配电和供电各个环节的性质分别予以确定，形成发电价格、输电价格、配电价格和供电价格，从而建立电价形成机制。对《电力法》中上网电价和销售电价均由政府审批核准的电价管制模式作出改革，发电环节实行竞价上网，输电电价和配电电价由政府根据补偿成本、合理收益、计入税金和公平负担的原则分别制定，供电电价在上网电价、输电电价和配电电价的基础上形成。其三，加强社会管制。修订后的《电力法》与《可再生能源法》等法律法规在能源战略保持协调一致；确定社会管制的地位和作用；建立激励与约束机制，引导燃煤电厂较少污染物的排放；推行清洁生产和生态环境保护；对履行生态环境保护的行政管理部门、涉及电力企业、行业和产业的行政管理部门、专业化管制机构、电力行业协会、电力企业联合会、企业等不同主体的责任义务及其相互关系作出界定。

（三）制定《电价管制条例》

对价格主管部门与专业化管制机构在价格管制职能的设置作出调整，授权管制机构制定电价。《电价管制条例》应建立于《价格法》和修订后的《电力法》基础上，形成与作为一般法的《价格法》、专业法的《电力法》、法规的《电价管制条例》相互补充的电价管制法律体系。《电价管制条例》对管制机构的电价审批权限予以确定，授权管制机构集中行使电价审批权，对电价调整的依据及其周期作出规定，基于维护公共利益和社会福利的目的，解决价外加价、电价调整滞后的问题。

第四节

管制机构建设的目标与对策

管制机构建设的目标在于建立独立、公正的管制机构。适应社会主义市场经济体制的要求，管制机构需要适时转变政府管制的工作重点，构建完善的管制内容体系，改进管制的手段、工具和方法。同时，对管制机构实行管制。

一、培育独立的、公正的管制机构

管制机构的独立性和公正性既包括管制机构的非利益性，也包括制定、执行管制规则的公正性。独立性可以避免政出多门或者政企同盟，保证公正性的实现；公正性要求管制程序公开、管制信息公开，管制行为不能涉足市场机制能够充分发挥作用的领域，行政裁决程序实行司法化，管制规则的执行者公正执法。培育独立、公正的管制机构是管制体制改革的组织结构要求。

（一）建立完善的管制机构组织体系

管制机构的组织体系需要适应市场的竞争程度和市场结构的要求。国家电力监管委员会等专业化管制机构的设立基于培育电力市场、维护市场秩序的考虑。对于这些管制机构，要求尊重企业的市场主体地位，尊重市场经济规律，逐步从保护性管制过渡到激励性管制，实现市场供需平衡。从实际情况来看，市场的发展尚不完善，规范的交易机构等市场载体尚未设立，电价形成机制尚未形成。管制机构的组织体系需要与这些情况相互适应。这种组织体系包括三个层次。其一，行政管制，由国家电力监管委员会等专业化管制机构履行职能。其二，市场管制，由市场交易中心等中介组织履行职能。其三，行业自律管制，由行业协会等社会团体履行职能。从发展的趋势来看，政府管制将从分散管制向集中管制过渡，从市场管制向行业管制过渡，经济管制逐步放松，社会管制逐步加强。

（二）发挥电力市场交易中心的作用

市场交易中心的地位和作用比较特殊，属于位居管制机构和被管制企业之间的中介组织，既是政府管制的对象，对管制行为予以服从，又是管制机构的助手，替代管制机构履行部分的管制职能。市场交易中心作为电力市场的交易枢纽和交易平台，不仅需要提供高效运作的交易场所，还需要维护交易秩序，保证市场交易的公平透明。作为市场的组织者，由于直接面对被管制企业，具有信息收集、获取、传播、存储和使用的自然优势，可以相对降低管制机构与被管制企业之间的信息不对称，保证管制机构对市场结构变化、需求变化作出及时的反应，保障管制的效果与效率。交易行为处于市场交易规则的约束下，较之国家电力监管委员会等专业化管制机构，市场交易中心能够及时了解市场变化、供需矛盾及其原因，从而作出更及时、更准确的反应，保障其实际履行部分管制职能的效果与效率。从决策机制来看，由于组织性质的不同，市场交易中心无须经历复杂的程序，能够适应市场的变化而及时对管制规则作出调整，从而保持管制规则与市场结构的对称。

（三）界定管制机构的职能设置

《电力法》规定的电力行政管理的职能包括电力规划制定，产业政策制定，市场准入管理，电价监管环境管理，安全管理，税收，电力计量，电力用地、用水管理和电力设施管理等。由此可见，实行行政管理的部门为改革和发展委员会，以及财政、工商行政管理、质量技术监督、税务、环境保护、安全生产监督等部门。这些部门的职能设置包括：发展和改革委员会负责制定产业发展战略和规划、制定产业政策，负责新建项目的审批、电价政策及审批；财政部门负责管理企业财务制度；工商行政管理部门负责审批企业的设立、变更、解散及核定经营范围；质量技术监督部门负责电力计量管制；环境保护部门负责环境管制；安全生产监督管理部门负责安全管制；税务部门负责税务管制。在诸多的管制权力中，首要的在于执法权。电价管制虽然位居政府管制的核心，但由于价格管制的宏观性和综合性，价格主管部门必须进行宏观管理。《价格法》规定，国务院价格主管部门统一负责全国的价格工作，其他有关部门在各自的职责范围之内，负责有关的价格工作。在既有的制度安排中，国家电力监管委员会等专业化管制机构仅仅对电价调整具有建议权，难以发挥电价管制预期的作用。

二、转变政府管制的工作重点

电力市场初步开放、引入竞争机制后，电力市场结构发生变化，政府管制的工作重点相应地需要作出调整，从以价格管制、进入管制为主转向以网际协调、普遍服务为主，从经济管制为主转向经济管制与社会管制并重。在电力市场化改革中，管制机构需要适应管制体制的变革，对管制的重点作出调整，涉及电网接入、互联互通的四类策略性行为成为管制的重点。其一，省（市、自治区）电力公司下属的实行发电、输电、配电和供电垂直一体化的企业，凭借单向接入，对其竞争性环节和业务进行交叉补贴。其二，发电、输电、配电和供电各个环节实行垂直分割后，上游企业凭借单向接入对下游企业设租、创租。实行"厂网分开"后，国家电网公司和南方电网公司的区域垄断决定"竞价上网"能否实现。其三，拥有优势的电网凭借双向互联互通遏制其他电网的行为。国家电网公司的网络优势可能导致其对南方电网公司采取策略性行为，致使南方电网覆盖区域之内发电企业的低价电力对外输送存在制约，西电不能东送，北电不能南调。两大电网公司内部各省网之间的区域割据必须打破，确保西部水电、北部火电、东部核电的跨省输送。其四，企业凭借双向互联互通存在潜在的合谋行为。随着电网的逐步开放，企业之间的合谋行为难以避免。

（一）严格管制过网费用

引入竞争机制后，电网企业拥有电网。新的企业只能进入竞争性的发电环节，以及在严格管制下有限进入可竞争性的供电环节。无论发电环节还是供电环节，必须经由电网才能提供电力产品和服务，因此，过网费用的确定非常重要。确定过网费用的目的在于保护公平竞争，既要防止电网企业损害上网企业的利益，又要适度地保证电网企业的利益，对其边际成本、固定成本及合理的利润等网络投资予以补偿，实现电网的可持续发展和其他企业的公平竞争。

（二）严格管制互联互通

网络接入包括单向接入和双向接入，接入定价主要针对单向接入，双向接入即互联互通。互联互通的意义在于随着引入竞争机制，特别是将来配电网之间数网竞争的实现，必须保证不同网络之间的互联互通。只有竞争对手之间实现互联互通，才能实现电网企业之间的有效竞争。占据垄断地位或者市场主导地位的既有电网企业易于通过操纵技术标准、提供互联互通的质量和时间，特别是通过制定不合理的接入价格对其他电网企业的市场进入予以阻止或者拖延，从而限制、排斥竞争对手。作为独立的网络，新的电网企业同样可能对既有电网企业的互联互通要求予以拒绝或者拖延。管制机构对占据市场主导地位的电网企业提出不得拒绝其他电网企业互联互通的要求，不能任意提高网间接续费用。

（三）严格管制普遍服务和交叉补贴

1907 年，美国 AT&T 总裁西尔多·维勒（Theodore Newton Vail）首次提出"一种政策、一种体制，普遍服务①"。普遍服务（Universal Service）是指提供基本服务，并且满足质量保证、所有的用户可以承受、价格可以承受等条件。提供普遍服务的原因在于网络外部性的存在；实现收入再分配；促进地区的平衡发展。普遍服务往往意味着巨额的资本投入，同时网络外部性带来的消费边际效用递增，使得尽可能多的用户共同消费所带来的社会收益远远高于经营者的私人收益，即产生溢出效应。引入竞争机制之前，实现普遍服务主要依靠企业内部的交叉补贴机制。引入竞争机制之后，这种交叉补贴机制与公平竞争之间存在矛盾，市场竞争导致能够产生较高利润的业务其利润空间受到挤压，企业无力利用较高利润的业务对亏损的业务甚至较低利润的业务作出补偿，从而使得普遍服务的目标难以实现。新的企业基于利润最大化的目标，往往不愿经营亏损的业务甚至较低利润的业务，而对可以带来较高利润的业务采取"取脂"策略，此时如果仍由原有的企业承担普遍服务的义务，实际形成不公平竞争。为了解决普遍服务与公平竞争之间的矛盾，需要管制机构对普遍服务重新作出制度安排。通过财政转移支付或者国际通行的建立普遍服务基金、拍卖普遍服务的政策，对企业利润予以抽成或者征税，从而建立普遍服务基金，实行公开招标或者指定专门的企业承担普遍服务的义务，并通过基金向这些企业提供补贴，既保证普遍服务目标的实现，又有利于开展有效竞争。

（四）严格管制环境保护和资源节约

1989 年，第七届全国人民代表大会常务委员会第十一次会议通过《环境保护法》，其目的在于保护和改善生活环境与生态环境，防治污染和其他公害，保

---

① 张昕竹：《普遍服务：以电信为例》，中国社会科学院网站，http://www.CASS.cn/。

障人民健康，促进社会主义现代化建设。在适度放松经济管制的同时，必须加强社会管制，特别是通过严格的管制，对煤炭、石油、天然气等稀缺一次资源形成保护，防止破坏性开采和浪费性使用。通过公开拍卖的形式，把稀缺性资源的外部性予以内部化，从而既达到降低成本、提高效率的微观目的，又可以实现节约资源、保护环境的宏观目标。

251

三、构建完善的管制内容体系

管制内容体系包括四个方面。其一，对输电、配电这些自然垄断性环节实行激励性管制。其二，对竞争性的发电环节、可竞争性的供电环节从垄断经营向市场竞争过渡时，实行以有效竞争为目标的不对称管制。其三，发电、供电环节实现有效竞争后，实行反垄断管制。其四，在推进经济管制的同时，加强社会管制。这些内容构成统一的整体，共同组成管制内容体系，为政府管制提供管制的对象。

（一）对自然垄断性环节实行激励性管制

对输电、配电这些自然垄断性环节，实行进入管制、退出管制、价格管制、质量管制等，从而提高资源配置效率和利用效率。在信息不对称的管制环境中，政府管制者总是面临如何打破被管制者对信息垄断的问题，以取得尽可能多的管制信息，提高管制效率①。为了克制信息不对称所带来的管制失灵，可以考虑对输电、配电环节实行激励性管制。无论投资回报率管制还是价格上限管制，难以直接套用。需要对既有的价格管制模式予以改进，实现价格上限管制模式与投资回报率管制模式的融合，实现优势互补。其中，配电环节的自然垄断性弱于输电环节，其他国家已经对配电环节的市场化改革作出实践，因此，应有所区别地对输电、配电环节实行激励性管制。

（二）对过渡时期的竞争性环节、可竞争性环节实行不对称管制

发电环节放松管制后，新的企业进入市场。在初始阶段，原有的企业仍将占据支配地位，新的企业只能占据较少的市场份额。由于尚未实现完全竞争，发电市场具有部分垄断的特征。原有的企业较之新的企业拥有成本优势、信息优势和

第二辑

政府管制与公共经济研究丛书（第二辑）

---

① ［美］丹尼尔·F·史普博著，余晖等译：《管制与市场》（中文版），上海三联书店、上海人民出版社1999年版，第97页。

策略优势，可以凭借这些优势采取策略性行为，采用价格手段或者非价格手段，对新的企业予以限制、排斥，此时需要实行具有过渡性质的不对称管制。不对称管制的实质在于对打破垄断到形成竞争的过渡时期，基于尽快改变不对称竞争的局面，管制机构对原有的企业和新的企业实行差别管制，即对原有的企业实行比新的企业更为严格的管制，对新的企业实行比原有的企业更为宽松、简化的管制，从而使得新的企业在管制规则的扶持下加快发展。对新的企业，可以实行倾斜性的过网费用，在发展初期免除这些企业提供普遍服务的义务，允许适度采用"取脂"战略。从公平竞争的角度来看，不对称管制对原有的企业并不公平，但从市场的长远发展来看，这种暂时的不公平竞争最终带来公平竞争，呈现出鲜明的过渡性特点。由于不对称管制仅仅作为特殊时期的过渡性制度安排，如果长期实行，将对价格信息形成扭曲，造成资源配置效率降低。当原有企业的市场势力下降与新的企业市场份额上升两者形成均衡时，市场有效竞争的局面得以形成，管制机构应逐步恢复中性管制，发挥有效竞争市场的调节功能。

（三）对有效竞争的市场实行反垄断管制

如果市场发展到成熟阶段，需要针对市场的操纵价格、限制产量的企业合谋行为，以及对竞争形成制约作用的兼并、掠夺性定价等垄断行为，实行反垄断管制。随着市场从发展阶段到达成熟阶段，管制模式需要相应地由不对称管制转向反垄断管制。由于这种建立于成熟的市场基础上的竞争垄断尚不明显，因而反垄断管制的目标任务尚未建立。随着逐步放松管制，引入竞争机制，原有的企业与新的企业在竞争中，其市场势力出现变化，形成垄断势力，这种竞争垄断上升成为有效竞争的障碍，反垄断管制成为其时的政府管制模式。

（四）全面加强社会管制

20 世纪 70 年代以来，经济发达国家兴起以放松管制为主的管制革命，对电力等自然垄断产业逐步放松经济管制。这场运动的另一个特点在于经济管制的放松与社会管制的加强同步进行，社会管制的加强随着经济管制的放松而出现。这种生态环境保护、消费者安全保护、产品质量、工作场所安全、劳动保护等社会管制的加强，使得传统的政府管制模式得以改观，政府的作用扩大到更大范围的私人部门，并切入到市场范畴的所有领域。管制的历史作为不断变换政府行为的重点和焦点的动态过程，随着政策目标的变化，管制制度及应受到管制的市场也会发生变化。这种历史揭示，结构性的经济变化经常伴随政府干预市场的

第二辑

政府管制与公共经济研究丛书（第二辑）

新形式①。适应保护生态环境的需要，在适度放松经济管制的同时，逐步加强以保障劳动者和消费者的安全健康以及防止灾害、保护环境为目标的社会管制。对操作手段，可以考虑通过污染税公开拍卖、招投标等形式，把稀缺资源可能造成生态环境污染的外部性予以内部化，从而实现提高资源利用效率、节约资源和保护生态环境的双重目标。

四、改进政府管制的手段和方法

在管制体制改革的过程中，产业结构从垂直垄断向市场化改革变迁，政府管制从经济管制为主向放松经济管制、加强社会管制转变。适应这些变化，政府管制的手段、工具和方法需要相应地作出改进，实行以经济手段为主的微观管制模式，保障政府管制预期的效果与效率。

（一）行政性管制与非行政性管制相结合

从管制主体的性质来看，行政性管制的权威性与强制性强于非行政性管制，可以比非行政性管制履行更加重要的管制职能。从管制的效果与效率来看，由于履行行政性管制职能的主体通常为政府部门或者政府授权的专业化管制机构，对于企业的微观行为，行政性管制难以摆脱过度干预企业行为的嫌疑，因而非行政性管制得以补充行政性管制的缺位，从而形成以行政性管制为主、非行政性管制为辅，行政性管制与非行政性管制相互补充的管制体制。理顺两者之间的关系，需要解决非行政性管制与政府部门脱钩或者改制的问题，增强非行政性管制的独立性、公正性。通过合理划分行政性管制与非行政性管制两者的职能设置，实现部分的政府管制职能向非行政性管制转移，培育非行政性管制主体，发挥这种管制应有的作用。

（二）他律方式管制与自律方式管制相结合

政府管制需要建立管制机构的他律方式管制与市场交易中心的实地管制，以及电力行业协会、电力企业联合会等中介组织的自律方式管制三者相互结合的管制体制。中国电力企业联合会作为全国性的电力行业协会，承担行业自律的职能。这种自律方式管制通过对专业、技术、信息等要素实行管制，可以较好地解

第二辑

政府管制与公共经济研究丛书（第二辑）

---

① ［美］丹尼尔·F·史普博著，余晖等译：《管制与市场》（中文版），上海三联书店、上海人民出版社1999年版，第15～16页。

决他律方式管制的信息不对称问题，发挥行业自律组织源于市场、贴近市场的优势，既可以降低管制成本，又可以使得管制行为延伸到法律、法规、规章和政策等管制规则无法涉及的道德领域，填补成文法规难以调节领域的管制空白。政府管制的对象即为行业自律组织的成员，因而这种行业自律方式管制的效果与效率直接影响政府管制的效果与效率。如果没有良好的行业自律方式管制作为基础，政府管制难以取得预期的效果与效率。

（三）从政府管制转向行业协会自律方式管制

电力行业协会、电力企业联合会等中介组织的根本宗旨在于服务，其职能设置包括根据法律法规和国家政策，制定自律方式管制规则，建立行业自律制度；加强行业诚信建设，规范会员交易行为，维护市场秩序；建立与国家电力监管委员会等专业化管制机构的沟通联系机制；配合管制机构对行业发展重大问题进行专题研究；扩大行业的社会影响；设立发电委员会、输电委员会、配电委员会和供电委员会，反映行业及内部市场主体的利益要求；调解会员之间的利益冲突；对法规和市场规则提出修改意见。截至 2001 年，已有 27 个省（市、自治区）成立电力行业协会。随着市场经济体制的建立，特别是随着电力体制改革的推进，政府管制将走向行业管制。

五、对管制者实行管制

管制行为天然地具有内在的扩张性，可以自动地实现自我强化，特别是由于"官本位"的传统根深蒂固，更应防止陷入"管制崇拜"的陷阱。管制者与被管制者之间的联系千丝万缕，管制者也是"经济人"，通过政治利益最大化等途径追求自身利益最大化，存在设租、创租的可能性。如果不同利益集团和非利益群体进行寻租行为，则管制行为难免偏离政府管制预设的目标。管制行为必须始终定位准确，防范过度管制、过多管制，在管制规则的制定、执行过程中，需要对管制者的行为进行管制。

（一）限制管制者的剩余立法权和自由裁量权

在管制规则的制定、执行过程中，由于被管制者的不确定性等因素的影响，任何管制规则的立法者都不能预见被管制者的全部行为，也不能预见管制行为可能产生的所有后果，从而客观为管制者提供剩余立法权和自由裁量权。在管制者行使管制权力的过程中，由于个人偏好、部门利益、个人利益的驱动，管制者主观具备滥用剩余立法权和自由裁量权的可能性。为了保证管制者依法履行管制职能，在不影响管制权力合理行使的前提下，尽量限制剩余立法权和自由裁量权。管制行为必须遵循严格的程序。这种公开、透明的管制程序可以约束主观性、随意性的管制行为。随着《行政诉讼法》、《行政复议法》、《行政处罚法》、《行政许可法》等专业法的应用，制定一般法《行政程序法》的条件已经成熟，应尽快列入立法日程，为管制行为提供一般化的程序依据。建立规范的行政程序是实现依法管制的必由之路。

（二）充分发挥法治的作用

市场经济是法治经济，法治通过两个作用为市场经济提供制度保障。一方面，约束政府，特别是约束政府随意干预经济活动的行为；另一方面，约束经济人的行为，包括产权界定、产权保护、合同执行、法律执行、公平裁判、维护竞争等。管制者的行为和管制程序必须建立于法律法规的基础上。法治可以制约政府行为，限制政府官员设租、创租；法治精神要求对政府审批权限作出调整。按照《行政许可法》的规定，没有法律法规依据的审批事项一律取消；取消不具有立法资格的各类组织的立法权限；防止政府部门、地方政府利用法律法规维护部门利益、地方利益。通过法治的作用，引导政府利用法定的管制权力协调不同市场主体的行为，维护公共利益，改善社会福利。

（三）建立社会监督机制

在管制规则的制定、执行过程中，吸收不同的利益集团和非利益群体参与。通过问卷调查、召开座谈会等多种形式征求利益集团和非利益群体的意见；规范听证制度，通过听证会的形式，收集市场需求、成本、技术等信息，从而在管制规则的制定、执行过程中反映利益集团和非利益群体的意志，减少由于信息不对称所带来的决策不确定性。通过充分发挥社会监督的约束力量，减少监督成本，降低企业虚报成本的激励，提高政府管制的效果与效率。管制体制虽然建立相对完善的制度框架，但由于缺乏配套的激励约束和监督机制，致使规范的制度安排难以发挥应有的作用。

（四）建立申诉和冲突解决机制

在管制规则的制定、执行过程中，被管制企业如果认为管制行为违反法律、法规、规章和政策，造成企业利益损失，可以对管制行为提出质疑甚至提起诉讼。管制机构在行使管制权力的过程中所发生的任何违法行为都必须接受审查。对于管制机构和被管制企业之间的冲突，可以采取司法或者仲裁的办法予以解决。由于仲裁式的冲突解决机制尚未建立，司法式的机制其效果与效率并不令人满意，需要适应社会主义法治建设的进程，加快建立司法式和仲裁式冲突解决机制，为电力产业发展和经济社会可持续发展提供保障。

参 考 文 献

1. ［美］乔治·J·施蒂格勒著，潘振民译：《产业组织和政府管制》（中文版），上海三联书店 1989 年版。

2. ［日］植草益著，朱绍文等译：《微观规制经济学》（中文版），中国发展出版社 1992 年版。

3. ［美］丹尼尔·F·史普博著，余晖等译：《管制与市场》（中文版），上海三联书店、上海人民出版社 1999 年版。

4. ［美］约瑟夫·E·斯蒂格利茨著，郑秉文等译：《政府为什么干预经济》（中文版），中国物资出版社 1998 年版。

5. ［美］约瑟夫·E·斯蒂格利茨著，周立群等译：《社会主义向何处去》（中文版），吉林人民出版社 1998 年版。

6. ［美］保罗·A·萨缪尔森、威廉·D·诺德豪斯著，高鸿业等译：《经济学》（中文版），中国发展出版社 1992 年版。

7. ［美］哈尔·瓦里安著，周洪、李勇等译：《微观经济学》（中文版），经济科学出版社 1997 年版。

8. ［英］亚当·斯密著，郭大力、王亚南译：《国民财富的性质和原因的研究》（中文版），商务印书馆，（上卷）1972 年版；（下卷）1974 年版。

9. ［荷］伯纳德·曼德维尔著，肖聿译：《蜜蜂的寓言》（中文版），中国社会科学出版社 2002 年版。

10. ［英］洛克著，瞿菊农、叶启芳译：《政府论》（上篇）（中文版），商务印书馆 1982 年版。

11. ［英］边沁著，沈叔平译：《政府片论》（中文版），商务印书馆 1995 年版。

12. ［法］卢梭著，何兆武译：《社会契约论》（中文版），商务印书馆 1980 年版。

13. ［英］霍布豪斯著，朱曾汶译：《自由主义》（中文版），商务印书馆

1996 年版。

14. ［德］柯武刚、史漫飞著，韩朝华译：《制度经济学》（中文版），商务印书馆 2000 年版。

15. ［美］蒂米奇·威塔斯著，曹国琪译：《金融规管》（中文版），上海财经大学出版社 2000 年版。

16. 王俊豪：《政府管制经济学导论》，商务印书馆 2001 年版。

17. 王俊豪：《英国政府管制体制改革研究》，上海三联书店 1998 年版。

18. 王俊豪：《中国政府管制体制改革研究》，经济科学出版社 1999 年版。

19. 王俊豪：《自然垄断产业的政府管制理论》，浙江大学出版社 2000 年版。

20. 曾国安：《政府经济学》，湖北人民出版社 2002 年版。

21. 余晖：《政府与企业从宏观管理到微观管制》，福建人民出版社 1997 年版。

22. 于立：《产业经济学理论和实践问题研究》，经济管理出版社 2000 年版。

23. 肖兴志：《自然垄断产业规制改革模式研究》，东北财经大学出版社 2003 年版。

24. 傅殷才、颜鹏飞：《自由主义还是国家干预》，经济科学出版社 1995 年版。

25. 傅殷才：《制度经济学派》，武汉出版社 1996 年版。

26. 文建东：《公共选择学派》，武汉出版社 1996 年版。

27. 张昕竹：《中国规制与竞争理论和政策》，社会科学文献出版社 2000 年版。

28. 张昕竹：《网络产业规制与竞争理论》，社会科学文献出版社 2000 年版。

29. 夏大慰：《产业组织竞争与规制》，上海财经大学出版社 2002 年版。

30. 夏大慰、史东辉：《政府规制理论经验与中国的改革》，经济科学出版社 2003 年版。

31. 贺卫：《寻租经济学》，中国发展出版社 1999 年版。

32. 陈秀山：《现代竞争理论与竞争政策》，商务印书馆 1997 年版。

33. 汤敏、茅于轼：《现代经济学前沿专题》（第二集），商务印书馆 2002 年版。

34. 陈富良：《放松规制与强化规制》，上海三联书店 2001 年版。

35. 方福前：《公共选择理论》，中国人民大学出版社 2000 年版。

36. 安福仁：《中国市场经济运行中的政府干预》，东北财经大学出版社 2001 年版。

37. 曾国安：《市场与政府关系认识上的三个误区》，载《经济纵横》，1995 年第 3 期。

38. 曾国安：《从"政府万能"论到"市场万能"论》，载《经济评论》，1995 年第 3 期。

39. 曾国安：《西方经济学中的"政府失效"观》，载《湖北社会科学》，1995 年第 3 期。

40. 曾国安、宋奇成、郁文达：《论市场缺陷的评价标准与市场缺陷》，载《经济评论》，1998 年第 5 期。

41. 曾国安、陶开宇：《论垄断的不可避免性及其经济后果》，载《江汉论坛》，1998 年第 12 期。

42. 曾国安：《关于自律与强制的经济学思考》，载《经济评论》，1999 年第 1 期。

43. 曾国安、李秋波：《形成和维持公平交易与公平竞争的经济秩序》，载《管理世界》，1999 年第 2 期。

44. 曾国安：《关于市场经济中政府调控经济的几个理论问题》，载《学术研究》，1999 年第 3 期。

45. 曾国安、李秋波：《论解决信息不对称问题中的市场与政府》，载《当代经济研究》，1999 年第 5 期。

46. 曾国安：《试论市场经济的性质》，载《经济评论》，1999 年第 6 期。

47. 曾国安：《关于界定市场经济中政府经济职能的几个问题》，载《河南社会科学》，1999 年第 6 期。

48. 曾国安、王嶷：《试论政府反垄断政策的原则与手段》，载《江汉论坛》，1999 年第 6 期。

49. 曾国安：《论信息不对称产生的原因与经济后果》，载《经济学动态》，1999 年第 11 期。

50. 曾国安：《市场与政府在经济增长方式转变中的作用》，载《长百学刊》，2000 年第 2 期。

51. 曾国安：《经济全球化背景下发展中国家政府经济职能的思考》，载《财贸经济》，2001 年第 12 期。

52. 曾国安：《政府经济管制模式比较》，载《学术研究》，2002 年第 11 期。

53. 曾国安：《论经济管制与宏观经济调控的关系》，载《经济评论》，2003 年第 1 期。

54. 曾国安、周启鹏：《政府经济职能的三种类型及其共性分析》，载《学术研究》，2003 年第 6 期。

55. 曾国安：《论市场经济中政府实行经济管制的必要性及范围》，载《中国流通经济》2003 年第 12 期。

56. 曾国安：《管制、政府管制与经济管制》，载《经济评论》，2004 年第 1 期。

57. 曾国安、周启鹏：《电力工业实现可持续发展的制度设计》，载《中国软科学》，2005 年第 8 期。

58. 周启鹏：《论市场化进程中政府的作用》，载《湖北经济学院学报》，2004 年第 1 期。

59. 王俊豪：《对英国现行政府管制体制的评论》，载《经济科学》，1998 年第 4 期。

60. 王俊豪：《中英自然垄断产业政府管制体制比较》，载《世界经济》，2001 年第 4 期。

61. 王俊豪：《中国自然垄断产业政府管制体制改革》，载《经济与管理研究》，2001 年第 6 期。

62. 王俊豪：《A－J 效应与自然垄断产业的价格管制模型》，载《中国工业经济》，2001 年第 10 期。

63. 王俊豪：《我国自然垄断经营产品管制价格形成机制改革的构想》，载《价格理论与实践》，2002 年第 9 期。

64. 周勤：《管制经济学的理论、政策及其应用》，载《东南大学学报（社会科学版）》，1998 年第 3 期。

65. 姜树元、周勤：《标尺竞争管制理论及其应用》，载《南京航空航天大学学报（社会科学版）》，2001 年第 4 期。

66. 周勤、张向阳：《美国加州电力危机的成因及其思考》，载《价格理论与实践》，2001 年第 6 期。

67. 周勤：《管制和寻租的控制理论模型与应用》，载《经济评论》，2002 年第 3 期。

68. 于良春、郭松山：《论我国电价管制制度的利弊与改革思路》，载《经济评论》，2000 年第 6 期。

69. 于良春、燕峰：《完善中国电力监管机构的问题研究》，载《山东社会科学》，2003 年第 6 期。

70. 于良春：《论自然垄断与自然垄断产业的政府规制》，载《中国工业经济》，2004 年第 2 期。

71. 于良春：《经济发达国家电力产业的规制改革》，载《当代财经》，2004

年第 3 期。

72. 肖兴志：《规制经济理论的产生与发展》，载《经济评论》，2002 年第 3 期。

73. 肖兴志：《中国自然垄断产业规制改革模式研究》，载《中国工业经济》，2002 年第 4 期。

74. 肖兴志：《自然垄断产业规制体制改革的战略思考》，载《改革》，2002 年第 6 期。

75. 刘戒骄：《自然垄断产业的放松管制和管制改革》，载《中国工业经济》，2000 年第 11 期。

76. 刘戒骄：《自然垄断产业的放松管制和管制改革》，载《江苏社会科学》，2001 年第 2 期。

77. 刘戒骄：《自然垄断产业的放松管制与管制改革》，载《学术研究》，2001 年第 4 期。

78. 周耀东：《市场竞争和政府管制》，载《上海经济研究》，2000 年第 11 期。

79. 周耀东：《不对称信息与激励性管制选择》，载《经济评论》，2004 年第 2 期。

80. 周耀东：《管制失灵：成因及治理》，载《经济体制改革》，2004 年第 2 期。

81. 孙建国、李文溥：《从依靠管制转向依靠市场》，载《东南学术》，2002 年第 4 期。

82. 孙建国、李文溥：《管制产业中的产权制度变革》，载《厦门大学学报（哲学社会科学版）》，2003 年第 6 期。

83. 孙建国、李文溥：《电力行业管制改革与市场风险防范》，载《经济学家》，2004 年第 1 期。

84. 陈富良：《政府规制：公共利益论与部门利益论的观点与评论》，载《江西财经大学学报》，2001 年第 1 期。

85. 陈富良：《中国政府规制体制：改革路径与目标模式》，载《改革》，2001 年第 4 期。

86. 廖进球、陈富良：《政府规制俘虏理论与对规制者的规制》，载《江西财经大学学报》，2001 年第 5 期。

87. 叶泽方：《当前我国电力工业市场化改革的难点及对策分析》，载《中国工业经济》，2001 年第 9 期。

88. 叶泽方：《国外电力工业规制与竞争的经济学理论研究述评》，载《长沙电力学院学报（社会科学版）》，2002 年第 1 期。

261

第二辑 政府管制与公共经济研究丛书（第二辑）

89. 王华：《在放松管制与强化管制之间》，载《江苏社会科学》，2004 年第 3 期。

90. 张国庆、王华：《动态平衡：新时期中国政府管制双重选择》，载《湖南社会科学》，2004 年第 1 期。

91. 赵晓丽、郑小梅：《中外电力工业体制改革比较研究》，载《经济纵横》，2001 年第 10 期。

92. 赵晓丽、李春杰：《中国电力产业的规制及其法律问题》，载《法学杂志》，2002 年第 2 期。

93. 王廷惠：《自然垄断边界变化与政府管制的调整》，载《中国工业经济》，2002 年第 11 期。

94. 王廷惠：《产业技术进步、需求扩展与自然垄断边界变化》，载《学术月刊》，2003 年第 3 期。

95. 张宗益、杨世兴、李豫湘：《电力产业激励性管制机制》，载《重庆大学学报》，2002 年第 11 期。

96. 张宗益、杨世兴、李豫湘：《激励性管制理论在电力产业的应用》，载《外国经济与管理》，2003 年第 1 期。

97. 常欣：《放松管制与规制重建》，载《经济理论与经济管理》，2001 年第 11 期。

98. 常欣：《新阶段中国垄断性行业改革的三线推进战略》，载《中国工业经济》，2004 年第 2 期。

99. 余晖：《中国的政府管制制度》，载《改革》，1998 年第 3 期。

100. 余晖：《政府管制改革的方向》，载《战略与管理》，2002 年第 5 期。

101. 李雯：《西方规制理论述评》，载《南开经济研究》，2002 年第 3 期。

102. 李雯：《西方规制理论及其演进》，载《教学与研究》，2002 年第 7 期。

103. 徐金发、朱晓燕：《我国电力管制价格模型研究》，载《价格理论与实践》，2002 年第 5 期。

104. 徐金发、朱晓燕：《中国电力管制价格形成机制研究》，载《中国软科学》，2002 年第 6 期。

105. 李郁芳：《体制转轨期间政府规制失灵的理论分析》，载《暨南学报（哲学社会科学版）》，2002 年第 6 期。

106. 李郁芳：《政府规制过程的行为主体及其相互关系的理论分析》，载《福建论坛·经济社会版》，2002 年第 11 期。

107. 戚聿东：《论中国的垄断管制与反垄断立法》，载《经济评论》，2001年第1期。

108. 戚聿东：《自然垄断管制的理论与实践》，载《当代财经》，2001年第12期。

109. 张文泉、曹景山：《管制与放松管制理论及应用探讨》，载《华北电力大学学报（社会科学版）》，2001年第3期。

110. 张文泉、方彬：《管制理论与电力监管》，载《华北电力大学学报（社会科学版）》，2004年第3期。

111. 陈佳贵：《深化对垄断行业改革的认识》，载《人民日报》，2003年5月6日第9版。

112. 张维迎、赵晓：《管制的陷阱》，载《中国改革》，2001年第7期。

113. 赵晓：《电力短缺根源在于管制失效》，载《中国电力企业管理》，2004年第1期。

114. 景玉琴：《论政府在市场规制中的作用》，载《当代经济研究》，2003年第2期。

115. 王健：《当代经济规制理论的沿革与发展》，载《学习与探索》，2000年第4期。

116. 孙彩红：《管制"管制者"》，载《学术探索》，2004年第2期。

117. 谢地：《从"规制"到"规制放松"》，载《当代经济研究》，1998年第2期。

118. 袁持平：《多方博弈的谈判机制与政府管制》，载《经济评论》，2003年第3期。

119. 张树民：《自然垄断行业放松管制：从技术约束的分析》，载《福建论坛·经济社会版》，2002年第11期。

120. 刘志彪、王国生：《论用户垄断》，载《经济研究》，2000年第10期。

121. 李怀、高良谋：《新经济的冲击与竞争性垄断市场结构的出现》，载《经济研究》，2001年第10期。

122. 郭克莎、贺俊：《产业组织经济学前沿述要》，载《经济学动态》，2001年第3期。

123. 孙守华：《经济转型时期中央政府与地方政府的经济博弈》，载《管理世界》，2001年第3期。

124. 杨开忠、陶然、刘明兴：《解除管制、分权与中国经济转轨》，载《中国社会科学》，2003 年第 3 期。

125. 李健英：《自然垄断性行业的规制与改革》，载《中国工业经济》，2000年第 8 期。

126. 陈代云：《网络产业的规制改革：以电力、电信为例》，载《中国工业经济》，2000 年第 8 期。

127. 唐晓华、张保胜：《自然垄断产业放松规制的理论观点及其分析》，载《中国工业经济》，2001 年第 12 期。

128. 吕志勇、陈宏民：《我国自然垄断产业市场化改革的几个关键问题研究》，载《中国工业经济》，2003 年第 8 期。

129. 宇燕、席涛：《监管型市场与政府管制》，载《世界经济》，2003 年第 5 期。

130. 席涛：《美国政府管制成本与收益的实证分析》，载《经济理论与经济管理》，2002 年第 11 期。

131. 卢现祥：《西方国家经济管制的理论与实践述评》，载《经济评论》，2000 年第 1 期。

132. 黄居林、张宗益：《中国网络型产业管制改革战略模式研究》，载《经济评论》，2003 年第 2 期。

133. 陈宏平：《管制结构动态性分析》，载《经济评论》，2003 年第 5 期。

134. 彭海珍、任荣明：《论监督背景下的不对称信息管制机制》，载《经济评论》，2003 年第 5 期。

135. 李宝元：《转型发展中政府的角色定位及转换》，载《财经问题研究》，2001 年第 1 期。

136. 张文春：《管制经济学理论与实践 20 年的发展演变》，载《财经问题研究》，2004 年第 3 期。

137. 杨艳：《我国自然垄断产业的价格管制及其改革》，载《经济体制改革》，2000 年第 3 期。

138. 焦强、龚勤林：《论产业过度进入的原因与对策》，载《经济体制改革》，2001 年第 2 期。

139. 余东华：《政府与市场：一个管制经济学的视角》，载《经济体制改革》，2004 年第 1 期。

140. 王新生：《论对自然垄断行业的反垄断规制》，载《财经理论与实践》，2002 年第 6 期。

141. 潘光军、王其增：《垄断行业是加强管制还是该引入竞争》，载《中国改革》，2001 年第 6 期。

142. 盛浩：《美国 20 世纪 90 年代管制改革述评》，载《中国流通经济》，2002 年第 3 期。

143. 杨永忠：《电价管制的制度分析及启示》，载《价格理论与实践》，2003 年第 6 期。

144. 韩小明：《产业政策的实施机制》，载《教学与研究》，2001 年第 7 期。

145. 孙良、伍装：《放松经济管制——中国渐进式改革的基本脉络》，载《当代世界与社会主义》，2002 年第 2 期。

146. 崔岩：《日本自然垄断行业的规制改革》，载《日本学刊》，2002 年第 5 期。

147. 吕民乐：《我国垄断产业改革的困境与出路》，载《经济纵横》，2002 年第 9 期。

148. 王文俊：《中国自然垄断产业规制改革模式浅析》，载《经济纵横》，2004 年第 1 期。

149. 曹国利：《信息不对称：政府规制的经济理由》，载《财经研究》，1998 年第 6 期。

150. 林琳、唐晓鹏：《西方激励性规制理论述评》，载《经济问题探索》，2004 年第 2 期。

151. 丁美东：《政府规制失效及其优化》，载《当代财经》，2001 年第 8 期。

152. 刘志铭：《中国经济体制转型中的自然垄断、政府垄断及规制改革》，载《经济问题》，2003 年第 11 期。

153. 晏宗新：《自然垄断管制理论、方案与实践的述评》，载《产业经济研究》，2003 年第 3 期。

154. 徐华：《我国自然垄断行业的价格管制：问题与对策》，载《东南学术》，2001 年第 6 期。

155. 顾乃华：《中国自然垄断行业规制的特异性及改革动力塑造》，载《改革》，2004 年第 3 期。

156. 李政军：《寻租与 DUP 活动一个比较分析》，载《江汉论坛》，2000 年第 9 期。

157. 张卿：《政府失灵的主要经济表现及其矫正》，载《江汉论坛》，2001 年第 1 期。

158. 曹建海：《中国产业过度竞争的制度分析》，载《上海社会科学院学术季刊》，2001 年第 1 期。

159. 许晓华、甘峰：《政府规制改革：目的与挑战》，载《浙江社会科学》，2001 年第 2 期。

160. 曹堂哲、王科：《当代中国政府管制研究述评》，载《江苏社会科学》，2003 年第 3 期。

161. 顾丽梅：《规制与放松规制》，载《南京社会科学》，2003 年第 5 期。

162. 王燕：《网络型产业价格规制的比较与选择》，载《天津社会科学》，2003 年第 6 期。

163. 何天立：《论自然垄断行业的政府规制》，载《山东社会科学》，2004 年第 4 期。

164. 陈孝兵、令狐岩芳：《市场失效与政府经济规制分析》，载《江西社会科学》，1998 年第 1 期。

165. 吴伟达：《自然垄断产业政府管制机构法律监督机制探析》，载《江西社会科学》，2004 年第 5 期。

166. 贺卫、王浣尘：《政府经济学中的寻租理论研究》，载《上海交通大学学报》，2000 年第 2 期。

167. 雷晓康、贾明德：《市场经济中的政府管制及其创新》，载《北京大学学报（哲学社会科学版）》，2003 年第 1 期。

168. 孙晋、涂汉文：《自然垄断的规制改革与反垄断法适用除外的科学构建》，载《武汉大学学报（社会科学版）》，2003 年第 5 期。

169. 朱汉民：《垄断、竞争与市场规制》，载《中南财经大学学报》，2001 年第 3 期。

170. 高炳华：《政府失灵及其防范》，载《华中师范大学学报》，2001 年第 1 期。

171. 杨宏山：《自然垄断行业的政府管制创新》，载《中国行政管理》，2003 年第 9 期。

172. ［美］乔治·J·施蒂格勒：《经济管制理论》，选自［美］库尔特·勒布、［美］托马斯·盖尔·穆尔编，吴珠华译：《施蒂格勒论文精粹》，中文版，北京，商务印书馆，1999。

173. ［美］西文·伯恩斯坦：《电力市场的困境：了解加利福尼亚重组的困难》，载《经济社会体制比较》，2003 年第 5 期。

174. ［美］费农·L·史密斯：《电力行业中的规制改革》，载《经济社会体制比较》，2003 年第 5 期。

175. ［美］威廉姆·L·马赛：《市场化与管制》，载《中国电力企业管理》，

2002 年第 3 期。

176. Lazear E., S. Rosen, 1981. *Rank-Order Tournaments as Optimal Labor Contracts*, Journal of Political Economy, Vol. 89.

177. Harvey Averch, Leland L. Johnson, 1962. *Behavior of the Firm under Regulatory Constraint*, American Economic Review, 52.

178. Paul L. Joskow, Richard Schmalensee, 1986. *Incentive Regulation for Electric Utilities*, Yale Journal on Regulation, Vol. 4.

179. William J. Baumol, 1977. *On the Proper Cost Tests for Natural Monopoly in a Multiproduct Industry*, American Economic Review, 12.

180. William J. Baumol, 1982. *Contestable Markets：An Uprising in the Theory of Industry Structure*, American Economic Review, 72.

181. William J. Baumol, John C. Panzar, Robert D. Willig, 1982. *Contestable Markets and the Theory of Industry Structure*, New York：Harcourt Brace Jovanovich.

182. William J. Baumol, Robert D. Willig, 1986. *Contestability：Development since the Book*, Oxford Economic Papers, Supplement, 38：27.

183. Andrei Shleifer, 1985. *A Theory of Yardstick Competition*, RAND Journal of Economics, Vol. 16, No. 3.

184. James Cummings Bonbright, Albert L. Danielsen, David R. Kamerschen, 1961. *Principles of Public Utility Rates*, New York：Columbia University Press.

185. Kenneth W. Clarkson, R. L. Miller, 1982. *Industrial Organization：Theory, Evidence, and Public Policy*, MacGraw-Hill Book Company.

186. Harold Demsetz, 1968. *Why Regulate Utilities*? Journal of Law and Economics, 11.

187. Posner R. A., 1974. *Theories of Economic Regulation*, Bell Journal of Economics and Management Science, 5 (2), Autumn.

188. Sharkey W. W., 1985. *The Theory of Natural Monopoly*, Cambridge University Press, 4 – 5.

189. Viscusi W. Kip, John M. Vernon, Joseph E. Harrington, 2000. *Economics of Regulation and Antitrust*, 3rd, Cambridge：MIT Press.

190. George J. Stigler, Claire Friedland, 1962. *What Can Regulators Regulate? The Case of Electricity*, Journal of Law and Economics, 5.

191. George J. Stigler, 1971. *The Theory of Economic Regulation*, Bell Journal of

第二辑

政府管制与公共经济研究丛书（第一辑）

Economics and Management Science, 2.

192. Peltzman Sam, 1976. *Toward a More General Theory of Regulation*, Journal of Law and Economics, 19.

193. Anne Kruege, 1974. *The Political Economy of the Rent-seeking Society*, American Economic Review, 64.

194. S. C. Littlechild, 1983. *Regulation of British Telecommunications' Profitability*, London: HMSO.

195. Michael A. Crew, Paul R. Kleindorfer, 1986. *The Economics of Public Utility Regulation*, Macmilian Press.

196. Matthew Bishop, John Kay, Colin Mayer, 1995. *The regulatory challenge*, Oxford University Press.

197. Harvey Leibenstein, 1966. *Allocative Efficiency Vs. X-Efficiency*, American Economic Review, 56.

198. Gary Becker, 1983. *A Theory of Competition among Pressure Groups for Political Influence*, Quarterly Journal of Economics, 98 (August).

199. Mitnick B. M. , 1980. *The Political Economy of Regulation: Creating, Designing, and Removing Regulatory Forms*, New York: Columbia University Press.